SUPER EQUIPAS

Orientações para a Criação
de Verdadeiras Equipas

SUPER EQUIPAS
Orientações para a Criação de Verdadeiras Equipas

2018 · 2.ª Edição

Miguel Pina e Cunha
Arménio Rego
Tomás Mota Rego

TÍTULO
Superequipas
Orientações para a criação de verdadeiras equipas

© Conjuntura Actual Editora, 2018

AUTORES
Miguel Pina e Cunha
Arménio Rego
Tomás Mota Rego

Direitos reservados para todos os países de língua portuguesa por

CONJUNTURA ACTUAL EDITORA, uma chancela de EDIÇÕES ALMEDINA
Sede: Rua Fernandes Tomás, 76-80, 3000-167 Coimbra
Delegação: Avenida Engenheiro Arantes e Oliveira, 11 – 3.º C – 1900-221 Lisboa – Portugal
www.actualeditora.pt

REVISÃO
Helena Ramos e Inês Castelhano

CAPA
FBA

PAGINAÇÃO
Rosa Baptista

IMPRESSÃO E ACABAMENTO:
ACD Print, S.A.

janeiro, 2018

DEPÓSITO LEGAL
436491/18

Toda a reprodução desta obra, por fotocópia ou qualquer outro processo, sem prévia autorização escrita do Editor, é ilícita e passível de procedimento judicial contra o infrator.

 GRUPOALMEDINA

BIBLIOTECA NACIONAL DE PORTUGAL – CATALOGAÇÃO NA PUBLICAÇÃO

CUNHA, Miguel Pina e,   e outros

Super equipas : orientações para a criação de verdadeiras
equipas / Manuel Pina e Cunha , Arménio Rego, Tomás
Mota Rego. – 2ª ed. – (Gestão)
ISBN 978-989-694-261-8

I - REGO, Arménio
II - REGO, Tomás Mota

CDU   005

AUTORES

Miguel Pina e Cunha é o Professor Fundação Amélia de Mello de Liderança na Nova School of Business and Economics, Universidade Nova de Lisboa. Realiza investigação na área dos estudos organizacionais. Escreveu mais de centena e meia de artigos em revistas internacionais e publicou recentemente, em coautoria com Arménio Rego, os livros *Organizacão* (Sílabo, 2017) e *Poder: Veneno e remédio* (Lidel, 2017). É diretor da revista *Líder*. Tem colaborado regularmente com diferentes instituições internacionais como LUISS Business School (Roma), Mediterranean School of Business (Tunis) e Universidad de Los Andes (Bogotá). É presidente do conselho científico da Nova SBE desde 2012.

Arménio Rego é professor catedrático convidado na Católica Porto Business School. Autor e coautor de vários livros nas áreas da liderança e da gestão de pessoas, tem ampla experiência em formação de executivos, *coaching* e consultoria nas mesmas áreas. Publicou em revistas como *Human Relations, International Journal of Human Resource Management, Journal of Management, Journal of Occupational Health Psychology, Organization Studies* e *The Leadership Quarterly*. Motiva-o o desejo de contribuir para o desenvolvimento de equipas e de organizações mais virtuosas.

Tomás Mota Rego é licenciado em Ciências do Desporto e mestrando em Treino de Alto Rendimento Desportivo, na Faculdade de Desporto da Universidade do Porto. Possui o *Certified Strength and Conditioning Specialist*, da National Strength and Conditioning Association. Em 2015-2016 e 2017-2018 estudou na *Facultad de Ciencias de la Actividad Física y del Deporte* (INEF), em Madrid. Aí foi treinador de atletismo na Fundación Marathon, *Centro de Alto Rendimiento*, e preparador físico no clube Rayo Vallecano, juvenis. Foi preparador físico do Boavista Futebol Clube, Feminino (2016/2017). Praticou diversas modalidades desportivas e serviu o Exército Português entre 2010 e 2013.

AGRADECIMENTOS

Miguel Pina e Cunha agradece o apoio da FCT – Fundação para a Ciência e Tecnologia, projeto UID/ECO/00124/2013 e POR Lisboa, projeto LISBOA-01-0145-FEDER-007722.

Arménio Rego agradece o apoio da FCT, projeto UID/GES/00315/2013.

ÍNDICE

INTRODUÇÃO   Mapa da estrada 17

CAPÍTULO 1   Equipas desportivas 27

CAPÍTULO 2   Bandas, tropas e cozinhas 55

CAPÍTULO 3   A energia da estrutura e do contexto 93

CAPÍTULO 4   Energias mobilizadoras: Relacionamentos,
emoções e missões 131

CAPÍTULO 5   As equipas como espaços de aprendizagem
e desenvolvimento 171

CAPÍTULO 6   Treze linhas orientadoras para desenvolver equipas ... 209

REFERÊNCIAS 255

NOTAS 289

NOTAS À SEGUNDA EDIÇÃO

1.

Raras organizações, se algumas, existem sem equipas. Quem trabalha nas organizações tende a trabalhar em equipa. Mesmo os gestores trabalham em equipa. Daí a razão deste livro. Nele procuramos explicar os motivos dos êxitos das equipas bem-sucedidas.

2.

O livro discute sobretudo o que podem aprender as equipas de organizações *normais* com "outras equipas quaisquer", mas é útil para equipas de qualquer domínio. O caráter essencial de uma boa equipa e o da sua liderança é transversal a múltiplos domínios.

3.

Nesta edição, mantemos o propósito da edição anterior, mas introduzimos aprofundamentos e mudanças significativas. Acrescentamos o terceiro autor, com formação e experiência desportiva e militar, para conferir maior solidez às pontes entre equipas de mundos (desporto; operações especiais; música; organizações *normais*) simultaneamente distintos e similares. Naturalmente, o tempo decorrido entre ambas as edições não requer revisões radicais – pois as conclusões da investigação mantêm-se, em grande medida, inalteradas. Confirmam, por exemplo, a tendência de algumas organizações, como a GE ou a Michelin[1], para adotarem lógicas centradas em equipas. Mas esta edição desenvolve conceitos e expande a evidência que suporta a discussão.

4.

O mundo é dinâmico. Embora não sejam expectáveis alterações significativas nas equipas tradicionais, é plausível que o sejam nos novos e vindouros tipos de equipas – designadamente as virtuais e as que vão sendo incubadas pela transformação digital. É possível que a equipa tradicional seja substituída, ou pelo menos complementada, por coletivos humanos altamente fluidos, constituídos por especialistas em tarefas específicas, que darão lugar a outras equipas de outros especialistas à medida que a natureza das tarefas e, por conseguinte, a própria natureza da equipa vão mudando[2]. Não é esse, todavia, o foco deste livro – pelo menos por agora!

Podemos, contudo, afirmar: as equipas serão, sempre, frágeis construções que se vão renovando, ou degradando, dia após dia. Para que não se degradem, devem ser constantemente renovadas – com tenacidade, humildade, generosidade, sentido de propósito e uma combinação paradoxal de cooperação e competição. Esperamos que este livro ajude a compreender como essa renovação contínua pode ser procurada. A estrela é a equipa – e a equipa dá brilho às estrelas.

GRATIDÃO

O livro resulta de duas fontes principais. A primeira é a nossa experiência como investigadores, formadores, consultores, *coaches* e membros de equipas desportivas e militares. A segunda tem origem num programa de formação da *Nova Executivos*, da Nova School of Business and Economics. O programa beneficiou do apoio de especialistas em domínios não empresariais: (a) António Abrantes, 22 vezes campeão nacional de atletismo em diversas especialidades; (b) Pedro Almeida, psicólogo do desporto e do alto rendimento; (c) Miguel Faro Viana e Patrícia Palma, profissionais da gestão de empresas e músicos de *jazz*; (d) Paulo Afonso, oficial da Escola de Fuzileiros. Aqui lhes reiteramos a nossa gratidão. Estamos igualmente gratos a todos os participantes no programa de formação.

A nossa gratidão é ainda dirigida a Nadim Habib, Helena Justo, Hermínia Martins, Pedro Lourenço e Regina Marcelino. À revista *Exame* e, em particular, à sua então diretora, Isabel Canha, agradecemos a permissão para aqui utilizarmos excertos de textos originalmente aí publicados. Estamos igualmente gratos a José Augusto Rodrigues dos Santos, Diretor do Curso de Mestrado em Treino de Alto Rendimento Desportivo, na Faculdade de Desporto na Universidade do Porto. Serviu o Exército Português durante quatro anos, como Ranger (Força de Operações Especiais). Tem realizado trabalho de investigação com Comandos, Rangers, Fuzileiros e Escola de Sargentos do Exército. Ao partilhar as suas experiências e o seu pensamento, permitiu-nos identificar e confirmar traços importantes do funcionamento das equipas.

Introdução
Mapa da estrada

"As equipas são os blocos constitutivos das organizações modernas (...) e tornaram-se a forma mais comum de colaboração organizacional (...). O sucesso das organizações depende fortemente do desempenho das equipas".

Meyer (2017, p. 151).

UMA EQUIPA QUE É UM GRUPO É UMA EQUIPA?

O que é uma equipa? A palavra, provinda do francês "équipe", é definida pela Infopédia, da Porto Editora, como "grupo de pessoas que trabalham em conjunto para o mesmo fim"[3]. Para o desporto, a definição é: "grupo de pessoas selecionadas para uma prova desportiva em que lutam em conjunto pela vitória comum". Eis, pois, dois elementos fundamentais: trabalho *conjunto* em prol de uma finalidade/vitória *comum*. Este binómio está presente na definição sugerida por dois investigadores reputados no estudo de equipas em contexto organizacional[4]:

"Uma equipa pode ser definida como (a) um grupo de dois ou mais indivíduos que (b) interagem socialmente (cara a cara ou, cada vez mais, virtualmente), (c) possuem um ou mais objetivos comuns, (d) trabalham conjuntamente para realizar tarefas organizacionalmente relevantes, (e) entre os quais há interdependência relativamente aos fluxos de trabalho, aos objetivos ou aos resultados, (f) e que estão conjuntamente embebidos num sistema organizacional global, com fronteiras e ligações ao contexto sistémico mais amplo e ao ambiente de trabalho".

O que é um grupo? É um coletivo de indivíduos que trabalham conjuntamente – eventualmente num mesmo espaço geográfico, ou realizando até a mesma tarefa, mas de modo independente. Cinco programadores a trabalhar no mesmo espaço físico constituem um grupo. Apenas constituem equipa se o seu trabalho for interdependente – se o trabalho de uns estiver dependente do trabalho de outros, e se o resultado da equipa depender da cooperação entre os seus membros. Cinco sapateiros constituem uma equipa se precisarem uns dos outros para fazer sapatos. Mas são apenas um grupo se cada um fizer os *seus* sapatos.

Grupo de telefonistas, em Seattle, Washington[5]

ABBA, uma equipa[6]

Na vida real, nem sempre é possível fazer essa distinção de modo claro, pois os níveis de interdependência variam. Mas é claro que alguns grupos são pouco mais do que *coleções* de indivíduos, ao passo que outros são verdadeiras equipas de pessoas que interagem cooperativamente para obter um produto, um serviço ou um resultado conjunto. Onze jogadores de futebol constituem uma equipa. Onze alunos numa sala de aula, cada um a realizar o seu teste, são um grupo. Note-se que é a interdependência dos indivíduos e a necessária cooperação para obtenção de resultados, e não o lugar onde operam, que define o grupo. Os onze alunos atuam como grupo, apesar de operarem no mesmo espaço físico. Os membros do coletivo diplomático que se encarregou de promover a candidatura de António Guterres a Secretário-Geral das Nações Unidas foram uma equipa – mesmo trabalhando em lugares muito distintos do planeta.

EQUIPAS COMO LAÇO VITAL

Grande parte do trabalho realizado nas organizações é levado a cabo no seio de equipas. As organizações são, hoje, mais do que coletivos de indivíduos – são uma equipa constituída por múltiplas equipas. A equipa é o "laço vital" que liga o indivíduo à organização[7]. A organização será tanto mais resiliente quanto mais as suas equipas forem capazes de se articularem entre si e estiverem identificadas com a organização[8].

Essa articulação nem sempre ocorre (Figura I.1). Algumas equipas são fracas em duplo sentido: os seus membros não estão identificados com a equipa nem com a organização. Outras equipas diluem-se no quadro organizacional. Os seus membros denotam forte identificação com a organização, mas fraca identificação com a equipa. Algumas equipas são fortes no sentido em que são entidades coesas, mas são ilhas separadas da organização. Finalmente, as equipas sincronizadas são entidades consistentes com forte sentido de pertença à organização.

A capacidade de as organizações aprenderem e progredirem depende de (1) daquilo que acontece no seio das equipas e (2) da capacidade das equipas para alinharem a sua atuação com os interesses da organização. As equipas aprendem, mas precisam de sincronizar as suas aprendizagens com as demais equipas e a organização no seu todo[9]. Quando uma equipa se transforma numa ilha, a sua força pode representar uma fraqueza para a organização. Uma equipa coesa cujos membros se protegem mutuamente para prosseguirem interesses desalinhados com os da organização é pouco recomendável. O interesse da equipa é prosseguido a expensas dos interesses da organização. Crozier[10] ilustrou este fenómeno com o caso dos engenheiros e técnicos de manutenção de uma empresa francesa. Apercebendo-se do papel crítico da sua atividade, estes indivíduos procuraram aumentar o seu poder através de uma série de artimanhas destinadas a torná-los insubstituíveis. Por conseguinte, uma equipa com *forte* espírito de equipa pode ser uma equipa com *fraco* sentido de responsabilidade perante a organização.

É preciso reconhecer, todavia, que uma equipa pode transformar-se numa unidade insular para ser uma força regeneradora ou uma base de resistência contra a deriva organizacional. Por exemplo, uma equipa de soldados norte-americanos resistiu a ordens de um general do exército dos EUA para manipularem senadores em visita ao Afeganistão[11]. A pretensão era de que eles persuadissem os senadores a aprovar o aumento de tropas e o financiamento para as operações afegãs. A resistência baseou-se em argumentos de ilegalidade: a ordem violaria legislação que proibia o uso de propaganda contra cidadãos americanos. O general que emitiu a ordem acabou por resignar do seu posto de comando das forças no Afeganistão[12]. Idealmente, porém, as equipas devem ser fortes em organizações fortes. A organização é uma fonte de vigor para as equipas – e estas são uma fonte de vigor para a organização.

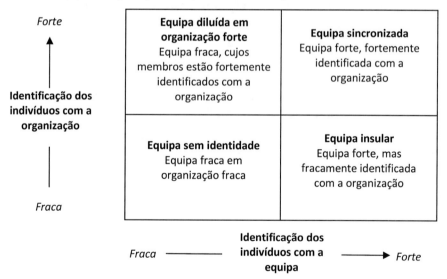

FIGURA I.1 Equipas nas organizações: Uma questão de sincronização de identidades[13]

MUITOS PROPÓSITOS

Acredita-se, e há razões para isso, que as equipas são mais céleres, mais flexíveis, mais criativas e mais emocionalmente compensadoras do que as estruturas hierárquicas convencionais. É hoje claro que, quando uma equipa funciona, consegue-se, como disse o guitarrista Johnny Marr, imortalizado com os The Smiths, "a relação mais íntima que se pode ter sem ser a física"[14]. As equipas podem usadas para uma enorme variedade de propósitos[15]:

- Algumas são criadas para aprender sobre novos mercados. A Merrill Lynch designou, em 2001, uma equipa de *private banking* para explorar o segmento *gay*[16].
- Outras são designadas para explorar a periferia da organização, os *territórios* para onde a organização habitualmente não olha e onde se podem abrigar ameaças relevantes[17]. A LEGO criou uma equipa com o objetivo de encontrar novas direções para um negócio cujos concorrentes eram em quantidade crescente e que estava a ser afetado pelo desenvolvimento de novos tipos de jogos (*e.g.*, na Internet)[18]. Assim surgiu o Kit LEGO Mindstorms[19].
- Equipas de implementação são usadas para enraizar mudanças de longo prazo[20]. Deste modo, é mais provável que as várias partes da organização (representadas na equipa de implementação) alinhem a sua atuação e ponham a desejada mudança em marcha.
- Equipas *chita* (o mais rápido de todos os animais terrestres[21]) são usadas para responder em alta velocidade e regime *ad hoc*[22] a problemas relevantes e inesperados no curto prazo[23].
- *Red teams* são constituídas para desafiar o pensamento convencional de uma organização. Em contexto militar, cabe-lhes compreender como pensa o inimigo, adotar as lentes culturais do mesmo, compreender as respetivas vulnerabilidades e, assim, evitar surpresas[24].
- Equipas virtuais geograficamente dispersas são coordenadas para trabalhar *round-the-clock*, aproveitando as diferenças nos fusos horários numa economia global.
- Estas *novas equipas* – dispersas no tempo, no espaço e nas culturas – são progressivamente mais frequentes[25]. Têm sido ensaiadas novas formas de geri-las, nomeadamente a construção de equipas em torno de estruturas, por vezes chamadas "andaimes", de nível intermédio (meso), desenhadas em torno de papéis e não de pessoas. Ou seja:

muda a pessoa mas o papel continua claro. O "andaime" suporta a equipa[26].

- Projetos específicos trans-setoriais e altamente exigentes, como o Cubo d' Água (complexo aquático dos Jogos Olímpicos de 2008), são levados a cabo por equipas multidisciplinares e multiculturais. A sua composição altera-se consoante as necessidades que a cada momento emergem perante os desafios emergentes[27]. São cruciais para enfrentar a complexidade – embora elas mesmas requeiram gestão complexa[28].
- Algumas fábricas da General Electric funcionam em torno de equipas autogeridas, que se orientam por uma única diretriz centralizada: o dia em que o produto tem de estar pronto[29]. Tudo o resto é gerido no seio de cada equipa.
- Outras empresas, como a Whole Foods, organizam o trabalho em torno de equipas, assumindo que todo o trabalho é trabalho de equipa e que a organização é uma equipa de equipas[30].

Acrescente-se que mesmo a liderança de grandes empresas é um trabalho de equipas de gestores[31]. O modelo dos líderes heroicos e solitários, uma crença de outrora, tem vindo a dar lugar ao paradigma assente em equipas de líderes, sendo a liderança um trabalho de grupo. José Mourinho, quando muda de clube, leva consigo a sua equipa de adjuntos. Numa conferência em Istambul, afirmou[32]: "O melhor da minha liderança é que ouço sempre os meus adjuntos e as pessoas a quem tenho de dar ordens".

Em suma, há equipas para todos os desafios. O seu funcionamento afeta grandemente o sucesso das organizações em que atuam[33]. As equipas de gestores de topo, em particular, influenciam fortemente a atuação das organizações – positiva ou negativamente[34]. As equipas eficazes são coletivos humanos que operam quotidianamente pequenos milagres da multiplicação. Nelas, o todo é superior à soma das partes; o talento germina, a motivação é uma energia renovável, e forças inesperadas surgem frequentemente. Numa verdadeira equipa são desenvolvidos modos de pensar articulados, modelos mentais partilhados[35]. Outras equipas não desenvolvem este pensamento coletivo, são como *buracos negros* – que absorvem a energia dos seus membros. Nelas, o todo é inferior à soma das partes, o talento é atrofiado, a motivação esvai-se.

O Cubo d' Água, em Pequim, projeto de uma equipa de geometria variável[36]

Esperamos que este livro ajude o leitor a compreender como a energia criativa anteriormente referida pode ser promovida e a *paralisia* evitada. Concentramo-nos, em particular, nas superequipas. Esperamos que elas sejam fontes de inspiração, aprendizagem e transferência de conhecimento para outras equipas que também desejam superar-se.

Não esqueça, caro leitor, que ser uma superequipa não é uma condição genética – é um estado passível de mudança. Portanto, é necessário trabalhar continuamente. Essa é, precisamente, uma das lições a extrair do estrondoso sucesso, durante décadas, da equipa neozelandesa de *rugby*, All Blacks[37]: nunca tomar o sucesso por garantido. Pode estar-se ora no topo do mundo, ora no fundo. É preciso mudar quando se está no topo. Quem é soberbo acaba ultrapassado.

APRENDENDO A GERIR EQUIPAS *NORMAIS* A PARTIR DO EXEMPLO DE EQUIPAS *ESPECIAIS*

O livro é inspirado, em medida considerável, no conselho de Karl Weick[38]: se queremos aprender sobre organizações, estudemos outra coisa qualquer.

Aqui consideramos que uma maneira de compreender os segredos das boas equipas empresariais passa por estudar outros tipos de equipas. Uma parte substancial deste livro inspira-se em equipas atuantes noutros domínios: o desporto, a música, as forças de elite e mesmo a cozinha.

O recurso a equipas de *outro tipo* é frequente na investigação gestionária[39]. Contudo, importa ser cauteloso com a transposição dessa aprendizagem para contextos empresariais e organizações *normais*. Podemos extrair ensinamentos do modo como forças policiais de elite atuam – mas não se gerem empregados de equipa/organizações *normais* como se gerem polícias. Como escreveu o gestor Xavier Rodríguez-Martin:

> "No mundo da bola, sobrepõem-se ao intelecto as emoções mobilizadoras das massas na procura de momentos épicos. Nas empresas, procura-se mitigar qualquer emoção para evitar sinais de fraqueza."[40]

Não esqueça, pois: aprendizagem descontextualizada é uma aprendizagem limitada. Aprenda a gerir equipas *normais* a partir do exemplo de equipas *especiais*. Mas não faça interpretações cegas. Podemos aprender a liderar equipas *normais* aprendendo o modo como Mourinho lidera equipas *especiais*, mas sem jamais esquecer que os dois tipos de equipas são significativamente diferentes. Mesmo os mundos desportivos e militar, pesem embora as similitudes, divergem em várias facetas. Eis como José Augusto Rodrigues dos Santos, Diretor do Curso de Mestrado em Treino de Alto Rendimento Desportivo, na Faculdade de Desporto na Universidade do Porto, ele próprio ex-Ranger, se pronunciou acerca da matéria:

> "Nas tropas especiais, os individualismos desaparecem, não há 'Cristianos Ronaldos'. Há o treinador e 'Cristianos Ronaldos' são todos os outros. Por uma questão de eficácia no combate, o telegrafista é tão importante como o gajo que tem o mapa, como o gajo que tem a metralhadora, como o gajo que tem o morteiro. Portanto, a importância dos elementos é absoluta, enquanto no desporto há lugar às prima-donas."

COMO O LIVRO ESTÁ ORGANIZADO

O livro está organizado em seis capítulos e é complementado com dois exercícios práticos que permitem realizar diagnósticos sobre a eficácia e a *saúde* de equipas. O capítulo 1 ilustra e discute o funcionamento de equipas desportivas (como o FC Barcelona ou o PSG) e sublinha um princípio básico, aliás recomendado por Mourinho[41]: "A minha maior preocupação é a equipa. O esforço coletivo". O capítulo 2 discute o funcionamento de bandas musicais (como os Beatles), unidades militares (como a Navy SEAL) e equipas de cozinha de restaurante (como as de Anthony Bourdain). Os dois capítulos permitem extrair linhas de aprendizagem para a gestão de equipas em geral. Inspirados por estes exemplos, os capítulos subsequentes explicam as razões pelas quais algumas equipas deixam uma marca tão profunda.

O capítulo 3 discute como a estrutura, as normas e o contexto das equipas energizam as próprias equipas. Argumenta porque as regras claras e simples são essenciais para o funcionamento das equipas, enquanto o capítulo 4 discute as energias mobilizadoras que o afetam. Mostra como as equipas são *fluxos relacionais* e *sopas emocionais* que importa regular. O capítulo 5 discute as equipas como espaços de aprendizagem e desenvolvimento. Mostra que as melhores equipas encaram os fracassos como oportunidades para a aprendizagem. O capítulo 6 sintetiza as linhas de orientação fundamentais para a liderança de equipas.

Os dois complementos práticos são ferramentas de diagnóstico disponibilizados no site do LEAD.lab[42], da Católica Porto Business School. O leitor pode realizar ambos os diagnósticos a qualquer momento – antes, durante ou depois da leitura do livro. Naturalmente, ambos os diagnósticos podem ser usados como ferramentas de análise que permitam, depois, tomar decisões corretivas ou de desenvolvimento de equipas.

Team Spirit '84: o exercício de uma equipa que, sem espírito, acabaria mal[43]

Capítulo 1
Equipas desportivas

"Toda a dinâmica da equipa [no desporto] é semelhante à dos negócios. A liderança é algo que se conquista."

James McNerney, ex-CEO da Boeing[1]

"O mundo empresarial foi buscar ao desporto a lógica da equipa. O chamado *coaching* não é mais nem menos do que tentar fazer a transferência das regras de construção de uma equipa desportiva para a empresa".

José Augusto Rodrigues dos Santos, Diretor do Curso de Mestrado em Treino de Alto Rendimento Desportivo, na Faculdade de Desporto na Universidade do Porto

UMA EQUIPA – NÃO UM GRUPO DE PRIMA-DONAS

Uma quantidade considerável de especialistas e comentadores considera que o FC Barcelona de Pep Guardiola foi o melhor clube de futebol do mundo de sempre[2] – mesmo melhor do que o Santos (onde jogou Pelé) da década de 60, ou o AC Milan da década de 90. O debate jamais terá um resultado conclusivo, pois as variáveis em jogo são múltiplas, e os contextos e os tempos também são distintos para as diferentes equipas. Mas é indubitável que o Barça, com ou sem Guardiola, merece a atenção de quem pretende aprender futebol e de quem deseja compreender os segredos de uma boa gestão de equipas. Sam Walker[3], do *Wall Street Journal*, colocou a equipa entre as 16 melhores de todos os tempos (veja Anexo a este capítulo).

O que explica o sucesso da equipa catalã? As explicações são diversas, mas não devem ignorar as especificidades do Barça enquanto tal, qualquer que seja o treinador. O que sucedeu após a saída de Guardiola diminuiu o brilho do seu *dream team*, mas não apagou as lições que aqui se discutem. O Barcelona continua a ser uma equipa invejável. Estamos agora menos deslumbrados porque temos um termo de comparação muito exigente, mas alguns fatores explicam o desempenho historicamente bom da equipa.

A gestão do Barça envolve uma relação muito forte com os sócios e os fãs, e o clube representa uma espécie de bandeira da Catalunha. O lema do Barça é *més que un club,* ou seja, mais do que um clube. Simon Kuper escreveu no *Financial Times*[4]:

> "De facto, o Barça tornou-se um tão poderoso símbolo nacionalista que muitos catalães apoiam-no como uma espécie de substituto emocional do Estado que não possuem. Isto ajuda a explicar a extraordinária paixão que o clube mobiliza."

Associada a este apaixonado espírito de equipa está, entre outros fatores, uma prática que poucos clubes conseguem adotar com tanta excelência: o desenvolvimento dos seus próprios jogadores. Enquanto muitas equipas são uma espécie de Nações Unidas, com uma quantidade de jogadores locais muito reduzida, o Barça tem sido dominado por jogadores catalães. Muitos dos seus jogadores chave provêm da escola do clube – La Masia.

DESTAQUE 1.1
Nem tudo são rosas

A conexão do FC Barcelona à Catalunha traduz-se, mesmo, em comprometimento político[5]. O clube sempre apoiou politicamente as pretensões catalãs de obtenção de um "estatuto autonómico"[6]. Aderiu à greve de protesto, em 3 de outubro de 2017, contra o modo como o Governo de Espanha alegadamente respondeu ao movimento pela independência da Catalunha. Na senda do mesmo protesto, o clube jogou à porta fechada com o Las Palmas[7]. Este alinhamento contém riscos. Piqué, um jogador do clube, havia expressado apoio ao referendo pela independência da Catalunha[8]. Havia mesmo afirmado, com emoção, que poderia abandonar a seleção de Espanha em protesto contra a alegada violência do Estado espanhol contra a Catalunha. O seu colega de seleção, Sérgio Ramos, criticou-o. Muitos espanhóis apuparam--no e insultaram-no, sem rodeios. Muitos catalães expressaram o apoio ao jogador. O próprio Piqué veio depois afirmar que não pretendia abandonar a seleção do seu país – que denominou como "a minha família"[9]. Afirmou que a sua relação com Sérgio Ramos era fenomenal e alegou que apenas se mostrou favorável ao referendo, não à independência[10].

Não é possível antecipar o que deste processo decorrerá, mas o caso ajuda a compreender alguns aspetos pertinentes para o funcionamento das equipas. Primeiro: ao colidir com a organização mais ampla de que faz parte, a equipa pode suscitar efeitos perversos – para a organização, para a equipa e para os seus membros. Segundo: os membros de uma equipa podem experimentar conflitos emocionais interiores. Terceiro: uma equipa não é uma ilha.

Foi em La Masia que cresceram o argentino Messi e aqueles que vieram a ser treinadores da equipa: Pep Guardiola, Tito Vilanova e Luis Enrique. O próprio Ernesto Valverde, que treinava a equipa aquando da escrita desta segunda edição do livro, tem passado no clube. No *site* da UEFA, escreveu Richard Martin[11]:

"De Johan Cruyff a Josep Guardiola e a Luis Enrique, o Barcelona favoreceu treinadores com passado no clube e que conheciam os seus métodos – critérios que Ernesto Valverde reúne devido à sua passagem por Camp Nou entre 1988 e 1990 sob o comando de Cruyff".

SUPEREQUIPAS: ORIENTAÇÕES PARA A CRIAÇÃO DE VERDADEIRAS EQUIPAS

Em La Masia, treina-se o caráter e sublinham-se as virtudes do trabalho de equipa, do autossacrifício e da perseverança. Aí se aprende que o Barça é mais do que um clube – é a bandeira de uma região, a Catalunha, que extrai do clube a fonte de orgulho e afirmação de identidade.

Fotografia datada de 1992, exibida durante muitos anos em La Masia, mostrando Guardiola (o mais alto). Conteúdo da mensagem: "Com esforço e sacrifício, também podes alcançá-lo. Basta fazê-lo. Vale a pena".[12]

A entidade Barça é, ela própria, uma fonte de boas lições para a gestão de (super)equipas. O modo tranquilo como decorreu a transição entre Guardiola e Vilanova (que viria a falecer precocemente), e entre Luis Enrique e Ernesto Valverde, é demonstrativo de que o Barça é uma entidade idiossincrática, com um ADN peculiar. Vilanova era o adjunto de Guardiola. A parceria durava há alguns anos. O estilo de jogo quase não se alterou. Ronald Koeman, antigo jogador do Barcelona, afirmou que não via diferenças significativas entre o Barça de Guardiola e o de Vilanova[13]. À data em que esta 2.ª edição estava a ser concluída, a equipa continuava a revelar elevada qualidade de jogo, a obter sucesso e a afirmar-se como uma das principais potências futebolísticas da Europa. E Guardiola não poupou elogios a Ernesto Valverde, que alguns observadores consideram manter o "estilo Barcelona"[14].

É O DESPORTO UM TERRENO PROPÍCIO AO ESTUDO DAS EQUIPAS?

O exposto ajuda a compreender que o desporto oferece um terreno propício para o estudo do funcionamento das equipas e das organizações[15]. Muitos desportos exigem aos seus membros capacidades de funcionamento em equipa, além de requererem que os seus líderes sejam capazes de gerir constelações, e não simplesmente estrelas. Sobre a matéria, escreveu Amy Edmondson, uma reputada professora de Harvard e especialista no tema das equipas[16]:

> "Pronuncie-se a palavra *equipa* e a primeira imagem que vem à mente é, provavelmente, uma equipa desportiva (...). No desporto, as equipas são constituídas por indivíduos que aprenderam a confiar uns nos outros. Ao longo do tempo, descobriram as forças e fraquezas uns dos outros, assim os capacitando para jogar como um todo coordenado".

Podem, pois, extrair-se do mundo desportivo aprendizagens para a liderança de equipas do mundo organizacional *normal*. Há, naturalmente, diferenças entre os dois mundos. Desde logo, os resultados das *decisões* são imediatos no desporto: após o desafio, o resultado é óbvio. O desempenho traduz-se em resultado facilmente mensurável[17]. A tradução de decisões de liderança em resultados é menos óbvia, pelo menos no curto prazo, nas organizações *normais*. Ademais, líderes desportivos de grande gabarito costumam ter acesso a gordo orçamento que lhes permite contratar quem desejam – e dispensar quem não pretendem. Na vida empresarial, essa margem de manobra tende a ser menor. Nas secções seguintes, exploramos diferenças e semelhanças entre os dois mundos.

Derrotas e vitórias a diferentes velocidades

As equipas desportivas expõem, de forma rápida, processos que são mais difíceis de observar noutros contextos. Por exemplo, o papel do líder em equipas desportivas emerge mais facilmente como bode expiatório ou como entidade mirífica. Este processo poderá ser semelhante no desporto e nas empresas[18], mas, no desporto, ocorre em regime de alta velocidade: uma sequência de derrotas num curto espaço de tempo pode ser suficiente para desqualificar um treinador. O processo está consagrado na linguagem desportiva como a *passagem de bestial a besta*!

Diferentemente, nas empresas, podem ser necessários vários trimestres – e, na vida política, vários anos ou ciclos eleitorais – até que a avaliação seja feita. Mas isso não significa que os líderes de equipas empresariais não necessitem de atender permanentemente aos resultados. Sabem-no bem os líderes de empresas submetidas às ditaduras dos mercados, cujos resultados são continuamente escrutinados. As derrotas de curto prazo podem levá-los a perder credibilidade, poder e capacidade de influência. Após perderem credibilidade e poder, perdem também capacidade de motivar os membros da equipa – o que acaba por resultar em pior desempenho da equipa! Em suma: cumpre-se a profecia e a espiral descendente do líder reforça-se.

A imprescindibilidade do *feedback* contínuo

No desporto, os membros da equipa recebem *feedback* de formas explícitas e regulares, não precisam de esperar por avaliações de desempenho anuais. As métricas de desempenho são simples e claras: 1, X, 2. Essa simplicidade clarifica relações de causa-efeito[19]. Ou seja, rapidamente se extraem ilações[20] sobre as causas dos resultados. Nas equipas *normais*, o processo é bastante mais complexo. Os indicadores de desempenho podem demorar a chegar, podendo ser manobrados por interesses menos legítimos. Mas o *feedback* acerca do seu desempenho é crucial para qualquer equipa – facultando pistas sobre o que deve ser mudado e o que deve ser mantido. Uma equipa que não recebe este *feedback* regular pode sentir-se à deriva. Pode também persistir num curso de ação errado – pensando estar a seguir o rumo certo.

Emocionalidade por todo o lado

No desporto, a componente emocional da atividade é, com frequência, saliente. O desporto é uma fonte de identificação, de catarse, de emoção. Um adepto desportivo pode expressar emoções de forma extrema: gritar, dançar, praguejar, gesticular. Os próprios membros da equipa, assim como o seu treinador e os dirigentes, podem experimentar intensamente e expressar emoções como raiva, alegria, entusiasmo e tristeza.

Embora esta dose de emocionalidade seja menor nas equipas *normais*, estas também precisam de celebrar vitórias, de carpir derrotas e de lidar eficazmente com emoções tóxicas que corroem o espírito de equipa e desanimam as hostes. As equipas *normais* também são espaços emocionais – onde as emoções, positivas ou negativas, são partilhadas[21]. As emoções experimentadas por alguns membros contagiam as emoções de outros membros, razão pela qual podemos denominar as equipas com diferentes epítetos: amorfas, confortáveis, agressivas, apaixonadas (Figura 1.1). O leitor não terá dificuldade em classificar a sua equipa com outras designações: entusiasmada, triste, alegre, deprimida, enraivecida, ativa, passiva – e por aí adiante.

FIGURA 1.1 **Equipas em quatro possíveis zonas emocionais[22]**

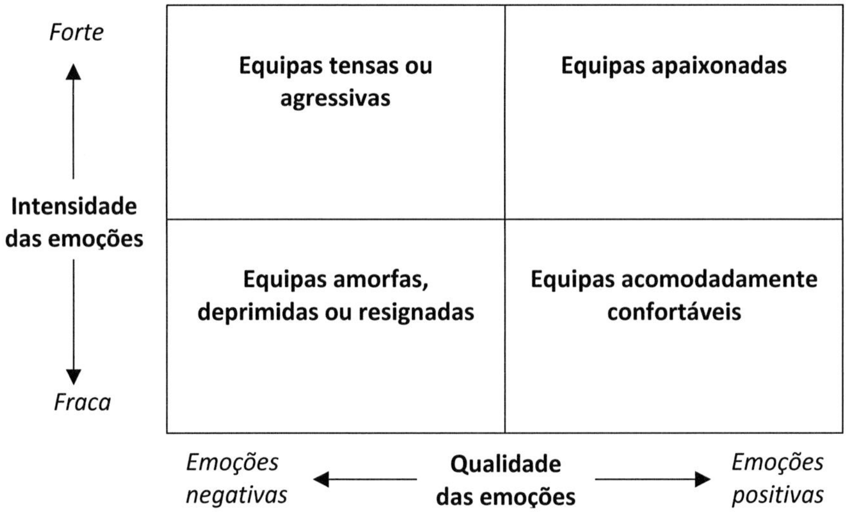

Forte	**Equipas tensas ou agressivas**	**Equipas apaixonadas**
Intensidade das emoções	**Equipas amorfas, deprimidas ou resignadas**	**Equipas acomodadamente confortáveis**
Fraca		

Emoções negativas ← **Qualidade das emoções** → *Emoções positivas*

Acrescente-se que o teor emocional das equipas é crucial para o seu desempenho. Reflita o leitor sobre este exercício mental que *The New York Times* sugeriu a propósito do segredo das boas equipas:

"Imagine que é convidado para se juntar a uma de duas equipas. A equipa A é composta por pessoas excecionalmente inteligentes e bem-sucedidas. Quando visiona um vídeo dessa equipa em trabalho, vê profissionais que esperam pela chegada do tópico em que são peritos, para então falarem abundantemente e explicarem à equipa o que deve ser feito. Quando alguém faz um comentário lateral, o orador interrompe o que está a dizer, relembra todos os presentes da agenda e retoma-a. A equipa é eficiente. Não há conversa ociosa nem debates longos. A reunião acaba de acordo com o que estava agendado, e todos regressam às suas secretárias.

A equipa B é diferente. É composta tanto de executivos bem-sucedidos como de gestores intermédios com poucos feitos profissionais. Os membros da equipa entram e saem das discussões. Interrompem-se mutuamente e complementam os pensamentos uns dos outros. Quando alguém muda abruptamente de assunto, o resto da equipa segue a sua agenda. No final da reunião, o encontro não acaba verdadeiramente: todas as pessoas se sentam em redor umas das outras para fofocar e falar sobre as suas vidas."

Em qual das equipas o leitor preferiria trabalhar? Se está com dúvidas mas, ao mesmo tempo, se coloca a questão de saber qual das equipas será mais eficaz, eis uma pista facultada por investigação publicada na revista *Science*[23]: o facto de a equipa A ser composta por pessoas muito inteligentes não a torna coletivamente mais inteligente. Diferentemente, a partilha de ideias, a aprendizagem mútua e a capacidade de valorizar as ideias e contributos dos membros, independentemente da sua "inteligência" ou função, é uma forma inteligente de criar inteligência coletiva.

Outros estudos[24] sugerem que as equipas apaixonadas são movidas por um sentimento de autoconfiança que as torna ainda mais coesas e eficazes. Nelas, o relacionamento interpessoal é mais forte, a cooperação é mais intensa, o absentismo é menor, a coordenação do trabalho entre líder e liderados é mais proveitosa e a criatividade é mais abundante. Nas equipas que prestam serviços, esta paixão repercute-se na maior satisfação da clientela.

Uma nota de precaução é, todavia, necessária. Por vezes, as equipas desportivas apaixonadas tornam-se excessivamente otimistas, descuram riscos e seguem táticas menos apropriadas. Treinadores apaixonados também podem alimentar tais processos. A propósito da derrota do Barcelona perante o Chelsea, num jogo das meias-finais para a Champions (abril de 2012), alguns comentadores referiram que a equipa e o seu treinador podem ter ficado aprisionados ao seu anterior sucesso apaixonado. Ao insistir num estilo de jogo sobejamente bem-sucedido até então, mas que os adversários foram estudando, o Barça pode ter descurado a necessidade de mudar de estilo. Ao adotar o mesmo estilo, foi incapaz de usá-lo com eficácia a partir do momento em que o adversário criou armas para contrariá-lo.

Algo do mesmo teor pode ocorrer em equipas *normais apaixonadas*: podem tornar-se excessivamente otimistas[25], descurar a necessidade de mudar, e tomar decisões de pior qualidade. Os líderes podem mesmo desenvolver a soberba e perder a noção dos riscos e dos seus próprios seus limites[26].

O amor à camisola

No desporto, deseja-se que os participantes *vistam a camisola*, isto é, que se identifiquem com a organização e a equipa. O mesmo sucede nas equipas *normais* que pretendem elevados desempenhos. Sem identificação e sem entrega, é provável que a equipa seja mais uma coleção de indivíduos do que uma verdadeira equipa.

O amor à camisola das Hockeyroos – equipa de hóquei em campo feminino da Austrália[27]

SUPEREQUIPAS: ORIENTAÇÕES PARA A CRIAÇÃO DE VERDADEIRAS EQUIPAS

Em várias partes deste livro, daremos conta de diversas linhas de orientação que os líderes podem seguir para promover tal identificação. Mas deixamos, desde já, uma nota de precaução: *o amor à camisola não implica obediência cega*. Esta pode emergir como consequência de lideranças carismáticas, de lideranças autocráticas ou de líderes que combinam autocracia com carisma. Alguns líderes são de tal modo carismáticos que os membros da equipa se inibem de apresentar discordâncias. O excesso de reverência dos liderados pelo líder pode conduzir a decisões altamente problemáticas. Outros líderes são de tal modo autocráticos que os membros da equipa temem expressar opiniões, enquanto outros líderes combinam as duas vertentes. Quando Lee Kun Hee, então líder do grupo Samsung, decidiu investir no negócio do fabrico de automóveis, diversos gestores da equipa tinham sérias reservas à valia do vultuoso investimento. Mas não se manifestaram[28]. O investimento foi um fracasso estrondoso. Discutimos este tema com mais detalhe no Capítulo 5, quando abordamos a segurança psicológica.

APRENDENDO COM SUPEREQUIPAS DESPORTIVAS

Fica claro que, pesem embora as diferenças entre equipas desportivas e equipas de organizações *normais*, podemos aprender a liderar as normais prestando atenção às desportivas. Além do FC Barcelona da segunda metade dos anos 2000, tomemos em atenção outros casos exemplares, como o Sporting dos Cinco Violinos[29], o Chicago Bulls, de Phil Jackson, a seleção portuguesa de futebol, os All Blacks (a equipa neozelandesa de *rugby*) e os Springboks de 1995 (seleção sul-africana de *rugby*).

Desafio entre duas superequipas: All Blacks e Springboks[30]

As estrelas precisam da constelação

Ao contrário de outras equipas, que procuram constantemente contratar as melhores estrelas no exterior, o Barça busca o desenvolvimento dos seus próprios jogadores. Esta é uma lição que organizações do universo não desportivo deveriam aprender. Boris Groysberg e outros professores da Harvard Business School chamaram a atenção para a obsessão que muitas empresas colocam na contratação de estrelas – em detrimento do desenvolvimento dos talentos internos e das equipas[31]. Estes investigadores realizaram um estudo com analistas bem-sucedidos de Wall Street que se movimentavam frequentemente entre empresas. Verificaram que estas transferências têm impacto negativo no desempenho das estrelas e no próprio valor de mercado da empresa para a qual a estrela se transfere. Várias razões podem ser apontadas.

Primeira razão: o desempenho de um grande talento não depende apenas das suas caraterísticas e competências, mas também da equipa em que trabalha. Quando transita de uma equipa para outra, a estrela não consegue transportar consigo as qualidades da equipa em que antes operava. Não carrega consigo o brilho da equipa que o fazia brilhar.

Segunda razão: o modo de trabalhar da nova estrela, a sua elevada remuneração, assim como o modo privilegiado como é tratada, podem suscitar resistências entre os membros da equipa para a qual transitou. Consequentemente, podem sonegar-lhe informação e cooperação. Os conflitos podem emergir e o espírito de equipa pode declinar. Os colaboradores mais leais da equipa podem sentir-se preteridos e desmoralizar. A própria equipa pode ter necessidade de elevar remunerações dos seus atuais membros, de modo a apaziguar conflitos ou evitar a sua saída. Nesta matéria, o mundo desportivo não é diferente. Leia-se o seguinte extrato de uma notícia publicada no *Diário de Notícias*, em 24 de setembro de 2012[32]:

"Capitão da seleção russa insatisfeito com contratações de Hulk e Witsel. Não compreende porque é que o brasileiro contratado ao FC Porto tem um salário três vezes superior ao dos principais internacionais russos do Zenit. 'Se Hulk e Witsel fossem Messi e Ronaldo, tudo bem. Mas não são. Por isso, porquê tanta diferença nos salários'?, questionou o internacional e habitual capitão da seleção russa Igor Denisov, relegado para a equipa B do Zenit juntamente com outro internacional russo, o avançado Kerzhakov, por se terem 'revoltado' contra os salários milionários dos jogadores contratados a FC Porto e Benfica este mês. Denisov, de 28 anos, reconheceu que o avançado brasileiro, contratado ao FC Porto, e o médio belga, proveniente do Benfica, 'são capazes de ajudar o Zenit', mas questionou se 'são assim tão bons que mereçam ganhar três vezes mais do que os principais jogadores da equipa'. 'Por isso fui pedir um aumento salarial e fui dispensado pelo treinador Spaletti', reconheceu Denisov à imprensa russa, adiantando que 'se as coisas não mudarem terei de sair do Zenit'. O médio recusou ainda que Hulk e Witsel estejam a ser discriminados em campo pelos internacionais russos. 'Porque é que dizem que não passamos a bola ao Hulk ou que não lhes demos uma boa receção? Demos, mas é difícil comunicar com eles através de intérpretes. Eles deveriam tentar falar connosco por eles próprios'."

A chegada da estrela Neymar ao Paris Saint-Germain, em 2017, também ofuscou o estrelato de um veterano: o uruguaio Cavani. Quando escrevíamos a 2.ª edição do livro, estava a ter eco na comunicação social a disputa entre os dois jogadores pela marcação de grandes penalidades. A guerra pelo estrelato chegou ao ponto de Cavani ter, alegadamente, recusado um milhão de euros para permitir que fosse Neymar o marcador de penáltis da equipa[33]. Mário Lopes escreveu no jornal *Público* que os dirigentes do clube "tentaram sanar o conflito com a oferta de um prémio financeiro ao uruguaio, mas os problemas são mais profundos: um balneário dividido pela chegada do astro"[34]. Dada a sua relevância para a compreensão da tensão indivíduo-equipa, discutimos o caso em maior detalhe na secção seguinte.

Terceira razão: a estrela pode experimentar dificuldades em *desaprender* a fórmula que resultara bem na equipa anterior e em *aprender* a mais apropriada na nova equipa. O seu raciocínio poderá ser deste teor: *se fui bem-sucedido anteriormente, porque hei-de mudar?* Todavia, essa forma de pensar ignora que o segredo do sucesso diverge de uma equipa para outra.

Groysberg e colegas verificaram ainda que as estrelas não permaneciam durante muito tempo na nova equipa, apesar da choruda remuneração. Ou seja: quando uma equipa *conquista* os préstimos da estrela, os efeitos são temporários, já que a saída posterior do talento contratado é bastante provável.

Eis a lição: algumas prima-donas procuram sempre o melhor lugar para brilhar, pouco se importando com a sorte da equipa de que fazem parte. Esse é um direito inalienável – mas a boa gestão de equipas não pode ignorar essa realidade. As boas equipas precisam das estrela, mas o brilho das estrelas deve-se, em medida significativa, ao valor da constelação em que estão inseridas.

A má liderança e a consequências da guerra de egos

A desavença entre Neymar e Cavani e as consequências da contratação do ex-jogador do FC Barcelona para o espírito de equipa merecem aqui atenção mais detalhada. A ocorrência é a demonstração cabal da necessidade de a liderança saber gerir a tensão entre dois polos. De um lado, os egos das estrelas da equipa, do outro lado, o estrelato que deve ser concedido à equipa, como um todo. O caso é, também, um sinal de que as estrelas não competem apenas por dinheiro – mas também pela preservação do ego. A revista *Exame*, edição do Brasil, publicou um longo texto, bastante elucidativo, sobre o conflito. Abordou ainda as causas e as consequências da "guerra entre estrelas"[35]. Eis o argumento inicial:

"A discussão em campo entre Neymar e Cavani na hora de bater um penálti [num jogo contra o Olympique de Lyon], transmitida aos quatro cantos do mundo, só tornou público o que já era evidente no vestiário muito antes de o Paris Saint--Germain (PSG) enfrentar a equipa do Lyon, naquele fatídico domingo, 17 de setembro. Segundo reportagem do jornal *El País*, a chegada de Neymar à equipa em agosto minou o clima entre os jogadores e deu início à guerra de egos na equipa de futebol do magnata do Qatar, o empresário Nasser Al-Khelaïfi. A desavença em campo é só a ponta de um icebergue que 'gelou' a relação entre companheiros de equipa."

Cavani, fazendo jus ao gosto de marcar penáltis[36]
(Estará a lembrar-se de que o penálti é um esforço ... coletivo?)

O texto remetia, depois, para os erros cometidos pela liderança do clube, ao ignorar que uma equipa não pode ser um "egossistema"[37] – antes deve ser um ecossistema:

"O dono do PSG não economizou esforços nem euros para tirar Neymar do Barcelona, mas cometeu um erro crasso de liderança: não fez um planeamento antes

EQUIPAS DESPORTIVAS

de contratar um grande craque. (...). Para além de seduzir o jogador brasileiro com uma fortuna e a oportunidade de ser o 'Rei Sol' da equipa de futebol da Cidade Luz, Al-Khelaïfi deveria ter garantido, de facto, o compromisso de Neymar com a manutenção do bom clima dentro e fora de campo. (...) Dessa forma, poderia tentar garantir-se que Neymar tomasse para si a tarefa de não só conquistar os adeptos com os seus dribles e jogadas geniais, mas também a sua legitimidade perante toda a equipa de jogadores PSG, atuando de forma mais humilde e voltada para a harmonia do grupo."

O autor do artigo discutia, então, o que se pode aprender com o caso, mesmo fora do mundo futebolístico:

"A aprendizagem vale para o mundo do trabalho em geral: independentemente do currículo, cargo e feitos de carreira, o poder de influência e a liderança não são aspetos dados a ninguém, e, sim, conquistados. E essa disposição para encontrar o seu lugar na equipa deveria ter sido avaliada em Neymar antes mesmo da assinatura do contrato, segundo Trafane[38]. Caso o craque não se mostrasse afeito a esse trabalho em equipa, a contratação deveria até ser repensada, segundo Trafane. (...) Além de conversar com Neymar, a liderança do PSG também teria que ter previsto e mitigado os riscos do impacto da chegada do craque na autoestima restante do elenco".

O texto argumentava ainda:

"Não é preciso ter feito um MBA para saber que o dinheiro muito provavelmente não é o principal motivador de carreira para um jogador já tão bem remunerado como Cavani. Não há dúvida de que a situação é má para o craque brasileiro. Ao deixar a autoconfiança jogar contra si, Neymar isolou-se e isso pode comprometer sua acertada decisão de carreira de deixar o Barcelona pelo PSG."

O caso ilustra vários aspetos cruciais para a compreensão da liderança de equipas. Primeiro: uma boa equipa não é uma soma de estrelas. Importa contratar bons jogadores – mas com a consciência clara de que uma boa equipa requer bons jogadores a jogarem pela equipa. Segundo: um ego estelar pode causar danos na coesão e no espírito de equipa. Terceiro: a liderança de uma equipa não é independente da liderança da organização em que a equipa está inserida. O presidente do PSG foi "generoso" para com Neymar. Agraciou-o com dinheiro e com muito palco. Mas foi menos generoso com os restantes membros da equipa, que sentiram os seus egos afetados. O treinador da equipa viu colocadas nas suas mãos a resolução de um problema que o presidente criara – ou, pelo menos, não soubera evitar.

DESTAQUE 1.2
O treinador como "organizador de eventos"

O jornal espanhol *El País* escreveu que, na sequência do conflito entre Neymar e Cavani, o treinador do PSG se tinha transformado numa espécie de "organizador de eventos". Objetivo: colocar água na fervura e mitigar os efeitos perversos da conduta do presidente do clube, ao mostrar excesso de generosidade para com Neymar em detrimento dos restantes jogadores[39]:

"Unai Emery, treinador do PSG, está pronto para tudo. Está até disposto a tornar-se um organizador de eventos, refeições e festas de aniversário, desde que Neymar Junior e Edinson Cavani consigam, pelo menos, coabitar de forma pacífica. Para tal, segundo contam fontes do vestiário e do aparato logístico do PSG, foi instituído um programa de reuniões individuais e coletivas com os jogadores, bem como uma série de atividades grupais para que a equipa possa entrar numa dinâmica comportamental que permita integrar harmoniosamente o *nove* uruguaio e a estrela brasileira, que até agora se repelem como água e aceite".

Num desses eventos de confraternização, destinado a celebrar o aniversário de Tiago Silva, Cavani não compareceu. Tiago, na ânsia de criar espírito de equipa (!), pediu aos colegas que sorrissem para a fotografia. Eis o que escreveu o jornalista do *El País*, Diego Torres:

"Comeram rapidamente, conversaram pouco e saíram totalmente conscientes de que tinham acabado de cumprir um dever profissional cujo principal objetivo era a foto que colocariam nas redes sociais". E o jornalista argumentou, com algum sarcasmo: "O PSG apresenta a equipa mais rica do mundo e, ao mesmo tempo, a que está mais dependente de um gestor de recursos humanos". Noutro texto, Torres escreveu que a festa de aniversário havia sido tão animada quanto um funeral[40]!

Mais do que meras equipas

Algumas destas equipas têm ligações fortes com alguma entidade externa que as enquadra e lhes dá sentido e propósito[41]. Esta ligação era visível nas bandeiras espalhadas por Portugal durante o Euro 2004. Foi igualmente identificável durante o Euro 2016, quando Fernando Santos assumia que a equipa era constituída por 11 a jogar e mais "11 milhões" a apoiar. A ligação a um propósito maior tem sido igualmente detetável na identidade do Barcelona: *més que un club*. Ou seja, mais do que um clube, o Barça tem sido uma bandeira da Catalunha. O seu ex-presidente, Joan Laporta, afirmou que "o nacionalismo catalão e o barcelonismo são uma só coisa. É uma forma de pensar"[42]. O mesmo havia sido afirmado por Josep Carreras, tenor e aficionado:

> "Ser adepto do Barça vai além do puramente desportivo. É o sentimento de raízes, de valores e de uma identidade de país: a Catalunha"[43].

No País Basco, a mesma lógica identitária é adotada pelo Athletic Bilbao. Estatuariamente, apenas utiliza jogadores bascos[44] – e assim chegou à final da Liga Europa, em 2012. Os Springboks de 1995 (seleção sul-africana de *rugby*), retratados no filme *Invictus*, foram o símbolo emblemático de uma nova República da África do Sul. A "garra" demonstrada pela equipa foi fortemente estimulada pela ligação emocional entre a mesma e um país em busca de afirmação e orgulho. Nelson Mandela foi o timoneiro que, para conferir sentido a uma nação em risco de perder sentido de coesão, procurou o cimento agregador em torno dos Springboks. Por sua vez, a equipa sul-africana encontrou energias no sentimento de que era *mais do que uma equipa* e de que representava os anseios de coesão de uma nação inteira.

Lição: uma boa equipa sente que é parte de algo mais vasto e que o seu contributo tem um significado que ultrapassa as margens da mera vitória ou do ganho. Indivíduos e equipas trabalham mais e melhor, chegando mesmo a transcender-se, quando sentem que lutam por uma causa maior do que eles próprios. Pense o leitor no que sucedeu no campeonato europeu de futebol de 2004, quando as bandeiras nacionais fizeram parte da paisagem. Goste-se ou não de uma tal paisagem, não pode descurar-se um facto óbvio: a equipa nacional assumiu-se como *mais do que uma equipa*. Quando Ricardo tirou as luvas em frente ao jogador inglês que se preparava para marcar um penálti, o guarda-redes português não estava apenas a defender a baliza. Estava também a prezar o que ele entendia como o orgulho nacional. Provavelmente, é um sentimento desse teor que alimenta a garra de muitos atletas em competições internacionais.

DESTAQUE 1.3
A marca de um líder que não se cansa de ir a funerais

1.

Simon Kuper, colunista do *Financial Times*, referiu-se a *Sir* Alex Ferguson, o ex-treinador do Manchester United[45], do seguinte modo: "*Sir* Alex tornou-se indispensável no United em parte por ter passado de mero empregado para a personalização dos valores do clube. Mas estudou para o conseguir. Quando chegou a Old Trafford, em 1986, entrevistou o pessoal sobre a história do United e ouviu os adeptos. E absorveu gradualmente três dogmas da marca do clube: as equipas do United têm de atacar, o Mundo está contra o United e o United é mais uma causa do que um clube de futebol. Quando disse 'Eu sou o guardião do templo', queria dizer que essa causa era quase impensável sem ele."

2.

Eis uma pequena nota adicional que ajuda a compreender a importância da gestão relacional de uma equipa: "Anos depois de saírem do United os antigos jogadores continuam a receber telefonemas de *Sir* Alex. Cultiva os seus contactos até à morte: Barclay [biógrafo de Ferguson] escreve que não há ninguém no futebol que vá a tantos funerais como ele."

Uma identidade própria

As melhores equipas têm um estilo, uma idiossincrasia – quer se trate das harmonias do quinteto dos violinos sportinguistas, quer do *tiki-taka*, o futebol rendilhado do Barcelona no tempo de Guardiola. A equipa que esteve na origem do LEGO Mindstorms (um *kit* de robótica que permite criar invenções usando as peças LEGO) enfrentou várias dificuldades, incluindo conflitos internos. Foram suscitadas dúvidas sobre a capacidade da equipa em apresentar um produto ajustado ao mercado. Entre as razões que permitiram à equipa vencer as adversidades e chegar a bom porto esteve a sua capacidade para fomentar a identidade da equipa. Os seus membros despenderam tempo a conversarem sobre o propósito da equipa, o tipo de equipa que pretendiam ser e as razões pelas quais estavam onde estavam[46].

Lição: uma boa equipa tem uma identidade própria, os seus membros sentem que participam de um coletivo peculiar e diferente de outros coletivos. Quando tal acontece, a entrega à equipa e a lealdade crescem.

As boas equipas têm escola

O habitual futebol do FC Barcelona vem do tempo de Cruyff, o lendário ex-jogador e treinador holandês do emblema catalão. O estilo foi sendo cultivado na escola de La Masia. Jesus Correia, um dos violinos sportinguistas, terá sido, porventura, o primeiro de uma escola de grandes avançados extremos – uma linhagem que continuou com jogadores como Futre, Figo, Quaresma e Cristiano Ronaldo. O mantra da seleção neozelandesa de *rugby*, os All Blacks, é *Better people make better All Blacks* (veja legado da equipa no Quadro 5.1, capítulo 5). A equipa recruta os seus membros com base no caráter pessoal[47], desde que assegurado um nível mínimo de competências técnicas. Depois, procura desenvolver-lhes e promover-lhes a autoconsciência e a inteligência emocional. Ou seja: uma boa equipa requer mais do que jogadores, requer pessoas integramente desenvolvidas – não apenas tecnicamente, mas também aos níveis intrapessoal, interpessoal, relacional e emocional[48].

Lição: importa que as equipas sejam estimuladas por processos continuados de formação, desenvolvimento, *coaching* e mentoria. As boas equipas fazem da aprendizagem contínua um lubrificante essencial ao seu desenvolvimento. E, mais do que jogadores tecnicamente excelentes, procuram pessoas *integralmente* desenvolvidas (ainda que nem sempre o consigam!).

La Masia[49]

Mudança na continuidade

As equipas de sucesso contêm, paradoxalmente, desejo de mudança e vontade de continuidade. Os Chicago Bulls de Phil Jackson tiveram duas séries vitoriosas. Dois jogadores estiveram em ambas as séries, assegurando a evolução na continuidade. Quantas vezes se discutiram, em Portugal, os problemas associados ao fim da geração de Figo e C.ª na equipa nacional de futebol? Felizmente, parece-nos, a mudança na continuidade tem sido assegurada.

Lição: a constituição das equipas requer mudança, não podendo acalentar-se o desejo das prima-donas que querem perpetuar-se como estrelas insubstituíveis. Mas também é fundamental que as equipas desenvolvam continuamente os seus talentos, em vez de os buscarem sistematicamente no exterior e, desse modo, passarem um atestado de menor valia aos membros internos.

DESTAQUE 1.4
O FC Barcelona assemelha-se à catedral da Sagrada Família de Gaudi?

Num artigo publicado no suplemento *Weekend* do *Jornal de Negócios*, em 20 de abril de 2012, Fernando Sobral referiu-se à tradicional *escola* do Barcelona do seguinte modo: "Guardiola comparou, um dia, o estilo do Barcelona a uma catedral. Cruyff construiu-a, e a tarefa dos que vieram a seguir foi a de renovar. Parece que estamos a falar da Sagrada Família que Gaudi iniciou na cidade e que continua a ser completada. De Cruyff, Guardiola foi buscar as noções de ataque. De Van Gaal, a consistência. Há leis que Guardiola não escreveu mas que definem o futebol do Barcelona (...)".

Abundância de capitães

Nas boas equipas, coexistem vários líderes. Esse é uma das lições a extrair da vitoriosa All Blacks[50]. Mano Menezes, treinador da seleção brasileira de futebol, explicou:

"Um grupo precisa de muitos líderes. Envergar a braçadeira é meramente simbólico, no sentido em que a liderança deve ser exercida em campo por vários jogadores – e uma das caraterísticas das equipas competentes é precisamente o facto de elas reduzirem a dependência face a figuras de autoridade como a representada pela tradicional noção de líder[51], pois vários lideram em diferentes momentos e usando distintos talentos. Aqueles que têm uma trajetória mais importante pela sua experiência, pelo seu conhecimento dos jogadores do grupo, pela sua técnica – porque a liderança também é técnica em determinados momentos – assumirão esse papel"[52].

Lição: uma boa equipa é composta por diversos indivíduos que são realmente capazes de tomar a dianteira em matérias específicas. Dificilmente se constrói uma boa equipa com seguidores que *simplesmente* aguardam orientações do chefe.

UM DIAGNÓSTICO BREVE SOBRE O ESTADO DA SUA EQUIPA

As observações anteriores suscitam algumas questões relevantes para a gestão de equipas nas organizações *normais*. Pergunte-se o leitor:

- A nossa equipa sente que participa em algo maior do que ela própria? É movida por um sentido de missão? A equipa é realmente útil e valiosa para a organização ou para entidades externas? Ou é uma máquina de fazer dinheiro para os acionistas, sendo os *jogadores* e os *adeptos* meros instrumentos dessa maquinaria?
- A nossa equipa tem um estilo? Temos uma identidade própria na qual os *jogadores* e os *adeptos* gostam de se rever? Gostamos de afirmar essa identidade, esse estilo idiossincrático, perante a organização e entidades externas?
- A nossa equipa é uma escola de formação? Avaliamos o desempenho da equipa ou o mérito de cada membro? A equipa fomenta, em instinto quase genético, a aprendizagem permanente e a partilha de conhecimentos e de experiência? Existe uma preocupação constante em desenvolver talentos internamente? Existe a consciência de que um jogador aparentemente modesto pode esconder um grande talento – que deve ser identificado e promovido? Protegemos os novos membros e criamos espaço para que cresçam com segurança? O sucesso desses novos membros é motivo de orgulho de todos?
- Asseguramos a necessária continuidade, mas também valorizamos a mudança? Ou deixamos que a equipa cristalize numa *paz podre* que não produz resultados? Existem prima-donas que se atribuem o privilégio de impor o seu estilo, mesmo que a receita e os seus talentos já não resultem?
- A nossa equipa recebe *feedback* rápido sobre o seu desempenho? Se não o recebemos, procuramos compreender o que deve ser repetido e o que deve ser modificado?
- A equipa promove a liderança partilhada? Existem vários líderes capazes de assegurarem a condução dos trabalhos e a mobilização da equipa em diferentes momentos, matérias ou circunstâncias?

CONCLUSÃO

A liderança de equipas desportivas pode aprender com a liderança empresarial[53]. Mas as equipas do mundo "real" do trabalho também podem aprender com as equipas desportivas. E pode aprender-se liderança, em geral, prestando atenção à liderança no mundo desportivo. É esse facto que ajuda a explicar que Alex Ferguson, o ex-treinador do Manchester United, tenha sido contratado pela Harvard Business School para ensinar filosofia de liderança. Segundo o lendário treinador, é necessário desenvolver e envolver a pessoa *no seu todo* se se pretende que ela contribua fortemente para uma equipa excelente[54]:

> "A função de um *manager*, como a de um professor, é inspirar as pessoas para fazerem melhor. Demos-lhes melhores competências técnicas, façamos deles vencedores, tornemo-los melhores pessoas, e eles podem chegar a qualquer lado na vida".

"Pessoa no seu todo" significa que o jogador deve ser tecnicamente bom, mas também humilde, perseverante, desejoso de aprender e dotado de espírito de equipa – algo que Neymar e o presidente do PSG podem não ter compreendido verdadeiramente. Naturalmente, esta é uma lição tão válida para o mundo desportivo como para o empresarial. Também sobre Guardiola, ainda enquanto treinador do FC Barcelona, foi escrito que ele poderia ser uma fonte de aprendizagem para a liderança no mundo empresarial[55]:

> "O facto de Pep Guardiola ter sabido gerir, na perfeição, um balneário tão vasto e importante como o do Barcelona, chamou a atenção do mundo empresarial. Um processo idêntico ao que já tinha acontecido com Mourinho ou Scolari. Guardiola assumiu-se como um exemplo perfeito de 'coach' para as multinacionais que atuam em Espanha. Uma espécie de 'treinador' de motivações que tira o máximo rendimento dos trabalhadores e potencia a autoconfiança. Segundo os especialistas, o maior mérito de Guardiola foi perceber, desde o primeiro momento, que todos os futebolistas têm personalidades diferentes, convertendo-se num perfeito gestor de conflitos. A chamada inteligência emocional. Não é fácil encontrar, na mesma pessoa, todas as caraterísticas que Pep Guardiola reúne. O treinador do Barça tem inteligência emocional para controlar as suas próprias emoções, autoconfiança, poder de autogestão, transparência, capacidade de adaptação a situações

novas, ambição, otimismo, iniciativa, empatia com os seus jogadores, capacidade organizativa, intuição, influência, capacidade para delegar a sua liderança em campo, habilidade para lidar com o lado humano das pessoas, não criticar publicamente os seus e saber gerir conflitos. Estas são caraterísticas fundamentais para um líder do mundo empresarial."

Guardiola elevado a estrela pela sua equipa[56]

Sobre o mesmo Guardiola foi escrito no *website* da Wharton School, da prestigiada University of Pennsylvania[57]:

"(...) É um indivíduo com uma enorme capacidade de trabalho, realizando análises profundas acerca dos rivais, e sendo também equilibrado do ponto de vista emocional. Nas reações aos resultados dos jogos, 'não se deixa levar pela euforia nem se deixa cair em desespero', refere Cubeiro [presidente da empresa de consultoria Eurotalent, e professor da Universidade de Deusto, San Pablo-CEU e da ESADE]. Isto é digno de ser enfatizado porque, como ele nota, 'mais de 80% da liderança é inteligência emocional, ou seja, como as emoções são canalizadas e, neste caso, como são depois transmitidas para a equipa'. Isto não oculta o facto de que Guardiola joga o seu papel com paixão. Mas, quando enfrenta os *media* e o decurso da competição, 'ele sabe a importância do que diz e do modo como o diz. Por essa razão, empenha-se fortemente em transmitir calma'."

EQUIPAS DESPORTIVAS

QUADRO 1.1 O que se pode aprender com equipas desportivas bem-sucedidas

- É preciso criar condições para que os talentos individuais tenham possibilidades de expressão. Ou seja: importa gerar espaço para que as estrelas individuais brilhem. Mas é igualmente importante que a equipa seja gerida como uma *verdadeira* equipa e não um agrupamento de prima-donas. O brilho individual deve ser colocado ao serviço do brilho coletivo.

- Importa que a equipa sinta que está incumbida de uma missão que não se circunscreve às meras vitórias nos jogos e nas competições. Ou seja: a equipa não deve interpretar-se *apenas como uma equipa*, mas como *algo mais do que uma equipa*, que se move em prol de um propósito valioso.

- Os membros da equipa devem sentir que o *lugar* não está garantido. Mas devem igualmente constatar que a equipa investe no desenvolvimento dos seus membros, de modo que estes se transformem em estrelas. Quando a liderança da equipa está sobretudo preocupada com a contratação de estrelas externas (o caso PSG-Neymar é paradigmático), a mensagem implicitamente transmitida aos membros internos da equipa é a de que eles são entidades menores.

- É preciso que a equipa tenha uma cultura de aprendizagem e desenvolvimento contínuo – e que sinta que a organização proporciona condições/recursos para esse mesmo desenvolvimento. Uma boa equipa é uma escola – de competências, de forças do caráter e de virtudes.

- Numa grande equipa, cada um sente que o seu desempenho não provém fundamentalmente do seu talento individual, mas do modo como esse talento é acalentado e promovido pelo talento de todo o coletivo.

- Os resultados que uma equipa vai alcançando são cruciais para compreender o que deve ser modificado e o que importa manter. Embora esse *feedback* não seja tão claro e imediato nas equipas *normais*, importa que estas o procurem. Sem *feedback* permanente, a equipa pode estar no mau caminho – sem que o compreenda.

- Tal como uma equipa desportiva, uma boa equipa *normal* precisa de celebrar vitórias, de chorar derrotas e de lidar eficazmente com emoções tóxicas que podem corroer o espírito de equipa e desanimar as hostes. Qualquer equipa é um espaço emocional onde a *paixão inteligente* deve ser alimentada.

- O *amor à camisola* é crucial, qualquer que seja a equipa.

- Uma boa equipa tem uma identidade própria na qual os seus membros se reveem e orgulham.

- As equipas de sucesso combinam pulsões de mudança com pulsões de continuidade. Ou seja: há uma identidade que se ajusta às circunstâncias. Quando tal não ocorre, as equipas de sonho transformam-se em arremedos do seu passado, o que pode conduzir à sua destruição.

- Nas boas equipas, a liderança é partilhada – e não concentrada numa só mente iluminada. Naturalmente, é necessário que as várias lideranças sejam credíveis e respeitadas e que não haja sobreposições nas áreas ou momentos de intervenção.

Em suma, pode aprender-se a liderar equipas de organizações *normais* mediante o estudo de "outra coisa qualquer". O Quadro 1.1 ajuda a compreender que essa "coisa qualquer" pode ser uma equipa desportiva. No capítulo seguinte, são outras "as coisas quaisquer": bandas musicais, equipas militares e "pelotões" da cozinha.

ANEXO
Leões *ALPHA*

Sam Walker, do *Wall Street Journal*, num livro intitulado *Captain Class*[58], denominou as 16 melhores equipas desportivas de todos os tempos como *Alpha Lions*. Eis uma breve descrição cronológica das mesmas (os feitos respeitam ao período temporal mencionado):

1. **Collingwood Magpies** – Liga Australiana de Futebol (1927–30). Mais conhecida como "a máquina", a equipa alcançou o recorde de quatro vitórias consecutivas em finais da *Victorian Football League*. A sua impenetrável defesa contribuiu, em grande medida, para o *score* de 88% de vitórias e uma média de 33 pontos de vantagem sobre os seus adversários.

2. **New York Yankees** – Liga de Basebol, EUA (1949–53). Embora outras equipas dos Yankees tenham permanecido mais na memória coletiva, esta foi a única na história do basebol americano a conquistar cinco *World Series* consecutivas.

3. **Hungria** – Futebol masculino (1950–55). Em cinco anos, a equipa de ouro húngara, conhecida por *Mighty Magyars*, perdeu apenas dois dos 53 jogos.

4. **Montreal Canadiens** – Liga de Hóquei do Canadá (1955–60). É a única equipa na história a conseguir cinco vitórias consecutivas na *Stanley Cup*. Ganhou ou empatou 74% dos seus jogos e ultrapassou em mais de 400 golos a média até então estabelecida na Liga.

5. **Boston Celtics** – NBA, EUA (1956–69). Venceu 11 campeonatos em 13 temporadas, oito deles consecutivos. É um recorde da NBA.

6. **Brasil** – Futebol masculino (1958–62). Venceu dois campeonatos do mundo consecutivos, tendo permanecido invicta em três de cinco épocas.

EQUIPAS DESPORTIVAS

7. **Pittsburgh Steelers** – Liga de Futebol dos EUA (1974–80). Alcançou os *playoffs* seis vezes consecutivas, tendo ganho quatro *Super Bowls*.

8. **URSS** – Hóquei no gelo (1980–84). Após humilhante derrota com os EUA em 1980, o "Exército Vermelho" voltou mais forte do que nunca, alcançando 94 vitórias, quatro derrotas e nove empates durante este período. A esse recorde juntaram-se quatro Campeonatos do Mundo e uma medalha de ouro nos Jogos Olímpicos de Inverno de 1984.

9. **All Blacks** – *Rugby*, Nova Zelândia (1986–90). Permaneceu invicta durante 49 jogos, em três anos. Durante o Campeonato do Mundo de 1987, marcou 298 pontos e concedeu apenas 52.

10. **Cuba** – Voleibol feminino (1991–2000). As "Espectaculares Morenas del Caribe" ganharam todos os torneios importantes durante 10 anos consecutivos. Conquistaram três medalhas de ouro olímpicas, quatro Taças do Mundo e todos os Campeonatos do Mundo.

11. **Austrália** – Hóquei de campo feminino (1993–2000): As "Hockeyroos" ganharam duas medalhas de ouro olímpicas, quatro *Champions Trophy* consecutivos e todos os Campeonatos do Mundo. Alcançaram o recorde de 785 golos marcados e apenas 220 sofridos.

12. **USA** – Futebol feminino (1996–99): As "99ers" dominaram a um nível sem paralelo na história. Ganharam os Jogos Olímpicos e o Campeonato do Mundo com um recorde 84-6-6.

13. **San Antonio Spurs** – NBA, EUA (1997–2016). Durante cerca de 20 anos, revelaram enorme consistência. Embora tenham conquistado "apenas" cinco campeonatos (incluindo três em cinco épocas), alcançaram os *playoffs* em 19 temporadas seguidas e nunca terminaram abaixo do segundo lugar.

14. **FC Barcelona** – Futebol, Espanha (2008–13). Conquistou 15 troféus. Ganhou ou empatou 92% dos jogos para o campeonato.

15. **França** – Andebol masculino (2008–15). "Les Experts" conquistaram três Campeonatos do Mundo e dois Campeonatos Europeus. Tornaram-se a primeira equipa a ganhar duas medalhas de ouro olímpicas consecutivas.

16. **All Blacks** – *Rugby*, Nova Zelândia (2011–15). Tornou-se a primeira equipa a ganhar Campeonatos do Mundo consecutivos.

Capítulo 2
Bandas, tropas e cozinhas

"Muitas pessoas reconhecem os Beatles como a mais famosa banda de todos os tempos. O que muitos de nós esquecem, contudo, é que eles foram uma verdadeira equipa de trabalho. Durante uma década, os Beatles trabalharam, fizeram contributos importantes, colaboraram uns com os outros, e lidaram com decisões difíceis inerentes a uma equipa. Isto é mais ou menos o que ocorre numa empresa. Ainda que eu não consiga imaginar qualquer deles a despender tempo num cubículo."

Pat Haster, Program Manager/Content Writer, na Cisco[1]

MÚSICA, GUERRA E COMIDA: O QUE AS UNE?

Às equipas desportivas, abordadas no capítulo anterior, podemos acrescentar as bandas musicais, as equipas militares (sobretudo as de operações especiais) e os "pelotões" de cozinha como fontes de aprendizagem para a liderança de equipas em organizações *normais*. Os paralelismos são comuns na linguagem que as descreve. Eis o que foi escrito sobre a fusão entre a Daimler-Benz e a Chrysler[2]:

"Tal como acontece com um molho holandês bem-sucedido, uma fusão bem-sucedida envolve muito mais do que a mera mistura dos ingredientes necessários.

O líder, tal como o *chef*, necessita de ter uma total compreensão de como os ingredientes se combinam uns com os outros, do *timing* e da importância de regular a temperatura. Na ausência dessa compreensão, o molho coalha, e foi isso que sucedeu com a DaimlerChrysler".

Outras pontes semânticas envolvem desporto, música e vida militar. O Sporting bem-sucedido de meados do século passado deveu a sua fama ao modo como os "Cinco violinos" atuavam em equipa. A expressão, clássica, ficou até aos dias de hoje para designar o torneio "Cinco Violinos". Os "cinco violinos" foram "uma das melhores linhas avançadas de sempre, composta por Jesus Correia, Vasques, Peyroteo, Travassos e Albano" – escreveu Bruno Roseiro, no *Observador*[3].

Cinco violinos entre dois maestros[4]

A expressão musical "equipa bem afinada" é frequentemente usada para descrever uma equipa, desportiva ou empresarial, cujos membros atuam em grande coordenação. O futebolista Rui Costa era apelidado de "Maestro". Tanto a vida militar como a desportiva têm os seus "capitães". O termo pelotão é usado na vida militar mas também no ciclismo. Martí Perarnau, num livro sobre Guardiola, escreveu que "uma equipa de futebol é como uma orquestra sinfónica", e denominou o treinador espanhol como maestro[5]:

"Podemos assemelhar o modelo de jogo à partitura de uma obra musical. Guardiola compôs a sua partitura, mas cada orquestra que ele dirige interpreta essa partitura com matizes específicas. Entretanto, o maestro introduz novas notas à partitura em função do modo como soa a orquestra, como se sentem os intérpretes e qual é a acústica da sala (e do adversário, é claro, fator essencial no futebol). É uma partitura 'mutável' nas suas matizes, que evolui continuamente durante os três anos de vida do projeto. A música soa parecida mas, na comparação do início com o final, percebemos diferenças notáveis no ritmo, na harmonia e na interpretação".

As pontes semânticas entre os vários domínios encontram-se por todo o lado. O Instituto de Empresa, uma prestigiada escola de negócios de Madrid, criou um programa de formação intitulado *From CEO To Maestros*[6], focado na aprendizagem que a liderança empresarial pode extrair da liderança de orquestras. Carlos Tavares foi descrito como "o maestro que pretende orquestrar o renascimento da Opel"[7], aquando da sua nomeação para CEO da empresa. Paul Polman, da Unilever, afirmou ao *Financial Times* o seguinte, a propósito do seu desejo de gerir a empresa de modo ambientalmente sustentável: "Disse às minhas tropas no Reino Unido: ninguém desiste"[8]. Acerca da Samsung Electronics, foi escrito no mesmo *Financial Times* que os executivos de topo da empresa estavam a "reunir as tropas" para enfrentar o vazio de liderança que se abrira após o líder ter sido sentenciado a prisão por corrupção[9].

Os Beatles, chegando ao aeroporto JFK, em 7 de fevereiro de 1964, acenando aos fãs[10]

Este capítulo discute o que podemos aprender com equipas dos mundos musical, militar e da cozinha. Começando com a música, concedemos especial destaque aos Beatles. Debruçamo-nos, depois, sobre as equipas militares e, por fim, sobre as do mundo da cozinha.

A MÚSICA COMO FONTE DE INSPIRAÇÃO

A música tem sido uma fonte de inspiração para a compreensão do funcionamento organizacional. António Pinto Barbosa, professor de economia na Nova SBE e músico dos Lisbon Swingers, referiu[11]:

> "O funcionamento de uma *big band* ou de uma *small band* levanta desafios de participação, interatividade e coordenação que surgem tipicamente no desenvolvimento regular de uma economia de mercado."

Sobre a matéria, também escreveu Edmondson, professora em Harvard:

> "[Tal como no desporto], os músicos formam bandas, grupos de câmara e orquestras que assentam na interdependência de talentos. Uma sinfonia desmorona-se a menos que a secção de cordas esteja coordenada com os instrumentos de sopro e os percussionistas. Mesmo quando um solista atua em palco, a partitura tem uma parte para todos os músicos. Uma *performance* bem-sucedida é aquela em que os músicos se complementam mutuamente e tocam em harmonia. Tal como em todas as grandes equipas, eles revelam sinergia. O todo é maior do que a soma das suas partes. Os músicos compreendem que são bem-sucedidos ou fracassam conjuntamente – perdem ou ganham como equipa".

Na verdade, a música produzida em equipa tem sido usada como metáfora para compreender os fenómenos organizacionais e da liderança fora do contexto musical. As organizações *normais* têm sido encaradas como orquestras sinfónicas[12] ou como *combos* de *jazz*[13]. A compreensão da liderança tem passado também pela análise do estilo de atuação de líderes como Miles Davis ou o maestro Claudio Abbado. O primeiro foi descrito como catalisador de inovações e criador de grupos de super-homens[14]. O segundo foi denominado facilitador supremo[15]. A liderança musical é uma cornucópia para o estudo da liderança organizacional. Como explicou o músico Tiago Bettencourt:

"Tem de haver sempre um líder numa banda para um concerto ter ritmo e coerência. Por outro lado, com esta banda temos sempre os nossos momentos de improvisação, onde não há propriamente nenhum líder e confiamos no instinto uns dos outros para levar a música a sítios que não planeámos"[16].

Esta capacidade improvisacional tem sido associada ao trabalho em equipa em organizações empresariais[17]. Ou seja, nas boas equipas, parece haver uma vontade exploradora que as desinquieta e as leva a experimentar novas possibilidades e soluções não testadas, tornando-as capazes de responder a crises de forma mais competente[18]. Uma boa equipa parece combinar elementos de um laboratório de ideias e de um *combo* de *jazz*. É por isso que, mesmo quando o génio individual tem sido exaltado, um olhar mais próximo permite revelar a presença de uma... equipa[19].

DESTAQUE 2.1
A música é uma droga legal?

1.

A música também constrói pontes entre equipas tão distintas como as discutidas neste livro. Afeta a psicologia, as emoções e as ações dos atletas, tanto individualmente como em equipa[20]. Por essa razão, alguns treinadores recorrem à música no balneário para imbuir os jogadores de um sentido de propósito partilhado. Muitas equipas adotam hinos para reforçar o sentido de identidade e o espírito de equipa. Os Jogos Olímpicos modernos têm exercido um papel importante na formalização da associação entre música e desporto. Compositores como Debussy, Williams e Vangelis inspiraram-se nos ideais olímpicos. A música é parte integrante das cerimónias dos Jogos. Não raramente, os hinos tocados durante a atribuição das medalhas levam os atletas às lágrimas. Entre 1912 e 1948, o festival olímpico também tinha eventos musicais, fazendo, aliás, jus aos desejos de Pierre de Coubertin, o fundador dos Jogos Olímpicos modernos[21].

Karageorghis, um ex-atleta e agora investigador, escreveu[22]: "A música pode ser usada como uma espécie de droga legal que reforça os resultados do trabalho. No meu trabalho quotidiano [na Brunel University] com atletas, uso frequentemente a música para regular as sessões de condicionamento em ambiente fechado. O resultado é um incremento na motivação, particularmente se os atletas puderem contribuir para a escolha da música. Os atletas também consideram as sessões mais aprazíveis".

Ironicamente, o efeito da música sobre o desempenho tem levado alguns organismos reguladores a proibir o uso da mesma nas competições[23]: "Por exemplo, a Associação Internacional de Federações de Atletismo (IAAF) baniu a música desde 2006 devido, em parte, ao seu potencial efeito sobre o desempenho, mas também porque a música pode ser tão intoxicante que coloca em perigo os atletas que participam em eventos de participação em massa, como as maratonas. Os atletas podem colidir uns com os outros, deixar escapar instruções importantes, ou mesmo ser abalroados por um automóvel".

2.

Haverá conexões entre música e equipas de organizações *normais*? Sim. A literatura sugere que a música afeta, entre outros aspetos, o comportamento de compra do consumidor e o comportamento dos empregados[24]. O efeito ocorre porque a música atua sobre a psicobiologia dos indivíduos[25]. Afeta o cérebro. Influencia "o corpo e o espírito"[26]. Ativa estruturas de conhecimento, levando os indivíduos a associar a música a determinado tipo de objetos ou ideias e, desse modo, impelindo-os a adotar determinados comportamentos (e.g., música clássica pode conduzir à compra de vinho mais dispendioso; música francesa pode impelir mais à compra de vinho francês do que de vinho alemão, e vice-versa). Certos tipos de música podem levar as pessoas a movimentar-se a diferentes velocidades dentro de um espaço comercial e a fazer compras de maior ou menor valor. Escutar música no local de trabalho pode também afetar, positiva ou negativamente, o desempenho. Por exemplo, alguma música pode consumir recursos cognitivos (e.g., atenção) que assim são desviados de algumas tarefas associadas ao trabalho. O efeito distrativo é maior ou menor consoante a dificuldade das tarefas e o grau de concentração exigido. A música pode também afetar o estado de espírito dos indivíduos e, desse modo, a criatividade e o desempenho. Determinado tipo de música pode ainda aumentar as sensações de poder, daí advindo várias consequências[27], designadamente: as pessoas geram mais pensamento abstrato ("ver a floresta em vez das árvores") e desenvolvem sentimentos de mais forte controlo sobre eventos futuros. Em suma: a investigação, embora repleta de zonas cinzentas, sugere que a música pode ser usada para manipular[28].

Eis algumas perguntas provocatórias: Poder-se-á esperar que as equipas empresariais comecem a adotar a música como instrumento de trabalho? Deverão os membros das equipas ser recebidos, pela manhã, com música? Poderá a música ser usada para elevar o moral, encorajar o espírito de equipa, quebrar o gelo numa reunião, fomentar a cooperação, mitigar tensões? Em que tipo de tarefas a música contribui ou penaliza o desempenho da equipa? Deverão as equipas recorrer a diferentes tipos de música para levar a cabo diferentes desafios?

APRENDENDO COM OS BEATLES

Os Beatles são a banda porventura mais bem-sucedida da história da música *rock*. O seu sucesso é uma demonstração cabal de como o *todo* pode ser maior do que a *soma das partes*: uma banda pode produzir melhor música do que a que poderia produzir cada membro a solo. Eis o que sobre a banda escreveu o consultor Andrew Sobel[29]:

> "Os Beatles fazem-nos lembrar que a essência de qualquer organização bem-sucedida reside em pequenas equipas cujos membros fazem coisas de que gostam, partilham alegria, e sentem-se parte de um todo mais amplo ao mesmo tempo que mantêm as suas identidades individuais".

Quando a banda atuou, em 9 de fevereiro de 1964, no Ed Sullivan Show, nos EUA, logo se destacou por várias particularidades. John Lennon, Paul McCartney, George Harrison e Ringo Starr surgiram descontraídos e confiantes. Pareciam experimentar a maior oportunidade das suas vidas. Sorriam. Ringo Starr e a sua bateria surgiam num pequeno estrado sobre o palco – emergindo como igual entre os seus pares, e não escondido por detrás dos restantes membros da banda.

Os Beatles, sem Ringo Starr, que contraíra uma faringite e foi substituído por Jimmy Nicol[30]

O estrondoso sucesso (musical e financeiro) não foi, todavia, obra do acaso – antes implicou trabalho árduo e persistência. Contrariamente a algumas estrelas, os Beatles sempre transmitiram a sensação de que gostavam genuinamente dos seus fãs e do público em geral. A banda não se limitou a fazer música – também veiculou uma certa visão do mundo e valores com elevado significado político[31]. Em 1964, por exemplo, recusou-se a atuar em espaços que segregassem os negros. Outros fatores explicativos do sucesso são seguidamente discutidos.

Trabalho, trabalho, trabalho

Um músico britânico de então afirmou que os Beatles iniciais "não eram muito bons", mas que faziam parte de um ambiente fervilhante cujos participantes pensavam em "música, música, música"[32]. Um segredo do sucesso residiu nos milhares de horas de trabalho conjunto atuando em clubes de Liverpool e Hamburgo. A banda adquiriu especial estamina e proficiência em Hamburgo, apesar de mal remunerada. Quando regressaram de Hamburgo, e ainda antes de ingressarem no mundo estelar, os Beatles haviam tocado juntos durante 415 horas num espaço de 14 semanas[33]. Durante esse período, a banda construiu a sua identidade, disciplinou-se e aprimorou o desempenho. Criou confiança mútua e coesão. Transformou-se no que Mick Jagger haveria de denominar a "Hidra de quatro cabeças"[34].

Inovando na continuidade

Na origem do sucesso esteve também a capacidade criativa de inovar constantemente e evoluir. A complacência nunca foi apanágio da banda, mesmo quando esta se desmembrou. Embora assentando numa base de *rock and roll,* os Beatles foram acrescentando elementos de música indiana, *country, rhythm and blues,* clássica, *music hall pop, jazz* e outros géneros. Ou seja, como foi anteriormente referido a propósito de equipas desportivas, a banda combinou mudança e continuidade. E alimentou esse diálogo com muito entusiasmo, insatisfação com o *status quo* e um poderoso espírito observador, que permitia absorver o mundo em redor e traduzi-lo em trechos musicais.

Um palco para todos – uma marca para cada um

Em muitas bandas, o baterista é relegado para plano secundário. Todavia, nos Beatles, foi criado palco próprio para a sua atuação. Em diversos álbuns, Lennon e McCartney compuseram uma canção para que Ringo Starr cantasse – concedendo-lhe oportunidade de afirmação perante o público. E, à medida que o talento de composição de George Harrison se foi aprimorando, as suas composições foram surgindo nos álbuns. Em suma: a equipa reconheceu a individualidade de cada membro, de tal modo que, no seio da *marca* Beatles, quatro *marcas* se foram afirmando. Como explicou o selecionador Fernando Santos, numa palestra na Nova SBE em maio de 2017, numa equipa deve prevalecer o coletivo, mas é importante que todos os indivíduos se sintam valorizados.

DESTAQUE 2.2
"All we (and they) need is love"

Pat Haster, Program Manager e Content Writer na Cisco, escreveu um texto sobre as quatro "coisas" que os Beatles nos ensinam acerca do trabalho em equipa. Uma dessas coisas era *Show the Love* – ou seja, mostre que gosta:

"Em algumas equipas de trabalho, os problemas podem surgir quando tudo parece que está a correr bem. Na parte final da sua carreira juntos, os Beatles tinham estado no topo durante tanto tempo que o seu sucesso começou a ser assumido. Uma certa complacência instalou-se. E isso levou a outro problema: os quatro começaram a assumir que a relação com cada um dos outros era um dado adquirido. Durante uma desafiante sessão de gravação, Ringo deixou a banda e ameaçou abandoná-la. Ainda que ele fosse membro de um dos grupos mais populares, bem-sucedidos e interessantes de todos os tempos, isso pouco lhe importava, pois sentia-se subvalorizado dentro da equipa. Depois de convencê-lo a retornar, os outros membros da banda decoraram a bateria de Ringo com flores, disseram-lhe que ele era um grande baterista, e pediram-lhe desculpas. Isso fez toda a diferença."

Eis a lição extraída por Pat Haster: "Não importa quão grande ou pequena a equipa é, todos precisam de sentir que são apreciados. Não devemos assumir que eles sabem que o são. É preciso dizer-lhes. E então ficamos surpreendidos ao vermos que o desempenho dessa pessoa passa de bom a excelente."

Na diferença está a virtude

Muitas equipas e os respetivos líderes procuram construir um coletivo composto por indivíduos semelhantes entre si, cada um à imagem do outro. Diferentemente, os quatro Beatles diferenciavam-se claramente na sua personalidade e nos seus talentos. Enquanto Lennon era um *teenager* cínico, sarcástico, iconoclasta e *complicado* (relutante, em certa medida, à fama que a banda veio a atrair), McCartney era um otimista, atencioso no relacionamento, trabalhador árduo, dotado de um sentido de responsabilidade porventura herdado dos pais, e desejoso de celebridade[35]. Eis o que foi escrito por um professor da Universidade de Oxford, no *The New York Times*, sobre esta complementaridade[36]:

> "Então o que distinguiu Lennon e McCartney? Trabalho árduo, é claro; a sua sede inesgotável por novas influências; a sua vontade de se desenvolverem e amadurecerem, como homens e como músicos. Depois, houve a incomparável alquimia entre os dois. Eram pessoas muito diferentes. Enquanto Lennon era cáustico e rebelde, McCartney era responsável e emoliente. Mas as diferenças nutriram a sua orientação colaborativa, competitiva e ferozmente criativa."

Foi portanto a diferença, sustentada num profundo conhecimento mútuo[37], que gerou complementaridade, que permitiu que os excessos de um fossem contrabalançados pela natureza do outro, e que levou a banda a produzir grandes músicas. Lennon e McCartney eram generalistas, com amplos talentos musicais e artísticos. Ringo e Harrison eram especialistas, o primeiro na guitarra, o segundo na bateria. Foi a especialidade de Ringo e Harrison que permitiu criar solos únicos, peculiares, num amplo quadro inovador promovido pelos generalistas Lennon e McCartney.

Quando, em 1996, foi oferecida uma soma próxima de mil milhões de dólares para que os três Beatles vivos se reunissem em digressão, George Harrison respondeu: dado que Lennon havia morrido, não poderia haver reunião dos Beatles. Sem qualquer um dos quatro, é muito provável que os Beatles jamais pudessem ter sido o que foram[38]. A banda tinha uma identidade clara. O talento coletivo resultava da complementaridade dos talentos dos seus membros. A mesma complementaridade ocorre nas melhores equipas militares[39], tema que abordamos posteriormente neste capítulo.

Humor

Os Beatles revelavam grande sentido de humor, desarmando frequentemente os críticos e os meios de comunicação social. Durante o *Royal Variety Performance*, na presença da Rainha e da Princesa Margarida, John Lennon introduziu o último tema com o seguinte gracejo: "Para o último tema, gostaria de pedir a vossa ajuda. As pessoas que estão nos lugares baratos batam palmas. As restantes podem chocalhar as joias". A revista *Billboard* escreveu a propósito deste episódio[40]:

> "Foi uma forma de atrevimento que até então não se podia simplesmente exibir perante a Família Real. E, dessa maneira, estreitando a distância entre a monarquia e o quarteto da classe trabalhadora no palco, Lennon deitou a casa abaixo e, no processo, conseguiu que a banda fosse a mais amada numa Inglaterra onde a noção de que cada um deve saber pôr-se no seu lugar estava a evoluir rapidamente. Mesmo a Rainha Mãe se transformou em fã, denominando os Beatles de 'tão jovens, modernos e cheios de energia'."

Com sentido de humor, os Beatles estabeleciam uma ligação emocional mais forte com os seus *stakeholders* e quebravam as tensões no seio da equipa. Não se levar excessivamente a sério poder ser uma coisa muito séria!

DESTAQUE 2.3
O sentido de humor dos Beatles

O humor dos quatro membros dos Beatles, ainda que por vezes negro e menos prudente, é antológico. Seguidamente, apresentamos uma amostra de expressões (usadas frequentemente em conferências de imprensa) recolhida por um *blogger*[41]. Numa pesquisa por nós realizada, verificámos que estas *tiradas* nem sempre surgem escritas do mesmo modo, embora o sentido seja consistente. Por conseguinte, sugerimos ao leitor que preste mais atenção ao sentido das expressões do que à sua forma. Em qualquer caso, uma consulta ao referido blogue pode valer ao leitor alguns minutos de divertimento. O visionamento, no YouTube, de imagens televisivas mostrando o sentido de humor dos Beatles pode também ser proveitoso[42].

Porque achas que recebes mais correio das fãs do que qualquer outro do grupo? **Ringo Starr**: Sei lá. Julgo que é porque mais pessoas me escrevem.

O que pensa da crítica que afirma que vocês não são muito bons? **George Harrison**: Não somos.

> *Quando fazem uma nova canção, como decidem quem será o cantor principal?* **John**: Juntamo-nos todos e aquele que souber melhor a letra fica o cantor principal.
>
> *É verdade que nenhum de vocês sabe ler ou escrever música?* **Paul**: Nenhum de nós sabe ler ou escrever música. A maneira como trabalhamos é assim – nós assobiamos. O John assobia para mim e eu assobio para ele.

Humildade e ambição à medida das possibilidades

As ambições iniciais da banda não ultrapassavam as fronteiras de Liverpool. Com o sucesso, estenderam-se a Inglaterra e, com o decurso do tempo, foram sendo ajustadas à medida que os resultados iam sendo obtidos. Segundo algumas caraterizações, os membros da banda sempre revelaram humildade ("Somos apenas quatro rapazes de Liverpool que tiveram um golpe de sorte"). Ringo Starr, quando a banda já era muito bem-sucedida, tanto artística como financeiramente, disse numa entrevista que aspirava ter uma cadeia de salões de cabeleireiro! E George Harrison afirmou que desejava poupar o suficiente para fundar o seu próprio negócio[43]!

O tempo decorreu, mas a marca de humildade perdurou. Eis o que Lyndsey Havens escreveu na *Billboard* acerca de um concerto de Paul McCartney em 15 de setembro de 2017, em Nova Iorque[44]: "Paul McCartney traz os sucessos, o humor e a humildade dos Beatles ao concerto do Madison Square Garden". Também Max Stewart havia escrito a propósito de dois concertos de McCartney realizados em agosto de 2016, quando decorria a corrida presidencial nos EUA:

> "Houve uma genuína conexão entre o público e Paul durante todo o concerto, apesar das suas gigantescas realizações musicais e do seu *status* de celebridade divina. Parecia que *Sir* Paul era o humilde rei que acolhia todas as pessoas da cidade para jantar no castelo durante a noite. (...) Talvez o momento mais humorado (...) tenha ocorrido quando as câmaras mostraram um cartaz com a expressão 'Paul à Presidência!'. Toda a multidão de Washington DC (...) irrompeu em aplausos ao ver o cartaz. 'É tarde demais!', reagiu Paul. Dada a bagunça que enfrentamos na eleição presidencial deste ano, virá ele a reconsiderar?".

Não reconsiderou!

Então porque se desmembrou a banda?

Perante esta *bela* descrição, emerge uma questão: porque se desmembraram os Beatles? É possível que tantos anos de trabalho conjunto, dia e noite, tenham suscitado cansaço. A atenção mediática e a adulação a que a banda estava constantemente sujeita também terão contribuído para a exaustão. Lennon via-se a si próprio mais do que uma estrela *pop* e pretendia enveredar por música de outro tipo. Casamentos e constituição de família (e a concomitante mudança, pelo menos parcial, do foco das suas vidas) também terão contribuído para a criação de barreiras entre os quatro. A tudo se terão somado as tensões em torno da liderança artística e a constante presença de Yoko Ono, mulher de Lennon, nos estúdios de gravação dos últimos álbuns.

O leitor não terá dificuldades em compreender como as mudanças na vida pessoal afetam a participação dos indivíduos na equipa, como o cansaço do trabalho conjunto pode gerar atritos e como o sucesso pode gerar disputas em torno da liderança e da missão que a equipa deve prosseguir. Tal como ocorre nas bandas musicais, é conveniente que os membros das equipas *normais* tenham espaço para respirar e para fruir de outras facetas da vida. Há mais vida para além do trabalho em equipas!

QUADRO 2.1 **Potenciais fatores explicativos do sucesso dos Beatles**

- Trabalho continuado durante milhares de horas.
- Caraterísticas e talentos individuais diferenciados e complementares.
- Combinação de membros generalistas com especialistas.
- Existência de oportunidades de afirmação individual no seio da equipa (cada membro tendo o seu *palco* dentro do *palco*).
- Liderança partilhada.
- Paixão pela atividade desenvolvida.
- Criação de condições favoráveis à emergência da criatividade individual e da coletiva.
- Humildade – e não autodeslumbramento.
- Sentido de humor: não se levar excessivamente a sério pode ser uma coisa muito séria!
- Demonstração de atenção pelos *clientes* – isto é, os fãs.
- Objetivos ambiciosos – que foram sendo ajustados/incrementados à medida das possibilidades.
- Adoção do princípio da obliquidade: o sucesso requer mais do que procurar ser bem-sucedido.

APRENDENDO COM AS BANDAS A EVITAR A CULTURA DE BANDO

As observações anteriores permitem identificar algumas linhas de análise relevantes para a gestão de equipas nas organizações:

- O sucesso da equipa requer trabalho persistente, continuado e duradouro.
- A liderança musical é um processo partilhado, coletivo. Sem essa liderança coletiva, não há uma banda, mas um *bando*. Naturalmente, a gestão de um tal coletivo requer a gestão equilibrada dos egos individuais – algo igualmente válido para as equipas desportivas.
- A individualidade e a diferença são uma fonte de criatividade. Ambas devem ser respeitadas. Uma boa banda é um veículo, não um obstáculo, para a expressão individual. A *marca* da equipa deve coabitar com a *marca* de cada um dos seus membros.
- A gestão pode inspirar-se no *jazz* para aprender sobre a importância de heurísticas e estruturas mínimas[45]. A expressão dos talentos individuais e o trabalho conjunto requerem a obediência a um conjunto mínimo de regras, sem as quais emergirão o caos e o conflito destrutivo.
- Muito trabalho de equipa é preparado nos bastidores. Um bom músico toca com os outros, mas também pratica individualmente – para se destacar a si próprio, mas também para destacar a banda.
- Numa boa equipa, todos fazem solos e todos apoiam, criando contexto para a ação apurada de todos.
- Mesmo quando os membros da equipa se conhecem bem e trabalham há longo tempo, importa que mostrem apreciação mútua. Todos gostamos de saber, e de ouvir, que somos valorizados e apreciados pelos restantes membros da equipa.
- Numa boa equipa, os seus membros não param de se escutar mutuamente. Isso requer respeito pelas diferenças. Pode também requerer sentido de humor e capacidade para não levar tudo a sério. Não se levar excessivamente a sério pode ser uma coisa séria.
- Uma boa equipa/banda arrisca e busca a diferença. A diferença faz a diferença. Mas a diferença conquista-se permanentemente, requerendo inovação constante e amor continuado pela produção de bom trabalho de equipa. A complacência mata a diferença, destrói as particularidades distintivas da equipa e leva-a a perder identidade e orgulho. Ao contrário, a paixão pela missão da equipa estimula a ação permanente, a criatividade e a perseverança.

EQUIPAS MILITARES: DOS FRACOS NÃO REZA A HISTÓRIA

"Tanto as organizações militares como as empresariais tipicamente têm objetivos e métricas específicas, estruturas estabelecidas, processos de comunicação, e estão sob pressão para obter resultados. Umas e outras usam equipas como elementos operacionais e estratégicos chave para alcançar as suas metas."

Eggensperger (2004, p. 53)

Os oficiais não dizem simplesmente "faz isto"

As Forças Armadas e militarizadas são frequentemente apresentadas como organizações hierárquicas, mecanicistas e rígidas. Mas esta não é, necessariamente, uma descrição justa da realidade. Certas unidades das Forças Armadas e de segurança operam em teatros de enorme risco e imprevisibilidade. Estas circunstâncias invalidam a abordagem mecanicista[46], antes requerendo organicismo, improvisação e *desrespeito* pela hierarquia. A necessidade de os líderes militares desenvolverem competências relacionais é equivalente (ou até superior) à necessária noutras organizações[47].

Bob Stewart, consultor e professor no King's College de Londres e na London School of Economics, após ter exercido diversas missões ao serviço do exército britânico e da NATO, foi muito claro. Quando o indagaram sobre se era mais fácil liderar em contexto militar ou de negócios, retorquiu[48]:

"Num certo sentido, é mais fácil no meio militar porque se tem uma hierarquia. Todavia, mesmo na vida militar, os oficiais não dizem simplesmente 'faz isto'; devem, efetivamente, convencer as pessoas. No exército britânico, ensinamos as pessoas que não se obedece a ordens porque alguém disse para as cumprir, mas porque se concorda com elas. Se se discorda, deve-se dizê-lo. Nas empresas, naturalmente, as estruturas são mais achatadas (...) o que pode complicar as coisas. Mas o que realmente motiva as pessoas e permite implementar as decisões é se as pessoas 'as compram'. Se as pessoas acreditam em algo, as coisas funcionam. Se não acreditam, não funcionam. Por conseguinte, quando um plano é proposto, deve haver considerável discussão com as pessoas que terão de executá-lo. Assim, quando o plano é 'gravado na pedra', as pessoas acreditarão nele."

Noutra parte da entrevista, referiu-se assim à confiança[49]:

"A chave para o sucesso são as pessoas. Se há algo que aprendi com o meu pai, que esteve na Força Aérea, foi que devemos sempre olhar para baixo antes de olharmos para cima. Se temos a confiança das pessoas abaixo de nós, podemos alcançar muito mais. Acredito que esta é a chave do sucesso no exército e nos negócios".

Numa alusão à importância da cortesia, afirmou[50]:

"Mesmo que eu fosse o oficial comandante, se queria trabalhar com o comandante de pelotão, um tenente, para fazer o serviço, eu deveria pedir permissão ao seu oficial superior para 'pedir emprestado' o tenente. Pequenas cortesias como esta importam tanto na vida militar como nos ambientes empresariais".

Team Spirit '86: exercício de uma equipa conjunta EUA-Coreia do Sul[51]

A breve descrição sobre a Batalha de Estalinegrado, que a seguir faremos, ajuda a compreender o argumento: pode aprender-se muito com a gestão de equipas militares – mesmo, e sobretudo, no que concerne à gestão das pessoas[52].

Aprendendo com a Batalha de Estalinegrado

A Batalha de Estalinegrado (julho de 1942 – fevereiro de 1943) foi uma das mais trágicas da história. Causou a morte e ferimentos em cerca de dois milhões de soldados e civis. Marcou um ponto de viragem na II Guerra Mundial. A iniciativa estratégica transitou, então, de Hitler para Estaline e contribuiu para a derrota dos Alemães. Na origem da viragem esteve, em grande medida, o trabalho de liderança do general Vasily Chuikov. Usando de grande improvisação, Chuikov venceu o estilo cerebral e rígido do seu oponente germânico, o general Friedrich Paulus. Naturalmente, a batalha não foi ganha com uma equipa, mas com uma enorme organização composta de milhares de equipas. O que aqui importa relevar é o modo como a ação de Chuikov conferiu vigor às múltiplas equipas e contribuiu para empurrar Hitler para o seu destino fatal.

Uma equipa de soldados soviéticos do 62.º Exército, nas trincheiras de Estalinegrado[53]

O então elevado grau de penetração das tropas germânicas no território soviético levou o general alemão Paulus a padecer de algum otimismo irrealista. Convencera-se de que os russos estavam enfraquecidos e que ofereceriam pouca resistência. Confrontou-se, porém, como uma resposta vigorosa do 62.º Exército soviético. Acostumados ao sucesso da guerra relâmpago, em campo aberto, os alemães tiveram dificuldade em adaptar-se às novas circunstâncias com que vieram a deparar-se em contexto urbano. Os tanques alemães Panzer não conseguiam mover-se nas ruas difíceis da cidade, não eram capazes de apontar as suas armas para o topo dos edifícios nem para as caves, e eram vulneráveis a ataques antitanque provindos de cima. Divisões disciplinadas de infantaria russas espalharam-se pela cidade e atacaram os alemães em contexto desfavorável.

O general Paulus manteve, porém, o seu estilo comando-e-controlo rígido, em vez de tomar decisões ajustadas às circunstâncias que iam emergindo no terreno da batalha. Continuou a adotar a força bruta em doses cada vez mais potentes – em vez de, por exemplo, retirar os tanques do terreno urbano que lhes era desfavorável.

Distintamente, Chuikov adotou uma estratégia improvisacional, ajustando as operações ao contexto que, a cada momento, emergia. Reconheceu que era necessário restaurar o moral das tropas. Colocou o comando junto à frente da batalha e encorajou os oficiais a alimentar-se e a partilhar as suas rações com as tropas. Lançou ataques noturnos, após constatar que os alemães os evitavam. E colocou as suas tropas perto do inimigo – presumindo que os alemães evitariam ataques aéreos que abatessem militares germânicos.

Uma das mais notáveis improvisações de Chuikov consistiu em formar microunidades compostas por uma pequena quantidade de indivíduos que, frequentemente durante a noite, atacavam um edifício dominado por alemães. Estes pequenos grupos eram verdadeiras equipas, o que ajuda a compreender o seu sucesso. A hierarquia tornava-se menos importante e os soldados lutavam ao lado dos oficiais. Este aspeto incrementava o moral dos soldados, que se sentiam tão importantes quanto os seus oficiais. Os soldados sentiam-se mais senhores do seu próprio destino e podiam tomar decisões de acordo com as circunstâncias específicas com que se deparavam.

Chuikov na frente da batalha de Estalinegrado, 1942[54]

Chuikov também facilitou a ação dos *snipers* que, usualmente em duo, tomavam decisões com grande autonomia e, em medida considerável, independentemente da estrutura formal de controlo. O filme *Inimigo às Portas* conta a história de um deles, o "nobre atirador" Vassili Zaitsev, protagonizado por Jude Law, herói nacional em torno do qual foi construído o culto do *sniperismo*. Zaitsev, um soldado da divisão Batyuk, terá abatido 149 alemães durante a batalha[55]. Nos combates de rua, cada soldado, incluindo Zaitsev, poderia ser o seu próprio general. Esta autonomia estimulava o moral das tropas e erguia múltiplas e disseminadas barreiras e ataques ao inimigo alemão.

Para nutrir a ação e alinhar as práticas improvisadas com o grande desígnio estratégico, Chuikov desenvolveu uma forte mente coletiva. Ou seja, promoveu uma cultura militar caraterizada por heroísmo, repleta de bons exemplos de liderança, obediente à ideia da defesa da Mãe Rússia, e transmitida aos novos militares que iam chegando ao campo de batalha. O próprio Chuikov deu mostras de bravura pessoal, designadamente visitando as tropas na linha da frente. Consequência: a crença inicial dos alemães de

SUPEREQUIPAS: ORIENTAÇÕES PARA A CRIAÇÃO DE VERDADEIRAS EQUIPAS

que os russos eram sub-humanos deu lugar à convicção de que, afinal, eram super-homens. E assim os russos derrotaram os alemães. Note o leitor que não nos move a vontade de romantizar a guerra mas apenas mostrar o papel do trabalho em equipa.

QUADRO 2.2 **Potenciais lições da batalha de Estalinegrado**

- Em contextos de grande adversidade, as equipas precisam de espaço para tomar iniciativa e improvisar.
- No seio das equipas, os membros sentem-se mais respeitados e motivados se puderem ser os seus próprios generais.
- É necessário que a autonomia dos indivíduos e das equipas seja levada a cabo num quadro de referência composto por fortes regras, normas e valores. É a obediência a estas regras, normas e valores que permite alinhar as práticas autónomas e improvisadas com os grandes desígnios estratégicos.
- Esse referencial básico deve ser transmitido aos novos membros através de apropriados processos de socialização.
- Numerosas equipas, pequenas mas fortes, podem vencer grandes e sofisticadas tecnologias de guerra.
- A força multiplicada de muitas pequenas unidades pode ser superior à força una de uma grande organização centralmente gerida.
- O exemplo dos líderes é crucial para motivar os membros das equipas.
- Importa que os líderes conheçam o terreno das operações, ponham as *mãos na massa*, mostrem que estão dispostos a lutar ao lado dos seus soldados.
- Subvalorizar o inimigo, por este ser tecnologicamente menos sofisticado, é uma atitude pouco sábia.
- Em contexto adverso, o vigor, a resiliência e a garra são essenciais[56]. O veneno pode ser transformado em remédio e as fraquezas em forças.

Subordinação dinâmica e hierarquia móvel

Hierarquia e vida militar são indissociáveis. Todavia, a Batalha de Estalinegrado ajuda a compreender como a liderança militar, mesmo em contexto extremo, é uma liderança mais partilhada do que frequentemente se presume. Os líderes de equipas empresariais, com propensões mais centralizadoras e autocráticas, poderão aprender com essa realidade. Poderão também aprender com a liderança de equipas de operações especiais – como a Navy SEAL.

Navy SEAL é a denominação usada para descrever uma unidade das forças especiais da Marinha dos Estados Unidos. SEAL representa as iniciais de *Sea* (Mar), *Air* (Ar) e *Land* (Terra), pois a unidade é preparada para operar no mar, no ar e em terra. Poucas unidades militares são confrontadas com os níveis de adversidade e instabilidade que a Navy SEAL experimenta. Os SEALs participam em operações como o resgate de reféns e antiterrorismo, em teatros como o Iraque, Iémen, Somália ou Afeganistão. Acabaram com a vida de Bin Laden. Naturalmente, só podem sobreviver com uma liderança centralizada. Certo? Errado. Eis o que escreveram Jamie Wheal e Steven Kotler, os autores de um livro[57] sobre os Navy SEALs[58]:

> " 'Quando os SEALs varrem um prédio', explica o comandante Davis, 'ser lento é perigoso'. Queremos mover-nos o mais rapidamente possível. Para fazer isso, existem apenas duas regras. A primeira é fazer exatamente o oposto do que está a fazer o indivíduo que está à nossa frente – se ele olha para a esquerda, nós olhamos para a direita. A segunda regra é mais complicada: a pessoa que sabe o que há a fazer em cada momento torna-se o líder. Somos, pois, totalmente não hierárquicos. Num ambiente de combate, quando uma fração de segundo faz toda a diferença, não há tempo para adivinhar. Quando alguém avança para se tornar o novo líder, todos, imediatamente, automaticamente, movem-se com ele. É a única maneira de ganhar'. Esta 'subordinação dinâmica', na qual a liderança é fluida e definida pelas condições no terreno, é a base de acesso aos ganhos de desempenho do grupo. Contudo, para integrá-la na sua cultura operacional, os SEALs têm de romper com protocolos navais rigorosos, renunciar aos códigos de vestuário, e deliberadamente eliminar as divisões entre níveis hierárquicos. É uma meritocracia forte (...)".

O que podem as organizações e as equipas "normais" aprender? Segundo os autores, "em *startups* com culturas igualitárias, em que os CEO e os programadores partilham as mesmas mesas e comem da mesma caixa de *pizza*, este tipo de flexibilidade estrutural emerge naturalmente. Mas, à medida que as empresas se tornam mais estabelecidas, acontece o seguinte: os escritórios, os espaços de estacionamento preferenciais, as regras sobre os lugares, as normas de indumentária, e uma quantidade de outros sinais e indicadores de poder organizacional calcificam a flexibilidade [para assumir a liderança] 'da pessoa que sabe o que fazer a seguir'." Eis a lição extraída pelos autores:

"Para experimentar plenamente o poder da subordinação dinâmica, é preciso desconstruir hierarquias estáticas. Desde aspetos subtis, como a mudança do facilitador das reuniões ou de quem envia convites, até coisas maiores, como quem reclama tempo de antena em sessões de estratégia ou participa em processos de contratação e avaliação, é preciso contrariar as confortáveis convenções da cultura da empresa. E embora uma grande parte dessa responsabilidade em estabelecer normas culturais recaia sobre os líderes da empresa, os gestores intermediários e funcionários mais novos podem 'gerir para cima' enviando informações e tomando iniciativa".

Navy SEALs, no último dia da "Semana do Inferno", aguardando orientações dos instrutores[59]

Brent Gleeson, um Navy SEAL e agora consultor de liderança, publicou um artigo ilustrativo na revista *Forbes* sobre o que as equipas do mundo dos negócios podem aprender com esta força de elite[60]. O texto, intitulado "Sete ditados da Navy SEAL que manterão a sua equipa motivada", sugeria o seguinte:
- *O único dia fácil foi ontem.* Todos os dias devem ser encarados como um novo desafio.
- *Sente conforto com o desconforto.* A vida empresarial é repleta de situações desconfortáveis que importa enfrentar com iniciativa e resiliência.
- *Não corras para a tua morte.* Sê prudente. Tem a sabedoria que te permita saber quando deves atuar e quando deves ficar quieto.

- *Desenvolve um sentido de propósito partilhado.* A economia muda, os clientes mudam, as tecnologias mudam. O que te mantém focado e energizado é um sentido de propósito mais amplo, que deve ser partilhado pela equipa.
- *Mexe-te, dispara, comunica.* No mundo dos negócios é necessário agir continuamente, obter resultados e comunicar incessantemente, de modo que a equipa se ajuste às condições mutantes.
- *Nenhum plano sobrevive ao primeiro contacto com o inimigo.* As equipas no mundo dos negócios devem estar cientes de que os planos não são a realidade. Perante a realidade, é preciso ajustar os planos.
- *Dá tudo, o tempo todo.* Sê dedicado e continuamente empenhado. Sê determinado e perseverante em prol de objetivos de mais longo prazo.

Numa linha complementar de raciocínio, Jon Katzenbach, autor de *The Wisdom of Teams*, considera que as unidades militares de elite são excelentes lugares para encontrar verdadeiras equipas e aprender com as mesmas[61]. A existência de uma hierarquia clara não é um obstáculo à emergência de (outros) líderes quando eles são necessários para tarefas específicas nem à liderança partilhada[61a]. Também o major-general William A. Cohen[62] dedicou à matéria um livro intitulado *Os segredos da liderança das operações especiais – ousar o impossível, alcançar o extraordinário.* A obra é baseada na experiência do autor e no estudo de numerosas forças especiais, tanto modernas (e.g., atuando nas guerras do Iraque e do Afeganistão) como antigas. Cohen procura compreender como as lições aprendidas com tais forças podem ser transpostas para a vida dos negócios. Considera que as equipas de elevado desempenho possuem as seguintes caraterísticas:
- Demonstram uma forte e coordenada interação.
- Os indivíduos são mais eficientes trabalhando conjuntamente do que isoladamente.
- Os indivíduos têm prazer em trabalhar juntos.
- A responsabilidade é rodada, tanto formal como informalmente.
- Os membros da equipa revelam forte sentido de zelo, encorajamento e apoio mútuos.
- O nível de confiança interpessoal é elevado.
- Toda a gente está empenhada no sucesso de todos – e no sucesso de cada um.

SUPEREQUIPAS: ORIENTAÇÕES PARA A CRIAÇÃO DE VERDADEIRAS EQUIPAS

A edificação de equipas deste teor requer práticas de liderança cujo cerne pode ser resumido em 14 passos. O Quadro 2.3 resume essas 14 orientações, tendo sido por nós adaptadas à liderança de equipas em geral.

QUADRO 2.3 **Equipas de elevado desempenho requerem liderança**[63]

1. Escolha os melhores, mas desenvolva-os.	Crie condições para ter os melhores ao seu serviço. Isso implica selecionar os melhores, mas também formá-los, desenvolvê-los e motivá-los para a excelência. Ou seja: conceda a indivíduos *normais* a oportunidade de serem *estrelas*.
2. Defina uma fasquia ambiciosa.	Busque alcançar o impossível que seja possível. Coloque elevados desafios aos membros da equipa, mas não peça o inalcançável[64].
3. Inove, ouse promover a diferença.	Inove, em vez de se orientar pelas regras do costume. Esteja atento a problemas, oportunidades e ameaças, tolere o inusitado e o excêntrico, recompense boas ideias que funcionam – mas num quadro em que os indivíduos partilham uma missão e objetivos relevantes.
4. Esteja onde está a ação.	Vá ao terreno. Ponha *as mãos na massa*. Partilhe as vitórias, as derrotas e os fracassos com a equipa.
5. Seja empenhado, promova o empenhamento.	Revele entrega e empenhamento na missão e no propósito que a equipa prossegue, mesmo que (ou sobretudo se) isso requeira sacrifícios. Desse modo, ficará mais habilitado para requerer entrega e empenhamento dos próprios membros da equipa.
6. Cultive a disciplina em si e nos outros.	Institua disciplina. Exija o cumprimento das regras e seja o primeiro a cumpri-las.
7. Crie um todo superior à soma das partes.	Crie verdadeiras equipas, em vez de tratar os indivíduos como atores agindo separadamente. Crie condições para que a equipa se organize, descubra o correto curso de ação, se mantenha unida e prossiga na senda do objetivo almejado.
8. Viva e promova uma visão mobilizadora.	Inspire os outros através de uma visão clara e significativa. Mostre que vive quotidianamente essa visão.

9. Assuma falhas, partilhe sucessos.	Aceite culpas próprias pelos fracassos e atribua aos outros o devido crédito pelos sucessos. Responsabilize os membros da equipa pelos fracassos, mas não os deixe desamparados nem *sacuda a água do capote*.
10. Assuma o comando da situação.	Assuma a responsabilidade, atue com audácia e seja decidido, lidere pelo exemplo.
11. Recompense devidamente.	Recompense devidamente os bons desempenhos. Faça-o atempadamente, atue de modo justo e proporcional, associe a recompensa a feitos específicos e atribua recompensas que são valorizadas por quem as recebe.
12. Desenvolva o espírito de corpo.	Desenvolva os indivíduos como membros da equipa, transforme-os e promova entre eles a coesão, o orgulho na equipa e o elevado moral.
13. Não desista.	Seja determinado e perseverante – e desenvolva essas qualidades em toda a equipa. Não sucumba às adversidades. Seja resiliente.
14. Atue – em vez de simplesmente falar.	Não se circunscreva a belos sermões. Combata para ganhar – mas com integridade.

Aprendendo com as tropas

As observações anteriores, assim como a análise de outras forças especiais (BOPE[65]; GOE[66]; Hashishin[67]; Guerreiros Jaguar[68]; Legião Estrangeira[69]), permitem identificar algumas linhas de análise relevantes para a gestão de equipas em organizações *normais*:

1. A sensação de fazer parte de um corpo de elite ajuda a cimentar orgulho na equipa e na organização.

Lição: leve a equipa a sentir que faz algo realmente importante, que é especial – e assim a equipa desenvolverá identidade e brio.

2. Um sentimento de pertença a algo mais vasto infunde significado ao trabalho dos membros da equipa. Os Guerreiros Jaguar do Império Asteca eram ungidos pelo chefe militar supremo Tlatoani. Os soldados russos eram instruídos a lutar pela Mãe Rússia. Os legionários franceses formam um corpo mítico unido em torno de sagas heroicas, do lema patriótico *Legio patria nostra* ("a Legião é a nossa Pátria") e de símbolos materiais com elevado valor simbólico, como as canções de cada regimento, o famoso *képi* branco e a marcha em passo lento[70].

Lição: articule uma visão mobilizadora e uma missão importante para a sua equipa.

3. "O treino é a 'mãe e o pai' de todas as funcionalidades, sejam físicas sejam mentais". Assim se expressou José Augusto Rodrigues dos Santos, Diretor do Curso de Mestrado em Treino de Alto Rendimento Desportivo, na Faculdade de Desporto na Universidade do Porto, ele próprio ex-Ranger[71]. O treino melhora capacidades. E um treino duro gera espírito de corpo. Não é com panos quentes que se adquire resiliência coletiva. É esta que permite transformar o veneno em remédio[72], os problemas em oportunidades, as dificuldades em forças.

Lição: promova o espírito de equipa e incuta o sentido do dever e do sacrifício, se necessário.

DESTAQUE 2.4
Mais importante do que o corpo é o espírito de corpo

José Augusto Rodrigues dos Santos pronunciou-se do seguinte modo acerca das semelhanças entre tropas especiais e equipas desportivas:

"As tropas especiais criam 'espírito de corpo'. As vicissitudes passadas na preparação de uma tropa especial não são para preparar fisicamente os homens. Custa fazer marchas de 40 km, com arma, cartucheira. Custa! Custa passar noites ao frio. Custa não comer! Mas essa preparação física é secundária. O que conta é a vivência conjunta dessas dificuldades, a criação do 'espírito de corpo', a entreajuda, o colega que ajuda a levar a arma, que o anima, que dá forças para superar obstáculos. O 'espírito de corpo' é a força de uma tropa especial. É lógico que a preparação desenvolve *skills* militares. Mas, a montante destas habilidades, está o 'espírito de corpo', que é fundamental para o êxito das missões em combate.

> No desporto é a mesma coisa. Quando um treinador consegue criar o 'espírito de corpo', tem a equipa ganha. Todos ficam a 'remar para o mesmo lado', os individualismos operantes são atenuados. Na tropa, esta atenuação é uma condição de sobrevivência, pois todos dependem uns dos outros. No desporto, este ambiente é uma condição para o êxito. O patamar de rendimento sobe porque estão todos a 'puxar para o mesmo lado'. Se um indivíduo tiver 'espírito de corpo' numa equipa de anões e jogar contra um equipa com homens de dois metros, é natural que perca os jogos todos. Mas, de certeza, a equipa vai lutar com todas as forças para, em vez de perder por 200, perde apenas por 150. Isso é uma equipa! Os seus membros, mesmo na adversidade, estão unidos e não colocam as culpas em nenhum colega. Todos assumem as derrotas e vitórias como uma construção coletiva. Isso é fundamental."

4. O desejo de superação é necessário. No caso do BOPE, o *cemitério dos aspiras* simboliza a necessidade de os que falharam a entrada naquela tropa de elite voltarem a tentar. A superação é mais provável quando a missão da equipa é significativa.

Lição: crie condições para que as pessoas se superem em prol de objetivos significativos. Trabalhar *simplesmente* para enriquecer os acionistas pode não ser o fator mobilizador mais atraente.

5. A confiança nos camaradas é crítica. O treino de tiro face a face no GOE é tanto um exercício de perícia como de confiança.

Lição: seja de confiança, promova a confiança entre os membros da equipa, penalize as traições e promova a integridade e a honestidade.

6. As estruturas militares requerem mais, e não menos, empoderamento[73]. E os indivíduos não deixam de o ser por pertencerem a uma equipa.

Lição: crie condições para que cada soldado possa ser o seu próprio general, num quadro orientador em que a missão, os objetivos e as regras básicas sejam claros.

7. Equipas de forças especiais requerem lideranças especiais. Requerem, sobretudo, liderança pelo exemplo.

Lição: lidere pelo exemplo, vá ao terreno, ponha *as mãos na massa*, seja exigente consigo próprio, faça sacrifícios quando está a pedi-los aos outros.

DESTAQUE 2.5
"O que podem as empresas aprender com equipas militares?"

O General Stanley McChrystal liderou uma missão de operações especiais no Iraque. O título em epígrafe é o de uma entrevista por ele concedida à *Harvard Business Review*[74]. Quando o indagaram sobre a razão pela qual acompanhava as tropas, no terreno, em raides noturnos, respondeu:

"Por três razões. Primeiro, se colocamos alguém num caminho perigoso, é importante que nós próprios nos coloquemos regularmente nesse caminho. Eles não necessitam de mim na missão – não acrescento valor –, mas aceitar algum nível de risco conjunto permite conquistar respeito. Segundo, importa ver com os próprios olhos o que está a acontecer. Podemos obter descrições, ou ver o que se passa em imagens de televisão de alta definição recolhidas através de um *drone*, mas não conseguimos ver as faces dos iraquianos. Não ouvimos coisas. Não cheiramos coisas. A última razão é que o comando requer algum teatro. (...) Muitas pessoas ouvem falar de nós mais do que ver-nos diretamente. Numa grande organização, os soldados veem o comandante numa videoconferência, e pessoalmente em muito raras ocasiões. E algumas das coisas que fazemos – como participar em missões – ajudam a definir-nos como pessoa e clarificam que tipo de valores consideramos mais importantes".

8. A "liderança especial" não é, necessariamente, uma liderança centralizada numa só pessoa. Em situações críticas, deve liderar quem está mais preparado para levar a equipa a vencer o desafio. A subordinação deve ser dinâmica e a hierarquia deve ser móvel.

Lição: nas unidades especiais, os pergaminhos advêm da capacidade para levar a equipa a prosseguir a sua missão – não dos galões. Por maioria de razão, as equipas *normais* devem assentar menos nos galões do chefe e mais na autoridade de quem sabe e é capaz e competente. A liderança partilhada pode ser mais forte do que a liderança centralizada.

9. Em contextos adversos, a perseverança é crucial, tanto ou mais do que a inteligência ou a parafernália tecnológica sofisticada.

📖 Lição: seja determinado e perseverante, e promova essas qualidades nos membros da equipa.

Navy SEALs em treino
O peso da responsabilidade tem que de ser partilhado[75]

EQUIPAS NA COZINHA

"Há sempre uma crise numa cozinha"

Pode aprender-se liderança de equipas prestando atenção ao que ocorre nas cozinhas? Anthony Bourdain, o heterodoxo *chef*, sobretudo reconhecido pelos seus programas televisivos, respondeu afirmativamente numa entrevista concedida à *Harvard Business Review*[76]:

"O mesmo tipo de intimidade, de lealdade, de dependência mútua entre colegas de trabalho e de trabalho de equipa que se encontra na cozinha encontra-se sempre que gente capaz é colocada numa situação de crise. E há sempre uma crise numa cozinha. Pessoas com diferentes formações constituem unidades tribais chegadas, desejam fazer coisas bem e gostam de ser vistas a fazê-las bem. Num bom restaurante, não se pode passar o tempo a olhar para o relógio, para ver quando chega a hora de saída. É preciso ser cuidadoso. Caso contrário, perde-se respeito no seio da equipa. É-se visto como um traidor e um passivo".

Noutro momento da entrevista, a propósito do espírito de equipa e da necessidade de cada membro ser dotado do sentido de responsabilidade perante o coletivo, afirmou[77]:

"O comportamento desleal – mesmo que seja não conviver devidamente com outro cozinheiro – também é proibido. E ter a ilusão de que se é melhor do que outrem, mesmo que isso seja verdadeiro do ponto de vista técnico, não é permitido. O empenhamento tem de ser colocado no esforço da equipa. Todos vivem e morrem em função das mesmas regras".

Anthony Bourdain, ladeado por Un Kyong Ho e Cynthia Hill, na 73.ª edição dos Peabody Awards (durante a qual foi premiado), a 19 de maio de 2014[78]

O leitor compreenderá que a aplicação destas orientações teria sido sábia se aplicada a Neymar, a estrela do PSG que discutimos no capítulo anterior. As equipas empresariais que, ao entronizarem as estrelas, colocam na sombra os restantes membros da equipa, também podem beneficiar com a perspetiva assumida por Bourdain. Podem ainda fruir da observação das intervenções do *chef* Gordon Ramsay, divulgadas no programa[79] *Ramsay's Kitchen Nightmares*[80]. Pelo que se pode compreender pelo visionamento do programa, a intervenção realizada em cada restaurante resulta de um pedido de ajuda dos seus responsáveis. Ou seja: é o doente que procura o médico. Todavia, não raramente, o doente chega a detestar o médico quando este faz o diagnóstico e prescreve a terapia. Mais: mesmo quando têm consciência de que essa é a terapia adequada, alguns doentes maltratam o clínico.

DESTAQUE 2.6
Nos restaurantes bem geridos, não se aprende apenas a comer

Anthony Bourdain transformou-se em estrela de televisão, graças sobretudo ao programa *No Reservations*, já transmitido em Portugal. A linguagem a que recorre não é de salão e as suas metáforas nem sempre usam punhos de renda. Mas consegue ser um cavalheiro nos momentos apropriados. Bourdain enfrenta as mais variadas culturas sem preconceitos. A sua história de vida pouco convencional, com um passado de *sex, drugs & rock'n'roll*, também não o transforma num modelo comportamental. Todavia, as lições de gestão de Bourdain já foram recolhidas e são igualmente interessantes. O resultado está no texto *Management by fire*, publicado na *Harvard Business Review* (julho de 2002). Eis sete pistas relevantes para a gestão de equipas:

- **O mérito no pódio.** Os *chefs* devem criar meritocracias. Na cozinha, é-se julgado pela qualidade do trabalho e não por quaisquer outros fatores. Esta regra pode ser de difícil aplicação em Portugal. Como dizia um gestor estrangeiro há longo tempo estabelecido no país, todos os portugueses estão de acordo com os princípios da meritocracia – desde que aplicados aos outros.
- **A ação fala.** Os *chefs* comunicam através das ações: "Lidero sempre a partir da frente. O pessoal da cozinha gosta sempre de ver o seu *chef* chegar antes deles, sair depois deles, e trabalhar sempre pelo menos o mesmo que eles, ou melhor ainda, trabalhar mais que eles". Ou seja: um bom líder de equipa lidera pelo exemplo.
- **Espírito de equipa.** A avaliação do mérito não é incompatível com a criação de um espírito de corpo: "É importante que saibam que me preocupo com eles e

> que tomarei conta deles". Ou seja, os bons líderes são duros, mas preocupam-se com a equipa.
>
> - **Aprendizagem dura, mas imprescindível.** O processo de aprendizagem é duro e tem regras: "Quero que reproduzam uma ideia ou um tema como se fossem autómatos". Todavia, os bons *chefs* facilitam o desenvolvimento dos colaboradores. Segundo Bourdain, à medida que os membros da equipa mostram valia, devem receber mais espaço para expressarem as suas próprias ideias.
> - **Ordem extrema para gerir o caos.** Os *chefs* introduzem ordem extrema. Num restaurante, não é possível saber quantos clientes chegarão – nem a que horas. Consequentemente, é necessário rigor, planeamento e forte organização para que o serviço ao cliente seja rápido e ordenado.
> - **Atenção, atenção.** Os bons *chefs* sabem que o planeamento pode colapsar. Por isso, mantêm a atenção: "Numa cozinha, encontra-se o mesmo tipo de intimidade, lealdade, dependência e trabalho em equipa que se encontra nas situações em que pessoas boas são empurradas para uma situação de crise."
> - **Orgulho no trabalho.** A entrega ao cliente da comida quente, a tempo e na ordem certa é um bom indicador de boa gestão. Mas não é suficiente. O teste ácido é: "Os empregados parecem ter orgulho naquilo que fazem?". Por conseguinte, os bons líderes instilam orgulho no trabalho.

Aprendendo com pesadelos

Não pode ignorar-se que estamos perante um programa televisivo, pelo que a sua interpretação deve ser feita com cautelas. Também não devemos subestimar a faceta menos recomendável de Gordon Ramsay – uma personagem idiossincrática, abrasiva e megalomaníaca[81], um *bad boy*[82] e um consultor" (quase sempre) espalhafatoso. Um dos episódios do programa, segundo um crítico, terá concentrado a maior quantidade de palavrões alguma vez pronunciada em televisão[83]. Há, todavia, diversas lições que podem ser extraídas das intervenções de Ramsay e da reação dos restaurantes intervencionados. Do ponto de vista da gestão de pessoas, pode afirmar-se que, em numerosos casos, gerir um restaurante corresponde a gerir uma equipa – e vice-versa. Eis, pois, algumas das mais relevantes lições que podem ser extraídas do programa[84]:

1. *Sucessos perigosos.* Muitos restaurantes degradam-se porque foram bem-sucedidos no passado. Acomodaram-se, deslumbraram-se com a vasta clientela de outrora e insistem agora em adotar a receita do passado.

 Lição: uma equipa pode começar a sofrer desaires precisamente porque se habituou a vencer e não está predisposta a prescindir da receita de outrora.

2. *Malditos clientes.* A cegueira antes referida repercute-se no modo peculiar como o cliente é encarado e tratado: se o cliente não surge no restaurante, a culpa é do cliente!

Lição: as equipas mais cegas são as que não querem ver.

3. *A cegueira de quem está à frente.* Os mais cegos são, frequentemente, os líderes das equipas, sejam estes o proprietário, o chefe da cozinha, ou ambos. Os liderados encaram a realidade de modo mais objetivo – porque estão próximos dos clientes, apreendem os respetivos sentimentos e sabem lidar com eles. Todavia, perante líderes autoritários ou narcisistas, os liderados não se manifestam.

Lição: numa boa equipa, o líder cria condições para que os liderados se manifestem e escuta-os. Assim desenvolve em si próprio a sensibilidade à realidade envolvente.

4. *A realidade real.* Líderes circunscritos à cozinha, que dela não saem, acabam por não ver nem auscultar o cliente, assim perdendo o contacto com a realidade. A cozinha é a sua concha.

Lição: um bom líder de equipa mantém o contacto com a realidade, vai ao terreno e procura aferir o nível de satisfação dos destinatários do seu produto ou serviço.

5. *A força da paixão – e da falta dela.* A falta de paixão pela atividade de cozinha e restauração cria um enorme vazio na motivação dos líderes, o que se repercute na fraca motivação dos liderados. Os membros apaixonados acabam por esmorecer ou abandonar a equipa, deixando-a (ainda) mais pobre. Por vezes, a paixão existe numa fase inicial, mas acaba por declinar perante a degradação do restaurante. Ou seja: a perda da paixão é causa e consequência do declínio das equipas.

Lição: as equipas funcionam melhor quando os seus líderes estão apaixonados pelo trabalho da equipa. Líderes sem paixão podem apagar a paixão dos liderados[85].

6. *Liderar não é cozinhar.* Chef e cozinheiro são dois papéis distintos. O cozinheiro cozinha. O *chef* motiva a equipa, coordena esforços, cria disciplina na cozinha, mantém firme a qualidade e eficiência do serviço.

Lição: para liderar uma boa equipa, não basta saber fazer bem os cozinhados e descobrir novas e saborosas receitas. É também necessário possuir competências sociais, relacionais e disciplinadoras.

7. *Lidere, não seja mandão.* O bom *chef* é disciplinador mas não intrusivo. Requer o cumprimento de regras e normas essenciais, mas não coarta a liberdade de ação, não mata a iniciativa, não faz microgestão.

Lição: um bom líder de equipa requer o cumprimento de regras de exigência e respeito mútuo; define patamares de qualidade – mas permite que os liderados sintam o prazer da ação autónoma e criativa.

8. *Acerte a temperatura do caldo emocional.* Os relacionamentos de má qualidade no seio das equipas de restauração matam a qualidade do serviço e transbordam para a (má) relação com a clientela. A perda de controlo emocional por parte do líder, ou a incapacidade deste para impedir altercações entre os liderados, destroem o clima de cooperação e confiança.

Lição: um bom líder de equipa revela sensatez emocional e fomenta relacionamentos de elevada qualidade no seio da equipa. Daí advêm bons relacionamentos com os beneficiários dos serviços e produtos que a equipa gera.

9. *Amor (e desamor) ao próximo.* Numerosos restaurantes intervencionados por Ramsay são de base familiar. Os amores e desamores ocorridos no seio da família transcorrem para o trabalho diário e para a qualidade da comida e do serviço prestado ao cliente.

Lição: a boa liderança de uma equipa necessita de ser cauta na gestão dos afetos e desafetos. Relacionamentos extraprofissionais entre colegas de equipa podem ser uma bênção quando funcionam bem e sensatamente, mas podem gerar um vespeiro emocional que afugenta liderados e clientes.

10. *Quando o aviso é tardio.* Os líderes dos restaurantes disfuncionais apenas solicitam ajuda quando o estado de degradação é avançado. A consequência é incontornável: na hora da terapia, o remédio é azedo e as doses encomendadas são cavalares.

Lição: é conveniente tratar da maleita na sua fase inicial. Importa aprender com os erros e acolher a má notícia (em vez de matar o mensageiro). Caso contrário, em circunstâncias extremas, o sabor da terapia pode ser pior do que óleo de fígado de bacalhau.

11. *Escorraçando o salvador.* Frequentemente, os líderes dos restaurantes que requerem a ajuda de Ramsay não se importam de escorraçá-lo quando este aponta o dedo aos erros dos próprios líderes e os confronta com os seus medos e mecanismos de defesa.

Lição: muitos líderes de equipa consideram que a mudança é necessária – nos outros membros da equipa, não neles próprios! Bons líderes de equipa contratam os serviços de quem lhes diz a verdade e não de quem lhes diz o que eles desejam ouvir.

Gordon Ramsay, pedindo opinião aos Marines sobre a comida preparada por concorrentes do *reality show* Master Chef[86]

CONCLUSÃO

Aprende-se algo sobre uma coisa estudando outra coisa qualquer? O insuspeito e reputado Karl Weick, professor em Michigan, respondeu afirmativamente. Neste capítulo, para aprendermos sobre equipas *normais*, recorremos a diversas *outras coisas quaisquer*: equipas desportivas, bandas musicais, tropas de elite – e até restaurantes. As conclusões essenciais estão contempladas no Quadro 2.4.

Estes aspetos serão desenvolvidos nos capítulos seguintes. Aí mostraremos como as dinâmicas e os fatores de sucesso das equipas aqui discutidas podem ajudar a compreender o sucesso de equipas *normais*. Ao longo do livro, procuraremos fazer jus à tese de Alex Sandy Pentland. Num texto publicado na *Harvard Business Review*[87], o autor afirmou que a química das grandes equipas assenta em dois grandes pilares. O primeiro pilar é a forte comunicação interna: todos comunicam com todos, de modo equilibrado e não necessariamente através do líder. O segundo pilar é a comunicação externa: os membros comunicam com outras equipas e entidades, assim sendo capazes de canalizar para a equipa a informação pertinente de que ela carece para um bom funcionamento.

Embora a tese possa parecer trivial, nem sempre é levada a peito. Algumas equipas, incluindo equipas de gestão de topo, privilegiam a comunicação interna mas descuram o contacto com as restantes partes da organização. Transformam-se em ilhas coesas, mas pouco conectadas com o mundo circundante. O que ocorreu com a equipa de gestão da Wells Fargo é demonstrativo[88]: a barreira de proteção à realidade externa e à verdade desagradável transformou a equipa numa entidade cega. A equipa não percebeu – não quis perceber – a gravidade das práticas fraudulentas que estavam a ser adotadas com os clientes. O escândalo não tardou e as perdas ascenderam a centenas de milhões de dólares.

Noutras equipas, os seus membros exploram relações externas, mas as dinâmicas internas não permitem aproveitar os recursos obtidos dessas relações[89]. Ou seja: os recursos informacionais obtidos externamente não são aproveitados internamente. A confiança entre os membros da equipa é fraca, a partilha de informação e conhecimento é escassa, cada um faz o seu trabalho – mas não faz trabalho de equipa.

QUADRO 2.4   **Lições essenciais que podem ser extraídas da aprendizagem com *outras* equipas**

- Não basta juntar pessoas competentes para que floresça uma grande equipa. Aliás, o ego das grandes estrelas pode minar o desempenho coletivo.
- Nas verdadeiras equipas imperam os comportamentos de cooperação e confiança. A deslealdade é inaceitável.
- Nas grandes equipas, os processos de comunicação e coordenação interna são intensos e ricos – mas não descuram as entidades externas que servem ou que as servem.
- As boas equipas são nutridas por processos contínuos de aprendizagem e desenvolvimento.
- São também alimentadas por trabalho perseverante. Não se deslumbram com o sucesso.
- As grandes equipas são mobilizadas por um sentido de missão, por um desígnio, por algo que suscita orgulho, dedicação e paixão.
- As boas equipas estão dispostas a incorporar mudança e a alterar a maneira de fazer as coisas. Isto é, não repetem confortavelmente o seu trabalho.
- As boas equipas geram a sua própria mitologia. São nutridas de histórias e atos de heroísmo que criam nos outros o desejo de se juntarem a esse universo.
- Nas boas equipas, as lideranças estão distribuídas e são abundantes.
- Os líderes das boas equipas valorizam os seus membros – e são altamente exigentes. Desafiam, pressionam e estimulam, mas também apoiam e amparam.
- A criação e o desenvolvimento de boas equipas requerem liderança competente e exemplar. As ações comunicam mais do que as palavras.

Uma condição essencial para que os fluxos de comunicação, internos e externos, sejam produtivos é a energia estruturante e contextual das equipas. É esse o objeto do próximo capítulo. Nele se explanam as caraterísticas do *hardware* que estruturam uma equipa. O capítulo diferencia as equipas dos meros grupos. Mostra que a eficácia de uma equipa não pode ser aferida, apenas, pelos resultados – mas também pelas aprendizagens e pela qualidade dos relacionamentos no seio da equipa. Discute, ainda, a relevância das boas regras e da disciplina para o bom funcionamento das equipas.

Capítulo 3
A energia da estrutura e do contexto

"O Cubo d' Água [centro aquático do Jogos Olímpicos de Pequim] foi um empreendimento pouco usual, mas a estratégia usada para construí-lo – que eu denomino de *teaming* – representa bem a nova era empresarial. *Teaming* representa o trabalho de equipa em mudança permanente: um jogo de basquetebol improvisado, mais do que jogos levados a cabo por uma equipa que foi treinada durante anos como uma unidade".

Pentland (2012, p. 74).

GRUPOS OU EQUIPAS?

Os termos *equipa* e *grupo* são, por vezes, usados como sinónimos. Mas representam distintas realidades, como discutimos na Introdução. Um grupo de golfistas não é uma equipa. Jogam conjuntamente, no mesmo espaço – mas cada um por si, cada um contra os outros. Um grupo de *skaters* também é um grupo – as suas tarefas são independentes. Os docentes de uma mesma unidade curricular numa universidade são um grupo, mas não trabalham necessariamente como equipa. Um grupo de telefonistas, operando num mesmo espaço físico, não é uma equipa. Cada telefonista podia, de quando em vez, pedir ajuda a outro membro da equipa, mas o seu trabalho era, em medida considerável, independente do trabalho dos outros membros do grupo. A "equipa" de lançadores de peso que representa um país nos Jogos

Olímpicos é mais um grupo do que uma equipa. Cada lançador é naturalmente encorajado pela presença dos restantes participantes do país. Mas o trabalho de cada um é independente do trabalho dos outros.

Diferentemente, uma trupe de teatro é uma equipa – mesmo quando cada um dos seus membros está, eventualmente, a ensaiar o seu papel em locais distintos. Uma banda musical também é uma equipa: por definição, tem de haver harmonização dos contributos de cada membro. Um grupo parlamentar, pese embora a denominação, também é uma equipa: o trabalho é coordenado (por vezes, "excessivamente", dada a expressão uníssona de opiniões).

Grupo de *skaters*, Spijkenisse, Holanda[1]   A banda de *jazz* de Woody Allen, uma equipa[2]

Uma equipa é um grupo cujo funcionamento encerra um nível de interdependência assinalável. Numa equipa, as tarefas de liderança são, em boa medida, partilhadas. E os seus membros crescem conjuntamente à medida que aprendem uns com os outros. A colaboração é imprescindível ao sucesso de cada um e de todos[3]. A equipa constitui uma unidade de trabalho cujos objetivos são alcançados porque os seus membros são interdependentes – ou seja, não podem realizar devidamente o seu trabalho se não beneficiarem do contributo dos outros. Uma verdadeira equipa é nutrida pelo sopro do denominado *espírito de equipa* – aqui entendido como a perceção partilhada dos indivíduos de que estão unidos por um propósito comum que merece sacrifícios pessoais, partilha e dedicação.

ESPÍRITO DE EQUIPA – UM CIMENTO AGREGADOR PARADOXAL

O espírito de equipa não é, todavia, um sentimento de rebanho, cujos membros quase não têm existência própria. O espírito de equipa não anula personalidades individuais nem inibe a expressão das idiossincrasias de cada membro. A célebre regata Oxbridge, na qual competem as equipas de Cambridge e de Oxford, opõe as duas equipas. Cada uma quer vencer a outra. Com esse fito, os membros de cada equipa cooperam e entreajudam-se. Quanto mais forte este espírito, maior a probabilidade de sucesso na competição. Mas este espírito de equipa beneficia com os talentos individuais, eventualmente complementares. Mais: os membros de cada equipa competem entre si para serem selecionados como participantes na regata. E esta competição, se for saudável e devidamente canalizada para a competição com a outra equipa, é benéfica para o espírito de equipa e o seu desempenho[4].

Por conseguinte, o espírito de equipa é um *espírito* paradoxal[5], repleto de contradições e armadilhas. Quando estas armadilhas não são devidamente geridas, a solidez da equipa pode ficar em perigo. Há espírito de equipa quando os indivíduos atuam com solidariedade, interajuda e disponibilidade para apoiar o outro – mas sem aceitarem o "porreirismo". Quando criam proximidade emocional, mas não excessivamente. Quando aprendem com vitórias *e* com derrotas. Quando combinam o protagonismo individual das suas estrelas com o espírito de serviço de cada estrela para com a equipa. Quando são humanas e tolerantes, mas não complacentes. Ainda que uma boa equipa não abandone qualquer membro, o excesso de proteção também não é um ingrediente recomendável. Um tal excesso pode contaminar a dedicação dos indivíduos mais empenhados e hipotecar o sucesso da própria equipa.

Se Cristiano Ronaldo estiver mais preocupado em marcar o *seu* golo e brilhar no palco mediático do que em levar a equipa a vencer, e se este espírito contaminar os restantes membros da Seleção Nacional de Futebol, é fácil reconhecer que não estamos em presença de uma verdadeira equipa, mas antes de uma coleção de bons jogadores. Terá sido esse um calcanhar de Aquiles dos portugueses, em alguns momentos da sua história? Louis van Gaal, treinador holandês, afirmou que a seleção portuguesa de 2012 estava apetrechada com bons jogadores, mas que não costumava fazer uma boa... equipa[7].

Regata Oxbridge, 2003:
Uma equipa de membros competitivos vencendo por um triz outra equipa de membros competitivos[6]

Diferentemente, Gideon Rachman escreveu o seguinte no *Financial Times*, a propósito da seleção de futebol alemã, que acabou por ganhar o campeonato do mundo de 2014, no Brasil: "No seu melhor, a equipa da Alemanha parece uma máquina bem concebida, com todas as partes trabalhando conjuntamente em harmonia"[8]. Algo similar pode ser afirmado acerca da célebre "laranja mecânica", epíteto conquistado pela seleção de futebol holandesa após o seu desempenho no campeonato do mundo de 1974.

Este tipo de expressões ajuda a compreender que o rigor e a precisão da máquina requerem uma combinação harmoniosa dos contributos das várias partes constituintes. Uma equipa é mais do que a soma das suas partes. A equipa alemã de 2014 não tinha qualquer jogador da dimensão galáctica de Cristiano Ronaldo, mas os talentos eram mais equilibrados[10].

A ENERGIA DA ESTRUTURA E DO CONTEXTO

A "laranja mecânica" na final do campeonato do mundo de 1974, na Alemanha[9]

Naturalmente, equipa coesa não é a que anula as individualidades ou crucifica quem erra. Não estaremos perante uma *verdadeira* equipa se Ronaldo for crucificado pelos colegas ou pelo treinador no caso de falhar a grande penalidade crucial. Naturalmente, quando um grupo é minado pelo espírito darwiniano mútuo, que desampara os mais fracos, voltamos a não estar em presença de uma genuína equipa. O espírito de equipa é, pois, a combinação de contrários: cooperação e competição, apoio e exigência, amor e raiva, alegria e tristeza, aprendizagem com as vitórias e as derrotas.

Mesmo as equipas empresariais explicitamente centradas em culturas de ajuda devem ser cautelosas. Se todos os membros da equipa ajudarem todos o tempo todo, ninguém disporá de tempo para fazer o seu próprio trabalho. E alguns membros, pelo menos em algum momento, acomodar-se-ão por saberem que poderão socorrer-se do apoio dos outros. A IDEO, uma reputada empresa criativa, é reconhecida pela sua cultura de generosidade[11]. Mas a investigação sugere que esta cultura tem as suas limitações – e que alguns cuidados devem ser observados para que não resulte em prejuízo. É necessário, designadamente, que o tango da ajuda seja dançado por dois.

Reconheça-se, também, que o espírito de equipa é dinâmico. Pode desenvolver-se por várias razões, designadamente perante a ameaça externa. Em 2010, antes do jogo de apuramento para o Europeu, os futebolistas da Dinamarca consideraram que "a Portugal falta o sentido e espírito de equipa para ser mais forte". Dennis Rommedahl afirmou: "Se olharmos para os jogadores, Portugal não está mais fraco, mas como equipa talvez não tenha estado tão forte nos dois primeiros jogos. O mais importante no futebol é jogar como equipa. É o que tem faltado a Portugal até agora"[12]. Portugal venceu. Voltou a vencer à Dinamarca, em 13 de junho de 2012. E acabou por vencer o Euro 2016, mostrando que as equipas são processos dinâmicos.

Naturalmente, nem sempre estas dinâmicas conduzem a melhorias. Equipas de restauração bem-sucedidas podem acomodar-se e começar a cozinhar má comida. Equipas desportivas podem cair na penumbra por não se adaptarem ao desenvolvimento dos competidores. Acrescem os fatores aleatórios e as práticas de liderança. José Augusto Rodrigues dos Santos afirmou:

> "Há uma dimensão aleatória na vida, como se fosse um jogo. Há situações que não conseguimos controlar. Karl Popper dizia que há tantos futuros possíveis quanto a nossa imaginação consegue criar. (...). Quer a construção quer a desconstrução de uma equipa podem ter razões aleatórias. E existem razões mais ou menos endógenas. Numa equipa perfeitamente estabilizada, isso pode ocorrer se o líder (fora de campo, o treinador; dentro de campo, o capitão) sair do sistema. O ambiente de pacificação e de aceitação da hierarquia funcional até então existente dá lugar a pulsões individuais visando a ocupação do lugar. Não havendo tempo suficiente para uma nova fonte de liderança emergir de forma natural, vários indivíduos podem querer ser 'donos do quintal'."

DESTAQUE 3.1
As partes no todo e o todo nas partes

O bom funcionamento de qualquer verdadeira equipa requer o cumprimento de uma regra básica: a equipa deve ser definida como um coletivo, mas os seus membros devem ser geridos como indivíduos[13]. Ou seja: não pode pretender-se que a equipa anule as individualidades que a constituem – deve, antes, valorizá-las. O segredo está em promover o coletivo sem submergir a individualidade de cada membro. Eis como António de Melo Pires, ex-diretor-geral da Autoeuropa, se pronunciou acerca desta matéria numa entrevista, após ser indagado sobre a chave para ter colaboradores motivados:

> "Numa empresa com a dimensão e a complexidade dos processos produtivos da Volkswagen Autoeuropa, o segredo para fomentar a motivação da equipa é tratar cada colaborador como um indivíduo e não apenas como mais uma peça de uma gigantesca máquina anónima"[14].

Pense o leitor no que pode ocorrer nas equipas de organizações *normais* quando há mudanças na liderança. A dinâmica emergente pode ser favorável, mas pode também ser desfavorável. Pense no que pode ocorrer a uma equipa cujo líder carismático e energizador, após sair, é substituído por um líder psicopata[15]. Citando novamente José Augusto Rodrigues dos Santos:

"O 'mau líder' é aquele indivíduo que, muitas vezes, em grupos estabilizados, chega e causa destruição. Cria regras ditatoriais para se proteger. Regras que podem funcionar uma vez, mas não funcionam sempre. São regras de condicionamento, que restringem o potencial da equipa. Estes indivíduos, que recusam sempre a sua quota parte nos insucessos, colocam sempre a culpa nos árbitros, nos jogadores, na bola, no polícia, no cão-polícia, no enfermeiro, no médico. Portanto, nunca assumem a sua responsabilidade. Diferentemente, um 'bom líder' assume a responsabilidade. Anula-se e atribui o êxito aos jogadores e à equipa. (...) Logo, a construção ou destruição de um bom grupo pode estar relacionado com a liderança. Podem até existir grupos tão fortes que o líder não consegue destruí-los. Mas, normalmente, isso é temporário. Mais tarde ou mais cedo, a equipa é inexoravelmente afetada pela incompetência desse líder".

Este retrato é válido para o mundo empresarial. Jim Collins usou uma metáfora elucidativa[16]. Os melhores líderes olham-se ao espelho quando cometem erros, e olham pela janela quando a equipa alcança êxitos. Outros líderes olham-se ao espelho quando a equipa é bem-sucedida. Mas, perante os fracassos, olham pela janela para culpabilizar a equipa. É fácil compreender o que daqui resulta para o espírito de equipa.

UNIDADES QUE ACRESCENTAM VALOR

O mérito de uma equipa é potencialmente maior quando os seus membros se superam em prol da própria equipa. Esta superação requer partilha de esforços e complementaridade das competências[17]. Equipas competentes são mais do que uma coleção de indivíduos competentes: são uma unidade que acrescenta valor ao valor das unidades individuais. Os Beatles são um exemplo lapidar a imitar: cada membro da banda detinha talentos que beneficiavam e eram beneficiados pelos talentos dos outros. O conflito entre Neymar e Cavani, discutido no capítulo 1, é também um exemplo emblemático – que deve ser evitado.

SUPEREQUIPAS: ORIENTAÇÕES PARA A CRIAÇÃO DE VERDADEIRAS EQUIPAS

Quando se superam, as equipas ajudam a organização a lidar com aspetos críticos para o seu sucesso, criam espaços de confiança e cooperação que permitem potenciar os desempenhos e os contributos individuais, e ajudam a organização a aprender com problemas e oportunidades[18]. O que foi referido no capítulo anterior ajuda a compreender como tais desígnios podem ser alcançados. Todavia, para melhor se compreender os fatores de sucesso das equipas, importa elucidar a sua natureza, o modo como funcionam e como o seu desempenho deve ser encarado. O que é uma equipa? Como se distingue de um mero grupo? Qual a importância do contexto para o funcionamento da equipa? Em que critérios devemos basear-nos para afirmar que uma equipa é mais ou menos eficaz? Porque são importantes as normas e as regras claras de funcionamento e de relacionamento?

Estas são questões a que este capítulo procura responder. O seu objetivo fundamental é discutir a energia das equipas provinda da estrutura e do contexto em que as mesmas estão inseridas. No capítulo seguinte, discutiremos as energias relacionais, sociais e emocionais – que podemos denominar de mobilizadoras. As duas vertentes influenciam-se mutuamente, não sendo as fronteiras estanques. Enquanto este capítulo discute o *hardware* das equipas, o próximo discute o *software*. Naturalmente, o *hardware* e o *software* atuam conjuntamente.

Antes de prosseguir, deixamos uma nota. A dinâmica empresarial do mundo moderno fez emergir, a par das equipas *normais* com fronteiras razoavelmente bem definidas, uma quantidade considerável de equipas fluidas e de geometria variável (e.g., equipas temporárias de projetos). Embora muitos fatores de eficácia sejam comuns a ambos os tipos de equipas, a gestão de cada género requer diferentes práticas. Por exemplo, embora a definição de fronteiras seja desejável nas equipas tradicionais *normais*, não é expectável nas equipas temporárias e de constituição fluida. Daremos conta dessa distinção na parte final do capítulo.

AS EQUIPAS NÃO SÃO ILHAS

As equipas não existem no vazio. Fazem parte de contextos sociais e são decisivamente influenciadas pelos mesmos. Alguns contextos promovem o bom funcionamento das equipas, criando mecanismos que recompensam o trabalho conjunto, disponibilizando informação, formação e *coaching* à equipa como um todo e aos seus membros. Por exemplo,

A ENERGIA DA ESTRUTURA E DO CONTEXTO

empresas com boas práticas de responsabilidade social podem constituir um bom nutriente para as boas equipas. Entre as razões explicativas, estão as seguintes:

- Essas empresas promovem o desenvolvimento dos indivíduos e facultam melhores condições de trabalho.
- Os membros das equipas que operam nessas empresas sentem que realizam trabalho mais significativo. Desenvolvem maior sentido de orgulho pela pertença à equipa e à organização.
- Formam-se laços de confiança entre os indivíduos e a equipa, no seio da organização.
- Como consequência, as pessoas sentem-se mais respeitadas, desenvolvem maior identificação com a equipa e a organização, mais elevada autoestima e maior autoconfiança. Daí resultam efeitos positivos sobre a dedicação ao trabalho e o desempenho.

Um estudo realizado com 172 equipas de 20 organizações taiwanesas, do setor das tecnologias da informação, corrobora essa possibilidade[19]. As equipas mais eficazes operavam em empresas socialmente mais responsáveis. Nessas empresas, as equipas desenvolvem maior confiança em si próprias (ou seja, acreditam que são capazes de alcançar os objetivos) e mais forte autoestima.

O macrossistema organizacional da Toyota é igualmente ilustrativo de como bons contextos podem nutrir equipas mais produtivas. Enfatizando o trabalho em equipa, a formação intensiva permanente e a rotação de funções, e minorando diferenças de *status* entre trabalhadores, esse macrossistema reflete-se no modo como as equipas são acalentadas e funcionam. Daí resultam automóveis de maior qualidade a mais baixo custo[20]. A evidência[21] também sugere que uma fonte do sucesso e da vantagem competitiva da Google reside na forte cultura orientada para o espírito de equipa.

DESTAQUE 3.2
Equipas X

Este livro debruça-se, principalmente, sobre equipas tradicionais: um conjunto de pessoas que trabalha de forma interdependente, com uma estrutura estável e interação frequente. Mas alguns contextos requerem outro tipo de equipas. Esses contextos são cada vez mais comuns, dada a necessidade de cooperação intra e interorganizacional. Pense o leitor na colaboração Microsoft/Intel e nos desafios de tal empreendimento[22]. Eis três caraterísticas típicas desses contextos: (1) as estruturas são achatadas e descentralizadas; (2) o trabalho das equipas depende criticamente de informação complexa, a qual se altera rapidamente; (3) a tarefa de cada equipa tem ligações importantes com tarefas que decorrem fora da atividade da equipa – por exemplo, uma equipa trabalha num produto que é parte de uma família de produtos mais ampla. Quando o contexto assume tal formato, pode ser necessário dotar a organização de equipas X[23]. Eis as caraterísticas que distinguem estas equipas das tradicionais:

- O foco externo complementa o foco interno (típico das equipas tradicionais). Ou seja: a equipa não pode ser coesa apenas internamente ao ponto de promover apenas os fluxos internos de comunicação; precisa, também, de criar laços com outras equipas da mesma e de outras organizações.
- A equipa desenvolve inúmeras e extensas ligações, dentro e fora da organização – e não, sobretudo, com os restantes membros da equipa. Pense o leitor na equipa multidisciplinar, multinacional e multicultural que esteve na génese do famoso Cubo d' Água, o centro aquático construído para os Jogos Olímpicos de 2008, em Pequim. A construção envolveu dezenas de pessoas provindas de 20 disciplinas e quatro países, que colaboraram em grupos fluidos.
- Os indivíduos estão inseridos em distintas camadas de pertença. Em vez de ter uma única ("somos todos iguais"), a equipa gira em torno de diversas camadas: alguns elementos são nucleares, outros são mais periféricos; diferentes membros atuam predominantemente no seio de diferentes especialidades.
- A pertença é flexível: as pessoas movem-se entre camadas, podendo entrar e sair da equipa em diferentes momentos e para diferentes atividades.
- Distintamente do que ocorre nas equipas tradicionais (nas quais é crítica a coordenação crítica entre indivíduos), nas equipas X, a coordenação crítica é a que ocorre entre camadas. Sobre o sucesso do famigerado projeto do Cubo d'Água, escreveu Edmondson: "O sucesso dependeu da capacidade de estabelecer pontes entre culturas dramaticamente diferentes em termos nacionais, organizacionais e ocupacionais, para que colaborassem em agrupamentos fluidos, que emergiam e se dissolviam em resposta a necessidades que iam sendo identificadas à medida que os trabalhos progrediam."[24]

Outros contextos são menos favoráveis. Por exemplo, as multinacionais instituem, por vezes, equipas virtuais, constituídas por indivíduos com grande diversidade cultural[25]. Por muito empenhados e competentes que sejam os membros destas equipas, a natureza virtual e multicultural destas pode suscitar inúmeras dificuldades – incluindo mais conflitos e mais problemas de compreensão mútua e de comunicação.

As próprias políticas remuneratórias adotadas pela organização não são irrelevantes para o trabalho em equipa. Por exemplo, elevados diferenciais remuneratórios podem minar a cooperação e o desempenho no seio das equipas. Um estudo de Bloom, com 1500 jogadores de 29 equipas profissionais de basebol, ao longo de um período de oito anos, mostrou que as equipas com menores diferenciais salariais obtêm melhores desempenhos[26].

Os sistemas de gestão por objetivos podem ser igualmente problemáticos para o espírito de equipa e a cooperação. Se o sistema assenta exclusivamente no desempenho individual, é provável que a cooperação entre os membros da equipa decline – pois a generosidade concedida aos outros desvia tempo e energias que poderiam usados na prossecução dos objetivos individuais[27]. Pense o leitor num restaurante. Se as gorjetas forem canalizadas para o empregado específico que prestou o serviço, é provável que se esforce para prestar bom serviço e assim obter mais gorjetas. Mas é também possível que concorra com os restantes empregados pela captação dos "melhores" clientes – com prejuízo para os restantes clientes e para a qualidade geral do serviço prestado.

Em suma, a forma como as organizações enquadram o trabalho em equipa, e como geram proximidade ou afastamento psicológico entre os trabalhadores, tem impacto no funcionamento das equipas. Por conseguinte, os contextos organizacionais podem ser mais ou menos estimuladores ou facilitadores do trabalho em equipa. Em casos extremos, quando a desconfiança impera e as lideranças são pobres, a cultura de tipo *dividir para reinar* pode prevalecer e matar o espírito de equipa. Um estudo de que somos coautores[28] mostrou que uma das fontes da má liderança radica, precisamente, na incapacidade para promover o trabalho e o espírito de equipa. Entre as condutas de liderança menos apreciadas, contam-se as seguintes (veja descrições comportamentais no Destaque 3.3):

- O líder não tem e/ou não promove a entreajuda e o espírito de equipa.
- Não promove o diálogo, a confiança e os relacionamentos com a equipa e no seio da mesma.

SUPEREQUIPAS: ORIENTAÇÕES PARA A CRIAÇÃO DE VERDADEIRAS EQUIPAS

- Não gere devidamente os conflitos no seio da equipa.
- Instiga más relações interpessoais. Ou seja: *divide para reinar*.

DESTAQUE 3.3
Exemplos de comportamentos de liderança anti-equipa, nas palavras dos membros das equipas[20]

- "Seleciona certas pessoas e também as põe a competir, sobretudo quando se começa a formar um espírito de equipa. Por exemplo, diminui o espaço de bancada das pessoas que não quer lá (para mostrar que não lhes dá importância) e não o faz diretamente: diz às pessoas que vão ficar no novo espaço para informar os que têm de sair de lá. Tem uma preferida que gosta de trabalhar para ela, mas também lhe dá às vezes para trás."
- "Esta chefe não sabe mesmo trabalhar em equipa. Não havia qualquer espírito de entreajuda entre nós."
- "Em situação de erro, os elementos do grupo tinham um clima de entreajuda. Por vezes, achávamos que o *manager* não pertencia ao grupo. O clima era completamente diferente entre o grupo e os elementos do grupo e o *manager*."
- "Não, em vez de gerir conflitos, causava conflitos. Os conflitos aconteciam devido à forma como geria o grupo e as tarefas. Ele era mesmo o gerador de conflitos."
- "Não é grande gestor de conflitos e, por isso, evita-os quando na minha opinião, algumas vezes, evitá-los é prolongá-los no tempo. (...) O arrastar de algumas tensões internas não beneficia o normal decorrer do negócio nem o espírito de equipa."
- "Gosta de promover estratégias de confronto explícitas entre os vários departamentos que gere, em particular aqueles que são obrigados a interagir de forma próxima, porque vê isso como um catalisador de desempenho. É altamente perturbador: arrasa a motivação de qualquer um, sobretudo quando os departamentos são mesmo obrigados a trabalhar em estreita correlação – chega a resultar em saídas de elementos."
- "Criava um clima de desconfiança, fomentava a diferença entre elementos do grupo, conduzindo à rivalidade entre os mesmos. Não contribuía para a união do grupo."

DO QUE FALAMOS QUANDO FALAMOS DA EFICÁCIA DE EQUIPAS?

Como se pode reconhecer uma equipa eficaz? A resposta é: o espírito de equipa é um critério relevante, mas não suficiente. Uma equipa pode ser rica em *espírito*, mas ser uma pobre equipa. As boas equipas podem ser avaliadas recorrendo a um triângulo de critérios:

- Resultados – a equipa obtém bons resultados, isto é, produz serviços e produtos que satisfazem os clientes e a organização.
- Aprendizagem mútua – os membros da equipa aprendem mutuamente, e esta aprendizagem ajuda a equipa a melhorar e a prosseguir a sua missão.
- Vontade de continuar a trabalhar na equipa – a experiência de trabalho conjunto é satisfatória e os membros da equipa mostram desejo de permanecer na equipa.

Os três critérios (Figura 3.1) são importantes e não se substituem mutuamente. O primeiro é de uma importância cristalina: uma equipa que não faz bem o seu trabalho (que não alcança resultados) não é uma boa equipa. Uma equipa de natação sincronizada não é uma boa equipa se as nadadoras não forem capazes de se sincronizarem com brilho – por muito que desfrutem da companhia mútua. Vitórias morais também não são garante de vida. Jogar bem, mesmo perdendo o jogo, pode ajudar os jogadores e outras entidades a lidarem psicologicamente com a derrota, mas não é a melhor maneira de avaliar uma equipa.

Segundo critério: uma equipa que alcança resultados mas perdeu capacidade de facultar novas aprendizagens aos seus membros também não é uma boa equipa. Pode ser uma equipa eficaz no curto prazo. Porém, se perde a capacidade de se renovar e de contribuir para a renovação da organização, acabará, mais cedo ou mais tarde, por perder eficácia.

Terceiro critério: uma equipa cujos membros não querem nela permanecer é uma equipa com problemas – mesmo que mantenha a eficácia no curto prazo. Ao contrário, quando consideram gratificante o trabalho em conjunto, os membros da equipa empenham-se mais, enfrentam as dificuldades e obstáculos com perseverança e resiliência, alcançam mais aprendizagem conjunta e acabam por obter melhores resultados.

FIGURA 3.1   Três critérios de medida da eficácia das equipas

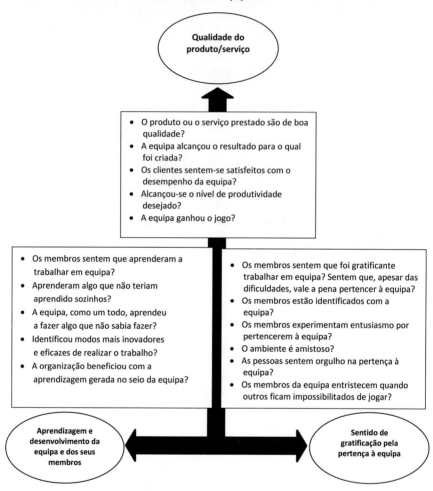

O TAMANHO CONTA?

"Os seres humanos são normalmente incapazes de gerir mais do que seis a dez pessoas (...)".

Jocko Willink e Leif Babin[30], que serviram a Navy SEALs.

Segundo alguma investigação, as equipas (pelo menos as *normais*) atingem o seu melhor rendimento quando possuem entre quatro e cinco mem-

A ENERGIA DA ESTRUTURA E DO CONTEXTO

bros[31]. Naturalmente, a dimensão apropriada depende da tarefa e da tecnologia disponível. Mas a regra geral é esta:

- Equipas com uma reduzida quantidade de membros são deficitárias em diversidade. A emergência de diferentes perspetivas é menos provável. A dinâmica da interação é mais pobre. O problema agrava-se se as *cores* favoritas do chefe forem o *cinzento* e o *bege*[32]!
- Equipas muito grandes podem tornar-se caóticas e conflituosas. As pessoas podem sentir-se anónimas. Para os líderes, torna-se mais difícil conhecer as particularidades de cada membro e tratar as pessoas pelo nome. As possibilidades de participação são menores. A coesão decresce. O sentido de comunidade diminui. E o risco de emergência de subgrupos, ou fações, é incrementado.

DESTAQUE 3.4
Pessoas, não recursos

Eis um excerto de entrevista de Rui Miguel Nabeiro, administrador da Delta Cafés, sobre o tratamento personalizado dos colaboradores[33]:

"HR Portugal: Quais as melhores práticas na Delta?

Rui Miguel Nabeiro: É o facto de a administração conhecer todas as pessoas pelo nome. Campo Maior é uma terra pequena, conhecemos todas as pessoas, sabemos as dificuldades, pontos fracos e fortes, conhecemos a família. Mas é aqui que está a vantagem: quando há um problema pessoal nós sabemos, e aquilo vai ter um impacto na sua *performance* profissional e sabemos porquê. Às vezes, enquanto gestores não temos a perceção do que se está a passar na vida do colaborador e esta proximidade facilita muito o dia a dia, não leva a julgamentos errados de ninguém. O segredo é tratar os colaboradores como pessoas e não recursos, têm problemas e motivações diferentes."

Atentas à importância da dimensão, empresas como a Google dividem os projetos em tarefas que podem ser trabalhadas por grupos com cinco a 10 pessoas. Consta que Jeff Bezos, o líder da Amazon, limita a dimensão das equipas a um critério peculiar: duas *pizzas* têm de ser suficientes para todos os membros[34]. A Magna, fabricante canadiana de componentes de automóveis, costumava encorajar qualquer fábrica que atingisse mais de 100 empregados a criar uma nova unidade[35].

SUPEREQUIPAS: ORIENTAÇÕES PARA A CRIAÇÃO DE VERDADEIRAS EQUIPAS

Eis uma razão explicativa para estas decisões: em grupos pequenos, a preguiça social[36] é menos provável. Ou seja, é mais difícil a um indivíduo *encostar-se* ao trabalho dos outros ou justificar-se com a desculpa de não conhecer o objetivo. A capacidade de coordenação também diminui. E os líderes experimentam mais dificuldades em tomar nota das ocorrências – designadamente as que podem afetar negativamente o desempenho e a reputação da equipa e da organização[37].

Naturalmente, o facto de a dimensão ser relevante não significa que apenas as pequenas equipas são bem-sucedidas. Também não significa que as grandes equipas devem ser evitadas – algo, aliás, impossível na realização de muitos projetos de grande envergadura (como a construção de grandes obras de arquitetura ou alguns projetos de aplicações informáticas). O que se pretende assinalar é que as dinâmicas das equipas mudam consoante a sua dimensão, e que equipas muito numerosas podem requerer a divisão do trabalho e a constituição de subequipas.

A CLAREZA NA CONSTITUIÇÃO DO "PLANTEL"

Um elemento chave na constituição de uma equipa consiste na definição das suas fronteiras. Ou seja: na determinação de quem faz parte do "plantel". Pensará o leitor: óbvio. Retorquimos: não necessariamente. Considere-se o seguinte caso: uma equipa é constituída para fazer o desenho organizacional de um município português. Constituem-na cinco pessoas. Para a segunda reunião, o chefe de projeto convida um colega da empresa de consultoria que já participou em projetos semelhantes. Este especialista, incumbido de outros afazeres, comparece a algumas reuniões, mas não a outras. Aqui e ali, surgem outros especialistas com outros contributos.

Não sendo claramente definida, *ab initio*, a contribuição esperada destes especialistas, a equipa torna-se confusa, com elementos que saem e entram – ainda que, generosamente, procurem dar o seu melhor contributo. As discussões avançam e recuam. Decisões antes tomadas são revisitadas. Assuntos que se fecham são depois reabertos. Desperdiça-se tempo a esclarecer especialistas sobre decisões tomadas na sua ausência.

Por conseguinte, para uma equipa funcionar devidamente, importa clarificar (1) quem está dentro e (2) quem pode ser chamado pontualmente para ajudar. Se as fronteiras não forem especificadas, a equipa poderá ter um funcionamento caótico. Muito tempo será desperdiçado e a decisão final acabará por ser mais pobre e, porventura, a destempo. Mexidas na composição da equipa, nomeadamente no número de membros da mesma, geram alterações na dinâmica. As rotinas e os processos de trabalho conjunto podem ser negativamente afetados. Os níveis de confiança e de capital social podem ser prejudicados. Ou seja, pequenas alterações podem produzir efeitos significativos – e irreversíveis.

A implicação é clara e está alinhada com o trabalho de Hackman: se a equipa funciona, importa não mexer na sua composição[38]. A este propósito, escute-se a discussão em torno das mudanças na composição da Seleção Nacional de Futebol e compreenda-se porque os selecionadores costumam ser fiéis a uma coluna vertebral estável de jogadores. Veja-se, até, como jogadores secundarizados nos seus clubes são, por vezes, selecionados para integrar esse núcleo duro da seleção – pela dinâmica que costumam acrescentar à equipa e pelo facto de, na equipa da Seleção Nacional, se excederem e se tornarem pedras-chave.

O que acaba de ser exposto aplica-se, em grande medida, ao modo de funcionamento das equipas *normais*, mas pode ser uma versão algo simplificada da realidade dinâmica do mundo atual. Por exemplo, as equipas envolvidas em projetos de inovação podem necessitar de pessoas com diferentes talentos em diferentes momentos[39] – o que obriga a gerir a questão das fronteiras com particular cuidado. Para clarificação, o tema será discutido em secção posterior deste capítulo (veja secção *Equipizando em vez de equipa*).

AS FRONTEIRAS NÃO SÃO CORTINAS DE FERRO

A clarificação das fronteiras das equipas não pode implicar isolamento ou enquistamento. As melhores equipas combinam dois elementos, aparentemente contraditórios. Primeiro: definem fronteiras suficientemente estanques para se protegerem dos invasores. Segundo: definem estruturas suficientemente porosas para não se deixarem isolar. Isso significa, por exemplo, que os líderes devem defender o coletivo, mas que devem fazê-lo com ponderação. Se forem demasiado longe na proteção, estarão a alimentar um autismo grupal que não beneficia a equipa nem a organização. Paradoxalmente, o excesso de proteção pode tornar a equipa incapaz de se compenetrar das suas falhas e de mudar. Lição: aos líderes compete isolar/proteger a equipa, mas também expô-la aos desafios de origem externa.

Por um lado, a equipa deve sentir que o líder a protege de ameaças externas injustas – por exemplo, quando a equipa é acusada imerecidamente de algo ou há tentativas de transformá-la em bode expiatório de alguma adversidade organizacional. Eis depoimentos de membros de equipa que se lamentam da desproteção[40]:

- "[O líder] não assume os erros do grupo. Não existe uma imagem coesa do grupo em caso de erro. A pessoa que errou vê-se forçada a assumir as consequências de forma individual. Este gestor não protege os seus colaboradores. Somos pouco grupo."
- "Se houver alguma coisa vinda de cima, de um chefe do chefe, a dizer mal de alguém da equipa dele, por exemplo, ele nunca vai defender ninguém. Quando é para os subordinados receberem prémios ou reconhecimento, ele também não luta pelos seus (deles) direitos."
- "Na minha função, dependo bastantes vezes do cumprimento de prazos de outras direções para poder cumprir os meus prazos. Quando levanto o problema em reuniões com direções que constantemente se atrasam e comprometem os meus prazos, o meu chefe toma o partido das outras direções dizendo, invariavelmente, que eu poderia ter feito as minhas tarefas mais rapidamente e que poderia ter pressionado mais. Eu não posso obrigar os outros a cumprirem os prazos e sofro na pele com isso, pois estou no fim da linha!"
- "Não defendia as pessoas da sua equipa. Se tivesse de penalizar em prol dos seus interesses, fazia-o sem pensar duas vezes."

Mas, por outro lado, a equipa não deve ser protegida de informação desfavorável verdadeira nem protegida ao ponto de se tornar complacente e irresponsável. Alguns líderes de equipa, incapazes de conviver com a dissonância de opiniões, matam o mensageiro da má notícia e tratam como ovelhas negras os membros da equipa que manifestam dúvidas e discordâncias. Esta é uma péssima forma de liderar e de interpretar o sentido de amor à camisola. A liderança da Wells Fargo ilustra bem os riscos desses equívocos de liderança. Ao impedir a expressão de vozes dissonantes, a liderança conduziu a equipa de gestão (e os liderados em geral) a um pântano – a desonestidade para com os clientes estava a ser praticada. Mas as vozes dissonantes eram silenciadas. O amor à camisola era pura ilusão. E o

A ENERGIA DA ESTRUTURA E DO CONTEXTO

escândalo acabou por se abater sobre a instituição financeira – que perdeu centenas de milhões de dólares[41].

O leitor pode compreender o significado desta aparente paradoxalidade – proteger a equipa mas também expô-la – observando os bons treinadores de equipas de futebol. Em público, protegem a equipa dos ataques dos meios de comunicação social, da fúria dos adeptos e de outros ataques. Após uma derrota, evitam culpabilizar os jogadores nas conferências de imprensa (como costumam dizer: "Há que levantar a cabeça"), mas é provável que um puxão de orelhas seja dado no balneário. Acrescente-se, porém, que uma chamada de atenção em público para falhas que se repetem pode ser uma fórmula acertada para fazer acordar a equipa e estimulá-la. Importa que o treinador saiba fazer a combinação preciosa de proteção e de desafio.

Do ponto de vista organizacional, esta necessidade de combinar isolamento e interação com o exterior requer que a equipa seja separada/protegida das outras em alguns momentos, mas também aproximada delas noutras ocasiões. A solução é evitar equipas demasiado expostas ou excessivamente escondidas. As equipas precisam de cultivar o relacionamento com outras equipas – recorde o leitor o que se escreveu sobre equipas X (Destaque 3.2). As equipas aprendem quando partilham o que sabem no seu interior, mas também quando interagem e partilham o conhecimento com outras equipas, quando procuram apoio e quando testam a reação dos outros às suas ideias[42]. Uma equipa isolada tem dificuldade em aprender.

As equipas devem, portanto, entender-se como micro-comunidades participantes de uma comunidade maior. A organização pode ser encarada como um conjunto de equipas que devem colaborar – mas que, por vezes, competem, se desentendem e rivalizam. Se os indivíduos facilmente chocam no interior de uma equipa, também as equipas facilmente se envolvem em conflitos identitários e outros de base emocional. São reais os riscos de cada equipa encarar as outras como rivais e de os fluxos de comunicação e partilha serem obstruídos. Se o trabalho das equipas implica diferenciação, é necessário compensá-la com mecanismos de integração. Requer-se que sejam criadas zonas de articulação e colaboração entre elas, designadamente: objetivos comuns, espaços de discussão e projetos partilhados. A emergência de tais espaços requer que cada equipa esteja predisposta para a partilha, mas também recomenda que líderes organizacionais *supra-equipa* criem e estimulem a cooperação e penalizem a mentalidade de cubículo ou de quinta.

SUPEREQUIPAS: ORIENTAÇÕES PARA A CRIAÇÃO DE VERDADEIRAS EQUIPAS

DESTAQUE 3.5
A diversidade e as linhas fraturantes

A defesa da diversidade é uma marca da contemporaneidade. É um sinal distintivo num mundo organizacional com menores possibilidades de gestão massificada e maiores pressões para a individualização da gestão[43]. Esta fragmentação, por seu turno, aumenta a necessidade de integrar a diversidade – em vez de a reduzir. A diversidade é mais fácil de apregoar do que de praticar. Considere-se o seguinte caso de duas equipas[44]: a equipa azul é composta por três engenheiros homens de meia-idade e três mulheres jovens especializadas em marketing. A equipa verde tem um engenheiro homem de meia-idade e uma engenheira com perfil semelhante, além de uma engenheira mais jovem. Compõe-na, também, um especialista em marketing de meia-idade e uma engenheira jovem, além de um rapaz recém-graduado em marketing.

As equipas parecem semelhantes: três homens e três mulheres; três engenheiros e três *marketeers*; três pessoas mais experientes e três mais inexperientes. Mas serão realmente semelhantes? Não. A equipa azul contém uma linha de fratura demográfica adormecida, pronta a emergir, dado o alinhamento de caraterísticas demográficas que cria subgrupos relativamente homogéneos. O problema é relevante para todas as equipas – mas especialmente para as dispersas geograficamente, para subgrupos com minorias numéricas ou para equipas trans-funcionais que lidam com novos problemas. Esta diversidade pode acordar os vulcões fraturantes[45].

A teoria das *faultlines*, ou das linhas de fratura, tem-se dedicado ao estudo destes alinhamentos demográficos (em termos de sexo, formação, nacionalidade, idade, etc.) que geram subgrupos espontâneos ameaçadores da coesão do grupo. Mesmo quando as pessoas advogam genuinamente a diversidade, é possível que, em momentos de divisão, se orientem para tais alinhamentos demográficos, o que erige obstáculos à cooperação e à coesão. As linhas divisórias podem não ser apenas demográficas. Por exemplo, a diversidade cronotípica (ou seja, diferentes gostos pelas horas em que se está acordado ou a dormir) também parece contar: a preferência biológica de uns pelo trabalho matinal pode colidir com a apetência de outros pelas noitadas[46].

Façamos, caro leitor, uma pequena incursão pelas terras de Oz. Quando questionada sobre o motivo para abandonar a colorida terra dos Munchkins para voltar ao cinzentismo do Kansas, Dorothy responde: "Não importa quão tristes e sem cor as nossas casas sejam; nós, pessoas de carne e osso, preferimos viver lá do que em qualquer outra terra, não importa quão bonita for. Não há lugar como a nossa casa"[47].

> Ou seja, há vínculos quase automáticos que não são facilmente esquecidos ou abandonados. Por mais que se aprecie a outra parte, não se abandona facilmente a nossa. Importa, pois, ser cauteloso quando se procede à composição de uma equipa. Linhas de fratura adormecidas podem entrar em erupção, revelando estranhos e inesperados laços de solidariedade[48]. Rezam as crónicas que a seleção portuguesa de futebol que representou o país no campeonato mundial do México foi ferida por fraturas entre jogadores de diferentes clubes portugueses (veja Destaque 6.5, capítulo 6).
>
> A existência de diferenças pode, todavia, ser usada favoravelmente, no caso de laços de amizade estabelecerem pontes entre as possíveis fações. Nesse caso, uma diferença negativa pode tornar-se positiva e diversidade pode não rimar com animosidade[49].

BOAS REGRAS E NORMAS DE FUNCIONAMENTO DAS EQUIPAS

"Aqui tudo tem regras. Para ele, somos todos iguais."

Cesc Fàbregas, ex-jogador do FC Barcelona, quando a equipa era treinada por Pep Guardiola[50]

Uma ação crítica para o desenvolvimento de uma equipa é a criação de regras e normas orientadoras da vida grupal. As *regras* são explícitas, por vezes escritas. As *normas* são tradições, padrões de comportamento e regras não escritas que governam o modo como as pessoas se devem comportar em equipa. Podem nem sequer ser reconhecidas – mas a sua influência no funcionamento das equipas é enorme. A norma de algumas equipas é "discordar das chefias é apropriado". A norma de outras equipas é "o respeitinho à chefia é muito bonito". Ambas são poderosas na mente e na conduta dos membros da equipa – embora os efeitos sejam distintos.

Por simplificação, usamos a expressão "regras e normas", ou simplesmente "orientações". Sendo fáceis de entender e aplicadas a todos os membros, tais orientações ajudam a perceber o que a equipa valoriza e os princípios que norteiam a sua ação. A clarificação e o cumprimento de regras/normas fundamentais simples (que podem ser informais) fomentam a confiança e o espírito cooperativo e permitem canalizar o conflito para a resolução apropriada de problemas e oportunidades. A explicitação de regras/normas pode ser especialmente importante para equipas virtuais, cujos membros trabalham em locais geograficamente dispersos. As regras e normas podem também adquirir especial utilidade para transformar equipas caóticas, com fraco rumo, ou desorganizadas em equipas "com norte". Luís Portela, ex-CEO e depois *chairman* da Bial, explicou publicamente como instituiu a norma da pontualidade quando, com 27 anos, assumiu a liderança da empresa[51]:

> "A empresa funcionava com meia hora de atraso. E tínhamos muitos contactos na Suíça e na Alemanha, onde tudo trabalhava a horas, e diziam-me: 'É uma questão de respeito'. Ambicionei conquistar esse respeito na minha empresa. Um dia cheguei ao Conselho [de Administração], tinha eu 27 anos, e os restantes membros estavam na casa dos 70, e digo: 'Gostava de passar a começar as reuniões à hora marcada. Portanto, mesmo que esteja lá só eu, a reunião começa'. E, a partir desse dia, todos começaram a ser pontuais".

Exemplos de (outras) *ground rules* que ajudam a cimentar (e refletem) o espírito de equipa são:
- "O meu trabalho é ajudar os outros membros da equipa." (norma de colaboração)
- "Todos temos o direito a expressar as nossas opiniões, mesmo fora da nossa área de especialidade." (norma de expressão de voz)
- "Quando algum de nós falha, falhamos todos." (norma de solidariedade)
- "Estamos todos no mesmo barco." (norma de identidade)
- "Podemos discordar, mas discordamos civilizadamente." (norma de civilidade[52])

Estas e outras regras/normas podem emergir da prática quotidiana. Podem, até, não ser verdadeiramente consciencializadas pelas pessoas. Ou seja, podem estar de tal modo impregnadas no modo de viver o trabalho em equipa que as pessoas poderão ter dificuldade em verbalizá-las. Mas isso não impede que essas regras/normas sejam parte da natureza do trabalho. Em empresas como a IDEO, uma firma americana de consultoria de *design*, foram estabelecidas regras em cima das regras de *brainstorming*. Eis um exemplo: quando alguém fala, não deve ser interrompido com desrespeito, e a civilidade é um valor a manter sempre[53].

A ENERGIA DA ESTRUTURA E DO CONTEXTO

José Mourinho é obsessivo com a regra da pontualidade, podendo a sua violação custar a convocatória para um jogo (veja os seus "dez moundamentos", Capítulo 6, Quadro 6.2):

"A disciplina é a sua lei de base e quem se atrasa um minuto não viaja. O respeito pelas normas é fundamental. 'Não espero por ninguém'. Os telemóveis dos jogadores têm de estar no silêncio"[54].

O Coach K (Mike Krzyzewski), preparando-se para dar lições a militares (na Academia de West Point)[55]

Nas equipas do Coach K, celebrado treinador de basquetebol dos EUA (e que foi jogador da equipa do exército), existe uma regra igualmente importante: quando os membros da equipa interagem, devem olhar-se nos olhos (os olhos não deixam mentir)[56]. Alex Pentland e a sua equipa do MIT verificaram que este era um indicador altamente relevante do desempenho das equipas[57]. Esta evidência pode parecer *naïf*, mas pense o leitor no que ocorrerá numa equipa cujos membros, quando falam entre si, não se olham olhos nos olhos[58]! Será essa uma equipa saudável?

REGRAS E SABEDORIA PARA CRIAR CLIMAS DE EQUIPA SAUDÁVEIS[59]

O que carateriza uma equipa (ou uma organização) onde "vale a pena" trabalhar e na qual as pessoas se sentem empenhadas? Socorrendo-nos de Goffee e Jones, respetivamente professores na London Business School e no IE Business School, em Madrid[60], podemos considerar que são seis os atributos: (1) as pessoas podem ser "elas próprias", sem necessidade de esconderem as suas diferenças, opiniões ou fragilidades; (2) são informadas do que ocorre na equipa; (3) as suas forças são valorizadas e potenciadas; (4) têm oportunidade de realizar trabalho nobre e com significado; (5) sentem orgulho por trabalharem na equipa; (6) não estão constrangidas por regras estúpidas. Aqui importa sublinhar esta última caraterística.

Nas melhores equipas, as pessoas compreendem e conhecem as regras. Sentem que as mesmas fazem sentido e ajudam a coordenar o trabalho. Essas regras são simples e aplicam-se de igual modo a todos os membros – líderes e liderados. Há uma permanente atenção à pertinência das regras. As que se revelam inúteis ou problemáticas são removidas ou melhoradas. A autoridade é respeitada. As regras são justas. A burocracia gratuita é evitada. Como consequência, os membros da equipa sentem as regras como orientações clarificadoras e promotoras da cooperação, da partilha e do respeito. Sentem que o trabalho não é atrapalhado por regras estúpidas. Despendem tempo e energias a trabalhar – e não a cumprir regras que se alimentam a si próprias.

O LADO MENOS BRILHANTE DAS REGRAS E NORMAS

Ao contrário, noutras equipas, as pessoas são confrontadas com regras estúpidas, que ninguém compreende, que apenas alguns são obrigadas a cumprir, que afetam negativamente o trabalho[60a]. As pessoas sentem que são tratadas como se fossem destituídas de inteligência. A burocracia impera e a eficiência declina. O cinismo aumenta e a cooperação empobrece. Os talentos abandonam a equipa. Pensando na sua equipa, responda às seguintes questões:
- Temos de seguir regras estúpidas, cuja valia não se compreende?
- As regras são apenas aplicadas a alguns membros da equipa?
- A burocracia coarta a imaginação e a produtividade?
- Algumas regras existem apenas "para inglês ver"?

A ENERGIA DA ESTRUTURA E DO CONTEXTO

- As regras existem, em parte, para que algumas pessoas mostrem o seu poder?
- A equipa prefere regras complicadas, em vez de regras claras e simples?

Note o leitor que regras/normas simples também podem ser altamente perniciosas para o trabalho de equipa. A valia essencial da norma não está na simplicidade, está no seu conteúdo. Naturalmente, uma boa regra será de pouca valia se for dificilmente interpretada pelos membros da equipa. Mas as más regras, ainda que simples, não deixam de ser más. Aliás, más regras complicadas podem perturbar *menos* a vida das equipas do que más regras simples. Os autores deste livro já trabalharam em equipas cuja regra *simples* fundamental era o lema *moita-carrasco*. Ou seja: "diz o que pensas, mas espero que penses o que pensa o teu chefe". Embora simples, esta regra perturba seriamente as dinâmicas de desenvolvimento e competência no seio da equipa.

Uma norma deste calibre inibe a participação, suscita a desconfiança mútua e pode conduzir o líder a decisões erradas sem que ninguém o alerte. Cria um clima de seguidismo pouco favorável à recompensa do mérito e à partilha aberta e franca de pontos de vista. Outra consequência de uma norma deste teor é que a equipa vive em dois tempos, numa espécie de esquizofrenia: o que é afirmado e votado em reunião na presença do líder pode ser desdito e contrariado logo que a reunião termina e se dá início à interação informal e aos mexericos dos membros da equipa (ou das fações internas). Em suma: os sussurros de corredor pós-reunião contrariam o que ocorre no palco da interação formal durante a reunião. Como se discutirá nos capítulos 4 e 5, o lema *moita-carrasco* tende a prevalecer em equipas cujos membros experimentam fraca segurança psicológica.

Outro potencial risco associado às regras e normas advém da sua quantidade excessiva e da sua inflexibilidade. As regras não podem ser substitutos da ação nem coartar a mesma. Algumas equipas tornam-se de tal modo burocráticas que os seus membros se preocupam mais em cumprir as regras do que em realizar o trabalho e satisfazer as necessidades dos clientes, internos ou externos. As pessoas deixam de usar a sabedoria (a capacidade de agir sensatamente de acordo com as circunstâncias) para tomar decisões e remetem-se ao respeito pelas regras.

Este perigo existe mesmo em equipas de cirurgia médica. Para se protegerem perante o excesso de regras, preferem não arriscar uma cirurgia –

sobretudo nos pacientes que mais dela precisariam[61]. O Destaque 3.6 ilustra os riscos da perversidade do excesso de regras nas operações de bombeiros florestais. Em suma: as regras são importantes, mas não devem impedir o discernimento, a flexibilidade e o juízo moral. Regras básicas igualmente importantes são: não ter excesso de regras, não ter regras estúpidas e mudar as regras quando necessário.

DESTAQUE 3.6
As muitas vantagens das poucas regras[62]

1.

"Pode usar calções cor de laranja e sandálias com meias"

A Outsystems, multinacional portuguesa especializada em aplicações informáticas para empresas, instituiu para seu governo o *Pequeno livro das poucas grandes regras*[63]. São sete essas regras básicas. Eis o argumento:

"No início, tínhamos um código de indumentária rígido (fato e gravata) porque estávamos a lidar com clientes empresariais. Mas depois de um dos nossos engenheiros ter aparecido na empresa vestindo calções cor de laranja e sandálias com meias, e mesmo assim mantendo o respeito do resto da equipa, decidimos pedir às pessoas que usem de bom senso sobre o que vestem, especialmente quando se encontram com clientes. Desde então, tentamos limitar o número de regras que devemos seguir. Entendemos que essa liberdade aumenta a criatividade, permitindo-nos gerar soluções inovadoras únicas porventura estranhas que ajudarão a empresa a ser altamente competitiva. Por conseguinte, não temos muitas regras aqui (pode usar sandálias com meias, se desejar), mas temos algumas."

2.

Regras que matam

Perante a tragédia de Pedrógão Grande, surgiram diversas propostas, entre as quais a do reforço das regras. Será esse o caminho? Os bombeiros florestais precisam de lidar com numerosas variáveis quando se confrontam com um incêndio. Entre essas variáveis estão a extensão da área, o tipo de vegetação, o nível de humidade no solo e na atmosfera, a velocidade e a direção do vento, a irregularidade do terreno, os acessos, a proximidade das habitações e o acesso a água. Por definição, o comportamento de um incêndio é incerto. E a vida dos bombeiros pode ficar em perigo. Espera-se que os bombeiros, seguindo regras básicas, façam uso da sua experiência, das suas competências e da sua capacidade de improvisação para enfrentarem a realidade concreta com que se deparam.

> Karl Weick verificou que este princípio foi ignorado nos EUA quando se começaram a acrescentar regras às já existentes. Até meados do século xx, os bombeiros norteavam-se por quatro regras simples (e.g., "lançar um contraincêndio se houver tempo"). A partir de determinado momento, a pequena lista de regras de sobrevivência começou a dar gradualmente lugar a dezenas de regras mais detalhadas. Resultado: as fatalidades nos bombeiros aumentaram. As regras detalhadas reduziram a sua capacidade de improvisar perante as particularidades de cada situação.

AS NORMAS QUE NORMALIZAM O DESVIO

As normas, ou seja os códigos e as regras de conduta aceitáveis numa equipa, mesmo que não sejam escritas, podem transformar-se numa enorme fonte de perversidade. O tema é aqui discutido para que se compreenda que uma equipa com normas fortes pode ser uma equipa de forte maldade. A célebre experiência de Zimbardo[64], a simulação de uma prisão em Stanford, ajuda a compreender as razões[65].

A pesquisa abrangeu estudantes que aceitaram participar numa simulação prisional. Visava estudar o que sucede às pessoas quando colocadas em situações que desafiam os seus valores éticos. Os estudantes foram aleatoriamente selecionados como guardas ou prisioneiros. Zimbardo assumiu o papel de diretor. O contexto prisional, tão próximo quanto possível da realidade, foi criado mediante ações simbólicas e mecanismos de controlo estreito dos presos. Por exemplo, os prisioneiros eram tratados por números, não pelo seu nome. Vestiam uniformes desconfortáveis. Aos guardas foi atribuído o título de Sr. Agente Corretivo. Um advogado e um sacerdote (reais) foram "contratados" para facultar apoio aos presos.

Placa comemorativa da simulação experimental da prisão de Stanford[66]

Em poucos dias, os guardas desenvolveram ações imorais e desumanas para manterem o controlo da prisão. Mesmo o advogado e o sacerdote (reais) advogado e sacerdote que aceitaram conceder apoio na prisão não alertaram Zimbardo para as práticas desumanas em curso durante a experiência. O próprio Zimbardo foi apanhado no jogo – apenas acordou para as implicações éticas da experiência e decidiu interrompê-la após ter sido alertado por um observador externo. Desmantelada a prisão, tanto os guardas como os prisioneiros não conseguiram explicar as suas ações à luz dos valores que professavam. No contexto da prisão, comportaram-se como tal. Trinta anos depois, o próprio Zimbardo concluiu: "Não se pode ser um pepino doce numa barrica de vinagre"[67].

O leitor pode considerar que a realidade das equipas organizacionais é distinta da simulação. Pode supor que, no mundo real, o leitor não se comportaria deste modo. Importa ser mais humilde e cauto! Numerosas equipas, repletas de pessoas inteligentes e sérias, têm adotado práticas pouco recomendáveis. A certo momento, o desvio ético ou profissional transforma-se no novo *normal*. A normalização do desvio instala-se[68]. O que ocorreu com o desastre do vaivém *Challenger* é paradigmático. O risco de

A ENERGIA DA ESTRUTURA E DO CONTEXTO

algumas juntas da nave (*O-rings*) claudicarem devido ao frio intenso no dia do lançamento era reconhecido por alguns técnicos. Mas, em diversos lançamentos anteriores, nada errado acontecera. Os decisores subestimaram então os riscos. Eis o resultado da normalização do desvio[69]:

"No caso do desastre do vaivém *Challenger* (...) o dano causado nos cruciais *O-rings* tinha sido observado após lançamentos anteriores. Cada constatação do dano (...) foi seguida de uma sequência em que 'o desvio técnico dos *O-rings* perante o desempenho previsto foi redefinido como um risco aceitável'. Repetido ao longo do tempo, este comportamento rotinizou-se naquilo que os psicólogos organizacionais denominam como *script*. Os engenheiros e os gestores 'desenvolveram uma definição [psicológica] da situação que lhes permitiu continuar como se nada estivesse errado'."

A normalização do desvio é mais frequente do que pensa. A equipa de gestão da Volkswagen, assim como outros técnicos, foram suas vítimas. A certo momento, perderam a noção da perversidade e dos riscos da fraude que a empresa estava a cometer com o equipamento de controlo das emissões poluentes. Perderam a noção da "idiotice"[70] que estavam a praticar. O desvio transformou-se na norma[71]. Note-se que a normalização pode não ocorrer em plano tão perverso. Jocko Willink e Leif Babin, que serviram a unidade de forças especiais Navy SEALs, escreveram que o que mais releva num líder não é o que ele prega, mas o que tolera. Se começa a tolerar desempenhos displicentes e irresponsáveis, esse fraco desempenho transforma-se no novo padrão, na nova normalidade[72].

Quando as organizações, as equipas e os indivíduos se habituam ao desvio, este passa a ser a norma. É algo similar ao que ocorre ao condutor que se habituou a atravessar o semáforo vermelho: como o desvio à regra não gera acidente, o condutor passa a assumir o desvio como norma. Para ele, passa a ser normal atravessar o semáforo vermelho. Até ao dia em que é abalroado e abalroa. A prevenção da normalização do desvio requer que se instituam outras normas no seio da equipa:

- "A discordância entre nós é saudável".
- "O líder da equipa não tem necessariamente razão".
- "Não devemos matar o mensageiro da má notícia".
- "O silêncio de alguns membros da equipa não significa concordância".
- "Devemos desconfiar de consensos, sobretudo se forem rápidos".

SUPEREQUIPAS: ORIENTAÇÕES PARA A CRIAÇÃO DE VERDADEIRAS EQUIPAS

A tripulação do voo fatídico do *Challenger*[73]

Para compreender, numa perspetiva técnica, o significado da "normalização do desvio", sugerimos ao leitor que visione um vídeo de uma apresentação de Mike Mullane sobre a matéria[74]. Mullane é um engenheiro e ex-astronauta da NASA, tendo participado em algumas missões do Space Shuttle. O leitor considera que o *desvio* jamais será a norma na sua equipa? Felicitamo-lo pelo seu otimismo irrealista.

EQUIPAS DE GEOMETRIA VARIÁVEL

A estabilidade da composição das equipas e a correspondente familiaridade entre os seus membros acarretam vantagens[75]. A coordenação das atividades é facilitada. A partilha de conhecimento é também mais provável entre pessoas que se conhecem bem do que entre estranhos. A resposta à necessidade de mudança pode ser mais produtiva. O conhecimento tácito (aquele que existe no seio da equipa mas do qual a equipa nem sempre tem

A ENERGIA DA ESTRUTURA E DO CONTEXTO

consciência e que tem dificuldade em verbalizar) adquirido ao longo de anos é mais dificilmente imitável pelos concorrentes.

Mas esta evidência enfrenta duas realidades. Primeira: a estabilidade na composição de uma má equipa não é uma boa coisa. Uma velha equipa caraterizada por uma atmosfera paranoica não é, seguramente, uma qualidade desejável. Ao longo de anos, uma equipa pode desenvolver manhas e mecanismos de autoproteção que são perversos para a própria organização. Segunda: atendendo às dinâmicas da vida económica e organizacional, que requerem mudança na composição das equipas, o que acaba de ser exposto necessita de clarificação adicional. Cada vez mais, eventos inesperados e alterações da envolvente organizacional obrigam as organizações a criar equipas temporárias. A composição destas equipas é fluida e as suas fronteiras vão mudando ao longo do tempo, consoante as necessidades emergentes.

Ou seja: a gestão de equipas é, progressivamente, uma gestão de geometria variável. O fenómeno pode ser visível, também, em equipas operando em organizações mais convencionais, como hospitais, empresas produtoras de energia e instalações militares. Com frequência, essas equipas trabalham sem uma estrutura clara. A sua composição é flexível. Considere-se uma sala de urgência hospitalar[76]:

"A qualquer momento, um paciente com sintomas de risco de vida, eventualmente sem precedentes, pode chegar de ambulância. Imediatamente, os especialistas de vários departamentos – receção, enfermagem, medicina, laboratório, cirurgia, farmácia – necessitam de coordenar os seus esforços para que o paciente receba cuidados eficazes. Estas pessoas terão de resolver, rapidamente, divergências de opinião e prioridades conflituantes. Podem ou não ter trabalhado previamente em conjunto, e é provável que alguns sejam mais experientes do que outros. Não obstante, as personalidades devem engrenar, e não colidir. E as pessoas devem confiar no julgamento e nas especialidades de todos, mais do que na direção de gestores, para decidirem o que fazer".

Para refletir este fenómeno, Edmondson[77] usa a expressão *teaming*[78], referindo-se à progressiva necessidade de instituir *trabalho de equipa flexível*. Este trabalho é levado a cabo em equipas temporárias compostas por especialistas provindos de diversas disciplinas, áreas funcionais, organizações e países. Daqui podem decorrer dificuldades. Especialistas de diferentes áreas podem conflituar. Indivíduos de diferentes países ou culturas podem experimentar dificuldades de comunicação ou coordenação. Pessoas de diferentes áreas funcionais podem perfilhar diferentes valores ou priori-dades. Nas equipas virtuais globais, indivíduos trabalhando em diferentes fusos horários podem enfrentar dificuldades de trabalho conjunto. E, dado que as equipas são temporárias, torna-se mais difícil a criação de laços de confiança entre os membros da equipa e entre a equipa e entidades exter-nas. O projeto que conduziu ao Cubo d' Água, o centro aquático olímpico de Pequim, é ilustrativo[79]. Duas empresas de arquitetura desenvolveram di-ferentes conceitos, daí resultando tensão que foi necessário ultrapassar.

Para que este tipo de equipas seja bem-sucedido, é necessário desen-volver processos de *teaming* eficazes[80]. Trata-se, portanto, de *equipizar*, e não de gerir *a equipa*. O nome dá lugar ao verbo. Estes processos envolvem a criação de *hardware* e de *software*. Como se compreenderá posteriormente, muitos elementos destas duas componentes podem ser igualmente úteis para as equipas em geral. Referimo-los, desde já, para clarificar o signifi-cado do conceito de *teaming* e as suas implicações.

O *HARDWARE* DA GEOMETRIA VARIÁVEL

O *hardware* envolve três componentes: definição do âmbito de ação, es-truturação e definição de prioridades. A primeira componente significa que a equipa necessita de definir especificamente o desafio que tem a seu cargo, as competências especializadas necessárias para vencer o desafio, a identificação das pessoas detentoras dessas competências e a determina-ção dos papéis e responsabilidades que caberão a cada pessoa ou entidade. Por exemplo, a equipa que liderou o já mencionado projeto do Cubo d' Água começou por identificar as melhores empresas de engenharia e *design* da orla do Pacífico que estariam dispostas a trabalhar conjuntamente.

A segunda componente, a estruturação, representa uma espécie de *an-daime* temporário que auxilia na construção do *edifício*. Pode envolver estru-turas leves como (a) o agendamento de reuniões periódicas (por exemplo, para rever trabalho realizado) entre determinado tipo de membros, (b) a definição do espaço físico em que as pessoas trabalham no seio da equipa, (c) o encontro regular à hora do almoço entre os membros da equipa ou (d) a prévia definição de papéis. Embora estas medidas possam parecer tri-viais, são frequentemente negligenciadas no seio de equipas constituídas por indivíduos de diferentes origens que trabalham numa equipa temporária (e.g., equipa de projeto; equipa de urgência num hospital).

A terceira componente, a definição de prioridades na realização das tarefas, destina-se a coordenar mais eficazmente as ações interdependentes dos membros da equipa ou entre equipas que trabalham no seio da mesma equipa. O tipo de interdependência mais complexo, que carateriza muitas equipas fluidas e temporárias, é o *recíproco*: já não se trata de o trabalho de B depender do trabalho de A, mas de todos dependerem de todos para que o trabalho de equipa seja concretizado. Quando A e B são subequipas, que atuam no seio de uma equipa maior, a complexidade aumenta.

O *SOFTWARE* DA GEOMETRIA VARIÁVEL

O *software* que permite *equipizar* mais eficazmente envolve quatro elementos: (1) a ênfase no propósito da equipa; (2) a construção da segurança psicológica; (3) a capacidade de encarar o erro como oportunidade para a aprendizagem; (4) o fomento do conflito saudável. Estes aspetos serão desenvolvidos nos capítulos 4 e 5, pelo que aqui apenas importa sintetizá--los para que o leitor compreenda o seu significado.

Propósito

O propósito da equipa representa a sua razão de ser, o móbil que alimenta as ações dos seus membros. Para que a *equipização* seja eficaz, importa que duas condições sejam cumpridas. Em primeiro lugar, o propósito deve ter significado para os membros da equipa. Quando uma equipa de cirurgia cardíaca é confrontada com o uso de uma nova tecnologia, como encara o seu propósito: salvar mais vidas ou testar a valia técnica da nova tecnologia? Parece claro que a primeira missão contém mais *significado* do que a segunda.

Em segundo lugar, o propósito deve ser enfatizado, comunicado e clarificado. Esta ênfase é necessária mesmo quando o propósito é óbvio. A equipa que resgatou os 33 mineiros chilenos soterrados durante 70 dias na mina de San José, em 2010, foi recorrentemente alertada, pelo engenheiro sénior da empresa Codelco, para a *óbvia* missão: salvar as 33 vidas. Uma tal ênfase sistemática ajudou os especialistas (de diversas áreas, empresas e países) a resolverem mais rapidamente conflitos e a apoiarem-se mutuamente[81]. Em momentos críticos, foi importante que a equipa de resgate se consciencializasse do móbil fundamental: salvar 33 vidas.

Os 33 mineiros da mina de San José, no Chile, cujo resgate foi celebrado no Palácio Presidencial, a 24 de outubro de 2010[82]

Segurança psicológica

A segurança psicológica é a consciencialização dos membros da equipa de que podem mostrar fragilidades, pedir ajuda, fazer perguntas, expressar opiniões, pedir auxílio, mostrar discordância – sem que daí resultem repri-mendas ou perigos para a reputação ou a carreira dos próprios (veja Capítulo 5)[83]. Sem esta segurança, a partilha de informação e de conhecimento é mais pobre. As pessoas inibem-se de expressar pontos de vista, pelo que o risco de más decisões é maior – e os membros que cometem erros não os assumem.

Erro como oportunidade

A capacidade para encarar o erro como oportunidade para a aprendizagem está associada à segurança psicológica[84]. Nas equipas em que essa segurança existe, os indivíduos assumem os erros e desaires e partilham-nos. Assim ajudam outros membros a evitar cometer o mesmo erro. Dado que o erro é inevitável, as equipas mais eficazes são aquelas que o tomam como oportunidade para a aprendizagem.

Foi esta consciencialização que originou a quinta geração da CRM (*crew resource management*), um programa de gestão destinado à prevenção de erros aeronáuticos e à aprendizagem com os mesmos (veja Destaque 3.7). O programa envolve, entre outras componentes, a formação dos membros da tripulação para que comuniquem assertivamente e sem rodeios – mesmo que isso implique discordar de um comandante sénior, experiente e reputado. Nos termos deste programa, os erros devem ser enfrentados, qualquer que seja a posição hierárquica de quem o cometa. Devem depois ser discutidos, sem culpabilizações. E é necessário aprender com eles. Por exemplo, após cada voo, a tripulação reúne para discutir o que funcionou bem e o que correu mal durante o mesmo. Foi num quadro desta natureza que a NASA criou, em 1976, o *Aviation Safety Reporting System* (ASRS). É um sistema de reporte de erros cometidos – "confidencial, voluntário, não punitivo"[85]. Outros países criaram sistemas similares, estando hoje combinados no *International Confidential Aviation Safety Systems*[86].

Sublinhe-se o paradoxo: os erros cometidos em organizações onde os mesmos não "deveriam" ocorrer são assumidos, não são punidos (as regras assim o determinam[87]), e são encarados como oportunidades para que novos erros não ocorram.

SUPEREQUIPAS: ORIENTAÇÕES PARA A CRIAÇÃO DE VERDADEIRAS EQUIPAS

DESTAQUE 3.7
Crew Resource Management[88]

CRM é, fundamentalmente, um conceito focado no desenvolvimento do espírito de equipa, na fluidez da comunicação e na circulação da informação sem as peias da autoridade férrea tradicionalmente exercida pelos pilotos. Como consequência, foram instituídos eventos de formação CRM com esse intuito. Numa fase inicial, estes eventos foram alvo de grandes resistências. Com alguma jocosidade, alguns renitentes imputavam ao processo um teor quase psicoterapêutico. Todavia, com o decurso do tempo, as resistências declinaram e a CRM é, hoje, uma peça chave na filosofia de ação das tripulações e, por conseguinte, na formação/treino das mesmas. O comandante Al Haynes, agraciado com várias honrarias por ter poupado a vida de 184 passageiros (em 296) de um voo da United Airlines que estava votado ao desastre pleno, mostrou-se "firmemente convicto" de que a CRM jogara um papel chave nesse processo[89]. A formação em CRM tornou-se obrigatória na aviação comercial, a nível global, a partir dos finais da década de 90[90]. A mentalidade do piloto-macho, que encara o espaço aéreo como o terreno de demonstração das suas proezas, deu lugar a um processo de liderança que cruza dois elementos fundamentais:

- *Autoridade com participação*: o piloto exerce a sua autoridade mas está aberto a escutar os restantes membros da tripulação e a ser contraditado por qualquer membro da equipa.
- *Assertividade respeitadora*: os restantes membros da tripulação, respeitando a autoridade do piloto, são francos com ele, comunicam sem rodeios e confrontam-no respeitosamente com eventuais erros que possam estar a ser cometidos.

A filosofia CRM é hoje aplicada a outras áreas (incluindo as equipas de cirurgia médica, as urgências hospitalares, as centrais nucleares, as explorações de gás e petrolíferas, e a marinha mercante[91]) e de enorme relevância para a generalidade das organizações[92].

A ENERGIA DA ESTRUTURA E DO CONTEXTO

Naval Air Station Sigonella: a tripulação envolvida num processo de formação CRM[93]

CONFLITO SAUDÁVEL

O fomento do conflito saudável assenta no pressuposto de que a diversidade de perspetivas é vantajosa, pode aumentar os níveis de criatividade e contribuir para a melhoria da qualidade das decisões complexas. E pode evitar a normalização do desvio, matéria que antes discutimos. É necessário, porém, que a divergência não se transforme em conflito emocional nem se traduza em ataques pessoais que minam o espírito de cooperação e partilha. Este tema é discutido na secção do Capítulo 4 sobre conflito construtivo.

CONCLUSÃO

A eficácia das equipas envolve mais do que resultados. Também abarca a qualidade do relacionamento interpessoal e a aprendizagem mútua. A necessidade de considerar estes três critérios decorre do facto de as equipas serem espaços cujos membros realizam trabalho interdependente. Sem aprendizagem mútua e sem relacionamentos interpessoais produtivos, a qualidade do produto ou serviço acabará por declinar com o decurso do tempo, e a satisfação do cliente (interno ou externo à organização) também decairá.

Deste triângulo decorre a necessidade de se criarem mecanismos estruturais (*hardware*) e sociais/relacionais (*software*) que garantam a confiança e a cooperação, a partilha de informação e conhecimentos, e a entrega empenhada de todos os membros da equipa à missão da organização. Ou seja, é necessário definir e gerir os elementos estruturais e técnicos, mas também assegurar que os elementos sociais, relacionais e emocionais são corretamente canalizados para a prossecução da missão das equipas. Qualquer equipa necessita de uma estrutura ou *esqueleto*, ainda que flexível. Mas necessita, igualmente, de assegurar que os relacionamentos interpessoais, a cooperação, a confiança, a partilha e a aprendizagem contribuem para a prossecução eficaz da missão.

Este capítulo concedeu especial atenção ao *hardware* das equipas. O próximo capítulo debruça-se sobre o *software*. Discute as energias relacionais e emocionais que mobilizam os indivíduos para a concretização da missão ou propósito da equipa. Naturalmente, nenhum dos subsistemas funciona sem o outro. A distinção visa, apenas, simplificar a explanação.

Capítulo 4
Energias mobilizadoras:
Relacionamentos, emoções e missões

"A forma mais valiosa de comunicação [para a eficácia de uma equipa] é a comunicação cara a cara. O *e-mail* e as mensagens de texto são as menos valiosas."

Pentland (2012, p. 65).

"O primeiro passo para ganhar a guerra da conquista dos talentos consiste não em contratar estrelas mas em desenvolvê-las [internamente]."

Groysberg *et al.* (2004, p. 98).

2 + 2 = ?

A atmosfera das equipas pode promover o sucesso de organizações como a Google[1], mas também pode gerar o prejuízo de organizações poderosas como a HP ou a Wells Fargo. Na HP, a equipa de gestão de topo, liderada por Carly Fiorina, foi minada por rivalidades internas[2] – e pela soberba de Fiorina, reconheça-se[3]. Na Wells Fargo, uma instituição financeira dos EUA, a gestão de topo protegeu a deriva insensata de Carrie Tolstedt em direção a objetivos irrealistas – obtidos através de caminhos ínvios, como a criação de contas-fantasma[4].

SUPEREQUIPAS: ORIENTAÇÕES PARA A CRIAÇÃO DE VERDADEIRAS EQUIPAS

Sejam positivas ou negativas as dinâmicas no seio de uma equipa, o resultado global não corresponde à soma das partes. Pode ser maior, mas também pode ser menor. Ademais, emergem fenómenos no seio das equipas que os seus membros, separadamente, dificilmente conseguiriam vivenciar. Por exemplo, indivíduos tendencialmente corteses e emocionalmente estáveis podem ser *contaminados* por equipas tensas e turbulentas. Em determinadas equipas, se os seus membros não forem atentos e prudentes, incorrem no risco de adotar condutas inaceitáveis que não correspondem aos seus valores. Em dadas circunstâncias, mesmo os indivíduos mais éticos podem tomar decisões eticamente questionáveis no seio das equipas. Com o decurso do tempo, o desvio ético transforma-se num novo normal. A célebre experiência da prisão de Stanford[5], discutida no capítulo anterior, ajuda a compreender as razões. É impossível ser pepino doce numa barrica de vinagre.

Este capítulo discute a importância e a dinâmica dos relacionamentos e das emoções no funcionamento das equipas. Mostra porque as energias dos indivíduos são mais facilmente mobilizadas quando as missões ou propósitos da equipa são significativos – isto é, quando conferem significado ao trabalho das pessoas. O capítulo responde a questões como: quais os propósitos ou missões que mais mobilizam as energias dos membros das equipas? Em que medida a linguagem é relevante para o seu funcionamento? Porque é importante o conflito? Como se explica que *mais* conflito possa gerar melhores decisões e melhores resultados para a equipa? Como gerir o equilíbrio entre os objetivos individuais e os coletivos? Como promover o conflito construtivo no seio das equipas? Como promover os fluxos de comunicação positivos?

O PROPÓSITO E A MISSÃO DA EQUIPA

"Não há ventos favoráveis para o barco que não sabe para onde vai".

Séneca

"É como se o vento estivesse por trás de nós, e não na nossa frente"

"Nas fileiras das unidades militares ou das empresas, as tropas da linha da frente nunca têm uma perspetiva tão clara do panorama estratégico como

ENERGIAS MOBILIZADORAS: RELACIONAMENTOS, EMOÇÕES E MISSÕES

aquela que os líderes seniores gostariam que elas estivessem. É crítico que os líderes seniores transmitam uma compreensão geral desse conhecimento estratégico – o *porquê* – às suas tropas". Assim se pronunciaram Jocko Willink e Leif Babin[6], ex-Navy SEAL, num livro sobre os "segredos" de liderança desta unidade de forças especiais que, entre outras missões, tirou a vida a Bin Laden.

Com alguma frequência, as equipas conhecem as funções que lhes cabem, mas desconhecem a missão subjacente. Sabem o que fazer, mas não sabem *porquê* ou *para quê*. A articulação de uma missão ou propósito, congruente com a missão da organização, é apanágio das boas equipas[7]. Estas equipas sabem responder a questões como: Qual a nossa missão como equipa? Porque existimos? O que nos move? Como podemos ajudar a alcançar o objetivo da nossa organização?

Naturalmente, recomenda-se que o propósito da equipa seja empolgante[8] – desafiador e mobilizador de energias. Para ser mobilizadora, uma missão deve conter uma mensagem significativa em que os membros da equipa se revejam. Construir uma parede é um objetivo, mas participar na construção da catedral, trabalhando numa "equipa com espírito", pode ser uma missão. A atividade é a mesma: edificar uma parede. Mas os significados de "construir parede" e "construir catedral" são distintos. Ser rececionista nas instalações da NASA é uma função, mas contribuir, como rececionista, para colocar um homem na Lua é uma missão[9]. Os significados associados à mesma atividade podem ser muito distintos. Algo similar pode ser argumentado para as funções de limpeza em hospitais. "Fazer limpeza" num hospital é diferente de "manter o lugar asseado para benefício dos doentes". Esta segunda missão tem mais significado e veicula respeito e valorização pelos funcionários que exercem a função.

Uma boa maneira de identificar a mensagem mais profunda associada à atividade consiste em estimular os membros da equipa a perguntar: *porquê?* Na OutSystems, uma empresa portuguesa de TI, existe esta cultura. A resposta à pergunta ajuda a compreender a missão. Se uma equipa recebe a indicação de que deve preparar um plano de expansão para 10 países, aqueles que têm de executar o plano têm o direito (mais propriamente: o dever) de perguntar *porquê*. Porquê 10? Porque não cinco ou 12? Quais 10?

Segundo o CEO da OutSystems, Paulo Rosado, este debate ajuda a enriquecer o processo estratégico, a alinhar as várias partes da organização pelo mesmo diapasão estratégico, a criar motivação e a juntar ideias que, de outra forma, não se cruzariam. O debate também desenvolve o espírito

SUPEREQUIPAS: ORIENTAÇÕES PARA A CRIAÇÃO DE VERDADEIRAS EQUIPAS

de missão – e não apenas o mero desejo de cumprir ordens para execução. Uma missão inspira, o cumprimento de ordens não. Ou seja: as pessoas empenham-se mais quando sentem que o seu trabalho tem significado e realizam algo que vai para além do *mero* emprego.

Os líderes podem exercer um papel fundamental na formação e na comunicação deste sentido de propósito, que é benéfico para os membros da equipa, para o desempenho da equipa e para a própria organização. Mike Etting, CEO da SAP Success Factors, uma empresa de *software* de recursos humanos, expressou-se do seguinte modo numa entrevista[10]:

"Uma grande parte do modo como lidero resulta da noção de que o propósito é tudo. Estive em empresas cujos CEO fazem grandes sedes e falam acerca de lucros por ação. Mas isso não é relevante. As pessoas não querem saber disso. Portanto, a questão chave é: como é que crio um sentido de propósito que tenha significado para o indivíduo e para a equipa? E, muitas vezes, isso não significa falar de lucro por ação e de valor para o acionista, e de todo esse material que é ensinado nas escolas de gestão. (...) Entendo que 70% da liderança tem a ver com propósito. (...) É como se o vento estivesse por trás de nós, e não na nossa frente".

DESTAQUE 4.1
A nossa equipa existe para quê?

1.

Um artigo publicado na *Harvard Business Review*, em setembro–outubro de 2017, deu conta de como diversas organizações e equipas estão a identificar, e a operacionalizar, o propósito social subjacente aos seus produtos e serviços. Eis o que aí foi escrito sobre a Vaseline[11]:

"Em 2014, quando Kathleen Dunlop se tornou diretora global da marca global, o produto corria o risco de se tornar uma *commodity* nos Estados Unidos. Para crescer, precisava de encontrar novas formas de lembrar aos clientes existentes os principais atributos do produto, ao mesmo tempo que instruía a geração mais nova. Dunlop e a sua equipa determinaram que a resposta a este problema estava no *slogan* da marca 'o poder de cura da Vaseline' (...). Perguntando 'Onde é mais necessário o nosso poder de cura?', a equipa iniciou o processo de desenvolvimento de um propósito social estratégico para a marca. Através de entrevistas com profissionais médicos nos Centros de Controlo de Doenças, na Médicos Sem Fronteiras e na Agência das Nações Unidas para os Refugiados, a equipa percebeu que o gel Vaseline era uma parte indispensável dos *kits* de

> emergência de primeiros socorros. Nos campos de refugiados, por exemplo, condições de pele menores mas comuns, como fissuras e bolhas, poderiam tornar-se perigosas e debilitantes. [A vaselina] era, frequentemente, uma primeira resposta curativa. Com base nesta constatação, a equipa cristalizou uma estratégia de propósito social em torno dos cuidados de saúde para os mais vulneráveis – pessoas vivendo na pobreza ou em condições de emergência. Assim nasceu, em 2015, o Projeto de Cura Vaseline. (...). O Projeto não foi uma iniciativa de Responsabilidade Social ou um exercício de Relações Públicas; foi antes designado para associar os objetivos de negócio às necessidades sociais."
>
> **2.**
>
> Um exercício do tipo *elevator pitch*, por vezes recomendado, consiste em pedir à equipa que, em 30 segundos, explique a sua missão. A dificuldade em articular uma resposta imediata pode não ser bom sinal. Se o leitor é líder de uma equipa e pretende explorar a matéria, comece por solicitar a cada membro da equipa que, numa folha em branco, responda à questão: *Qual a missão, ou propósito, da nossa equipa?* Recolha as respostas e discuta as eventuais semelhanças ou disparidades entre as mesmas. Se pretender um debate mais profundo, convide os membros da equipa a responderem a quatro questões: (1) Quem somos nós como equipa? (2) Quem servimos? (3) Porque existimos? (4) Qual o nosso contributo para a comunidade?

Emprego, carreira ou vocação?

As pessoas trabalham por várias razões. Algumas fazem-no porque, simplesmente, precisam de trabalhar. Outras pessoas entendem o seu trabalho como parte de uma carreira. Desejam progredir, testar as suas capacidades, conquistar reconhecimento, prestígio, poder e dinheiro. Outras, ainda, entendem o seu trabalho como a resposta a um chamamento. Fazem o que fazem porque consideram que essa é uma vocação, uma missão que lhes cumpre prosseguir[12].

A maioria das pessoas, na maioria das equipas, talvez não chegue ao patamar do chamamento ou da vocação. A consequência é a perda significativa de potencial, tanto individual como coletivo, pois as pessoas que atuam por vocação extraem mais alegria e satisfação do trabalho (mesmo quando este implica sacrifícios[13]) e denotam melhores desempenhos. As equipas em que as pessoas trabalham por vocação são mais vigorosas. O "eu" transforma-se em "nós"[14]. A cooperação é mais vigorosa, a comunicação é mais fluida e transparente, o espírito de equipa é mais acentuado, o clima de confiança é revigorado e a perseverança do trabalho é maior[15]. E uma parte significativa da alegria na vida advém, precisamente, dessas experiências profissionais, humanas e relacionais. Por exemplo, muitos trabalhadores de jardins zoológicos trabalham com espírito de missão[16]: cuidar dos animais. Os salários podem ser modestos, mas a missão é nobre e energizadora. E o sentido de felicidade no trabalho é maior[17].

Os membros desta equipa trabalharão em prol do emprego, da carreira ou da vocação?[18]

As políticas da organização, as práticas de liderança e os objetivos norteadores da própria construção de equipas podem exercer um papel importante no fomento do espírito de missão e no sentido de vocação dos membros das equipas (veja Quadro 4.1). Se a equipa está meramente incumbida de executar ordens para concretizar objetivos, sem margem para gerar novas ideias e informar/moldar a sua própria missão e a da organização, então dificilmente trará oportunidades de realização aos seus membros. E se a equipa está apenas incumbida de fazer dinheiro para o acionista, o espírito de missão também tenderá a ser reduzido. Como referiu John Kay[19]: "Ninguém deseja ser sepultado com o epitáfio 'Ele maximizou o valor para o acionista'."

ENERGIAS MOBILIZADORAS: RELACIONAMENTOS, EMOÇÕES E MISSÕES

QUADRO 4.1   **Líderes promovendo o sentido de missão e o chamamento dos membros da equipa**

Tarefas ricas	Enriqueça as tarefas que as pessoas executam[20]. Permita-lhes que desenvolvam o seu potencial. Atribua-lhes tarefas com significado *e* faculte-lhes *feedback* sobre o desempenho. Não as tome como meros dentes de uma engrenagem.
Justiça	Atue com justiça. Garanta a equidade dos salários, das avaliações de desempenho e das sanções disciplinares. Assegure que os colaboradores têm *voz*, que os procedimentos são transparentes, que a imparcialidade é praticada e que as decisões são baseadas em informação exata e rigorosa. Trate as pessoas com dignidade e respeito, desenvolva relacionamentos honestos e éticos, comunique de modo franco e aberto, mostre interesse genuíno pelos direitos dos colaboradores.
Confiança	Promova um clima de confiança. *Não mate o mensageiro das más notícias*, atue de modo congruente com as suas palavras, dê o exemplo, cumpra as promessas, valorize os desempenhos dos colaboradores, fomente o relacionamento honesto e ético. Mas adote um clima de confiança realista e prudente – não uma confiança cega às violações e aos abusos.
Partilha de benefícios	Não distribua apenas sacrifícios. Democratizar sacrifícios e açambarcar os dividendos alcançados com esses sacrifícios gera sentimentos de alienação e desperdício de talentos. As pessoas perdem confiança nos líderes, na equipa e na organização – e dificilmente se dispõem a fazer novos sacrifícios. Tornam-se cínicos e descrentes.
Inquirição apreciativa	Adote processos de inquirição apreciativa[21]. Estes são processos focalizados nas forças e energias das pessoas, e nas oportunidades que daí resultam para fortalecer a vida organizacional. Indagam sobre o que há de melhor nas pessoas e buscam modos de colocar essas forças ao serviço do desenvolvimento pessoal e organizacional. Este paradigma toma as organizações como centros de relacionamento humano e considera que as relações florescem onde existe uma visão apreciativa das qualidades das pessoas e dos sistemas de relacionamento em que se inserem.
Conciliação entre o trabalho e a vida pessoal/familiar	Adote políticas de conciliação entre o trabalho e a vida pessoal/familiar. Dificilmente os seus colaboradores obtêm significado no trabalho se não puderem assumir as suas responsabilidades extratrabalho. Os seres humanos não são apenas *trabalhadores* – também são membros de famílias, da comunidade e de outras coletividades.

SUPEREQUIPAS: ORIENTAÇÕES PARA A CRIAÇÃO DE VERDADEIRAS EQUIPAS

Adequado rácio de positividade emocional	Promova um clima em que as emoções positivas (e.g., o entusiasmo, a alegria e o vigor) sejam promovidas[22]. Estas emoções tornam as pessoas mais criativas e mais propensas a aproveitar oportunidades, e fomentam relações interpessoais mais positivas – que, por seu turno, se traduzem em maior cooperação e desempenho. Mas não procure criar um paraíso na equipa: as emoções negativas também ajudam a trabalhar e a tomar melhores decisões. Por isso, o que mais releva é a promoção de um bom rácio entre emoções positivas e negativas[23].
Transformação de veneno em remédio	Não permita que as crises *envenenem* a organização[24]. Ao contrário, procure transformar o *veneno* em *remédio*, isto é, as crises em oportunidades para desenvolvimento da hiper-resiliência.
Liderança autêntica	Seja um líder autêntico e íntegro. Ajude os colaboradores a alcançarem a sua autenticidade. Procure compreender as suas próprias forças e fraquezas. Seja firme. Fomente o otimismo, a autoconfiança, a esperança, a coragem, a resiliência e o bem-estar dos seus colaboradores.
Comunidade de trabalho	Crie uma comunidade de trabalho repleta de respeito, solidariedade e coesão – e que alimente a necessidade de pertença que todos os seres humanos possuem. Desenvolva a ecologia emocional da sua organização[25]. Mas seja genuíno. Se detetam intuitos manipuladores, os seus colaboradores desenvolverão a desilusão, a alienação, a desconfiança e o cinismo.
Fazer *bem* negócios *bons*	*Acima de tudo*: assegure-se de que os produtos e serviços da equipa são realmente importantes para a organização e, idealmente, para a comunidade e a vida de outras pessoas. Ou seja, assegure-se de que faz *bem* negócios *bons*[26] – não apenas bons negócios.

Trabalhar com sentido de missão pode ser uma formidável fonte de energia psicológica. Uma equipa prosseguindo uma missão é muito mais poderosa do que um conjunto de tarefeiros com horário de entrada e de saída. Caro leitor, não nos entenda mal: nada nos move contra tarefeiros competentes. Apenas sublinhamos que uma equipa vocacionada, com espírito de missão, é potencialmente mais poderosa e eficaz[27] do que um conjunto de tarefeiros competentes.

Pense novamente o leitor no espírito de missão da equipa que se incumbiu de resgatar 33 mineiros chilenos da mina de San José, onde estavam encurralados, há 70 dias, a 700 metros de profundidade[28]. O responsável pela segurança, René Aguilar, referiu, aquando da saída dos mineiros: "Foi o dia mais feliz da minha vida. Mais do que feliz, um completo júbilo"[29]. O líder da equipa de resgate, Laurence Golborne, ministro com o pelouro das minas, afirmou: "Chamo a esse dia a epifania. Foi um momento mágico, algo extraordinário, fantástico"[30].

A equipa cuja missão nobre foi o resgate dos 33 mineiros da mina de San José, no Chile (12 de outubro de 2010)[31]

Pense agora num conjunto de baile que toca em casamentos para arredondar o salário. Naturalmente, o grupo cumpre uma importante função social e obtém alguma satisfação no ganho obtido. Mas parece claro que a banda não compete no mesmo campeonato que o cantor ou a banda movidos pelo desejo de mudar o mundo. Lembre-se do que foi referido a propósito dos Beatles, do FC Barcelona ou mesmo dos soldados soviéticos – atribuíram-se mais do que fazer música, ganhar jogos ou vencer a batalha.

Pense o leitor em duas imaginárias equipas da NASA, ambas testando as propriedades de determinados materiais a usar no primeiro voo à Lua. Uma equipa assume-se como simples testadora de materiais – a outra encara-se como uma importante equipa que colocará o primeiro humano na Lua. Em qual delas haverá maior sentido de missão? Imagine dois pedreiros a trabalhar na parede de uma catedral em construção. Qual destes se sentirá mais tocado pelo chamamento – o que se vê a construir a parede ou o que se entende como construtor de uma histórica catedral?

Mais uma vez, importa o esclarecimento: não é preciso querer mudar o mundo para responder a uma vocação e a um chamamento interior. Pessoas com ocupações aparentemente menores podem cumpri-las com enorme zelo e dedicação. Como antes referimos, os tratadores de animais em jardins zoológicos são, frequentemente, pessoas que trabalham com grande vocação e espírito de missão. O que mais os move não é o salário – aliás, quase sempre magro e pouco ajustado às suas habilitações[32]. O que os mobiliza é o seu amor aos animais e à natureza, o desejo de fazer um trabalho bem feito no exercício dessa missão.

Que o leitor nos permita uma pergunta: prefere um bom professor que trabalha pela carreira e pelo salário ou outro que trabalha por vocação, assim recusando até ofertas de trabalho com salário várias vezes superior? Prefere ser atendido por um médico desejoso de enriquecer – ou por outro com sentido de vocação para servir o doente?

O "EU" E O COLETIVO

"Meu amigo, o teu ego é uma porcaria se à primeira crítica vais aos arames e reages de forma completamente extemporânea. O ego, para ser bem considerado, tem de ter por base uma autoconfiança saudável e uma generosidade natural, construído para bem do próximo. Um ego mal construído vai destruir-nos a nós e maltratar os outros".

Pêpê Rapazote, ator da série *Narcos*[33]

A importância de dizer "nós"

O lema de uma das mais conhecidas equipas de sempre (*Os três mosqueteiros* – uma equipa constituída por quatro elementos) é igualmente reconhecido: um por todos, todos por um. Numa boa equipa, quando um perde, todos perdem, na formulação do Coach Clark[34]. A linguagem associada ao

ENERGIAS MOBILIZADORAS: RELACIONAMENTOS, EMOÇÕES E MISSÕES

funcionamento grupal não é despicienda. Uma boa equipa usa a linguagem para reforçar o seu modo de funcionamento. E um lema deste teor coloca a tónica na responsabilidade coletiva – para o bem e para o mal.

O modo como as pessoas reagem quando a equipa fracassa é particularmente importante. A equipa assume responsabilidades partilhadas ou procura um bode expiatório no seu seio? Procura aprender com o erro ou está mais preocupada em encontrar o culpado? A linguagem é uma janela para o pensamento. O uso do plural *nós* revela um sentimento coletivo, um foco na equipa. Um sinal de fraco espírito de equipa é demonstrado quando alguns se apressam a dizer que *Eu bem vos tinha avisado! Porque não me ouviram nessa altura?*

Sejamos claros: em todas as equipas, mesmo nas melhores, as sementes do fracasso existem sempre. Por isso, o discurso do *Eu bem vos tinha dito*, proferido pelas *Cassandras de vão de escada*[35], deve ser desencorajado. Poucas coisas serão mais perversas para o espírito de equipa do que a regular afirmação de superioridade por um dos putativos companheiros de viagem – mesmo na cozinha de restauração, como argumentou Anthony Bourdain[36]: "ter a ilusão de que se é melhor do que outrem, mesmo que isso seja verdadeiro do ponto de vista técnico, não é permitido".

Naturalmente, a responsabilidade individual é importante. O hábito de apontar o dedo à equipa para ocultar erros individuais é sintoma e causa da falta do sentido de responsabilidade, além de criar um clima de impunidade. Em algumas equipas, a responsabilidade pelos erros é sempre solteira – um estado civil que não casa com progresso. Não é esse o lema que aqui se pretende sublinhar. O que se assinala é que os membros da equipa devem estar prontos para a cooperação, a recolha dos louros e a assunção de responsabilidades, num clima de transparência e respeito mútuo. *Louros meus, erros vossos* – eis uma divisa que, mesmo escondida, mina o espírito de qualquer coletivo humano, sobretudo quando é usada pelo líder.

O interesse pelo outro – que é diferente de mim

A diversidade é um pilar fundamental das equipas – sejam elas desportivas, militares ou musicais. Uma equipa repleta de *Ronaldos* jamais seria bem-sucedida. Pessoas com diferentes qualificações e perspetivas encaram os problemas e as oportunidades de diferentes ângulos e, conjuntamente, alcançam decisões de melhor qualidade[37]. Acresce que a deficiência de alguns indivíduos numa dada matéria é compensada pela proficiência de outros nessa matéria, e vice-versa. Daqui decorre a necessidade de se instituir um clima de consideração e respeito pela diversidade. Sentir-se respeitado é uma necessidade humana fundamental. Quem se sente respeitado, como membro da equipa mas também como indivíduo *particular*, identifica-se mais com a equipa e o trabalho, coopera mais, é mais criativo e empenha-se mais no trabalho[38].

Este clima não emerge de modo espontâneo ou automático. Antes requer esforço individual e práticas de apreciação e conhecimento mútuos. Requer que os membros da equipa se conheçam, não apenas do ponto de vista estritamente profissional e técnico, mas também pessoal. Exige que estejam conscientes de que a comunicação é sempre incompleta e imperfeita, particularmente entre pessoas com histórias de vida pronunciadamente diferentes[39]. Requer que as chefias e os restantes membros da equipa façam um esforço para que a diversidade seja tomada por todos como uma fonte de oportunidades e não como uma ameaça à posição individual na equipa e na organização. Recomenda, ainda, que estejam conscientes, quando criam a equipa, de que a diversidade de níveis de competência pode ser perniciosa[40]. Esse processo deve ser ativamente gerido e não tomado como de germinação espontânea[41].

DESTAQUE 4.2
A virtude da heterogeneidade *não* está no meio?![42]

Os laços de confiança e de coesão no seio de uma equipa são relevantes para o seu sucesso. Nas equipas coesas, os seus membros estão mais capacitados para cooperar, pelo que os desafios podem ser enfrentados com mais vigor. Ou seja: a união faz a força[43]. Uma questão pertinente é a de saber qual o grau de heterogeneidade no seio da equipa que mais contribui para tal coesão e para a identificação dos indivíduos com a equipa. Contrariamente ao que possa supor-se, os maiores níveis de coesão e identificação podem ocorrer quando a equipa é homogénea ou muito heterogénea, sendo as equipas moderadamente heterogéneas as menos coesas.

Uma equipa homogénea é coesa porque os seus membros partilham valores e crenças comuns acerca do modo como cada um deve comportar-se. Uma equipa muito heterogénea desenvolve coesão porque os seus membros compreendem que, para interagirem de modo frutuoso, necessitam de cultivar um conjunto de valores

ENERGIAS MOBILIZADORAS: RELACIONAMENTOS, EMOÇÕES E MISSÕES

> partilhado (ou seja, uma cultura híbrida). Distintamente, numa equipa moderadamente heterogénea, os indivíduos identificam-se com os membros mais próximos, diferenciando-se dos restantes. Assim se formam subgrupos com subculturas específicas, dificultando a coesão da equipa como um todo. Os subgrupos e as subculturas também dificultam a aprendizagem, pois criam-se cliques e barreiras de cooperação entre as mesmas que impedem a partilha livre de pontos de vista e o respeito pela diversidade provinda dos outros grupos. Esta é mais uma demonstração de como a gestão de equipas requer cuidados redobrados e desaconselha leituras lineares.

Desenvolver interesse pelo outro – sem ser intrusivo – pode ajudar a compreendê-lo melhor. O que é referido no Destaque 4.5 a propósito dos líderes *infiltrados* na sua própria organização é paradigmático. Um dos autores deste livro soube, um dia, que um afável, pacato e discreto funcionário administrativo da sua organização era também cinturão negro de uma arte marcial. Esta constatação inesperada revelou que aquela pacatez coexistia com a necessária força e tenacidade para ascender ao estatuto desportivo de excelência. Esse autor deste livro compreendeu que *nem tudo o que parece é* – e que, por trás de uma aparente normalidade, pode estar uma força maior. Quantos cinturões negros desconhecemos à nossa volta?

A deficiente cooperação no seio das equipas não advém, apenas, do desconhecimento pessoal. Pode também provir de conflitos funcionais. Alguém começa a desgostar de outra pessoa porque ela lhe cria dificuldades. Do outro lado do espelho, desenvolve-se a reciprocidade: a outra pessoa começa a desenvolver aversão porque a primeira pessoa lhe coloca problemas. E a espiral de aversão mútua vai-se desenvolvendo.

Considere-se o seguinte processo: uma profissional de vendas de uma farmacêutica deseja abastecer o armazém com quantidades generosas de um medicamento, para o caso de ocorrer um surto de determinada doença durante o inverno. Todavia, a responsável pela logística não adere à ideia, pois o *stock* poderá nunca ser escoado. No processo, ambos os membros da equipa têm razões, mas a tensão funcional pode facilmente degenerar para tensões pessoais que dificultarão a colaboração futura.

Se a equipa ou a organização não dispuserem de mecanismos formais para resolver este tipo de tensões, a via informal pode ser necessária. Agendar uma conversa, por exemplo durante o almoço, para criar um ambiente mais informal, pode ser uma boa forma de discutir o assunto, sanar tensões e criar boa vontade. Naturalmente, a eficácia desta conversa está dependente da existência de um clima de confiança. Requer, também, humildade e autoconfiança das partes. Muitas pessoas detestam *dar o braço a torcer*, ou receiam que a cedência seja interpretada como fraqueza. O papel do líder, através do seu exemplo, pode ajudar a minorar estes riscos. Acima de tudo, importa que as partes não ingressem numa escalada de conflito. É mais fácil resolver tensões numa fase inicial – antes que as partes façam ataques mútuos que dificilmente têm retorno.

COMUNICAR PARA VIVER EM EQUIPA

A interação cara a cara

O exposto ajuda também a compreender outro elemento essencial na formação e desenvolvimento das equipas: a interação cara-a-cara é essencial e não pode ser substituída pelo *e-mail*[44]. Daí o título de um artigo publicado na *Harvard Business Review*[45]: "Um pedido cara-a-cara é 34 vezes mais bem-sucedido do que uma mensagem eletrónica!". Steve Jobs corroborou esta ideia[46]:

> "Existe uma tentação nesta nossa era das redes para pensar que as ideias podem ser desenvolvidas por meio do correio eletrónico e do iChat. Isso é disparatado. A criatividade provém dos encontros espontâneos, das discussões casuais. Vamos ter com alguém, perguntamos-lhe o que está a fazer, dizemos-lhe 'UAU', e rapidamente começamos a inventar todo o tipo de ideias" (...) Se um edifício não encoraja isso [os encontros espontâneos], perde-se uma grande quantidade de inovação e da magia estimulada pela serendipidade. (...) Por conseguinte, desenhamos o edifício [da Pixar] para colocar as pessoas fora dos seus gabinetes e misturarem-se no átrio central com pessoas que, de outro modo, não veriam"[47].

As equipas virtuais, que se reúnem através do espaço digital e cujos membros quase não se conhecem pessoalmente, podem ser uma via apropriada para projetos técnicos e de engenharia. Mas uma *verdadeira* equipa, no sentido mais convencional do termo, requer contacto pessoal, interação presencial, convívio social. Desse modo se constroem laços de confiança e cooperação profundos. Uma chave do sucesso dos Beatles parece ter resultado dos milhares de horas de trabalho conjunto. Naturalmente, a virtude está no meio – pelo que o excesso de convívio também pode ser perverso. Os membros da equipa também precisam de espaço para nutrir a sua individualidade e estar sós.

"Cara-a-cara" – escultura de Ray Smith, 1993, exposta no Waterlinks Boulevard, Park Circus, Aston, Reino Unido[48]

Interações positivas: o grande poder das pequenas coisas

Também não é irrelevante que nas equipas predominem as afirmações reprovadoras (e.g., repreensões e críticas) ou as apreciativas (e.g., elogios e comentários positivos e de encorajamento). A prevalência de afirmações reprovadoras inibe a partilha e a manifestação de perspetivas discordantes. Diferentemente, a predominância das afirmações apreciativas promove a partilha e a manifestação leal de pontos de vista distintos e, eventualmente, contrários à posição da maioria ou dos membros mais poderosos[49]. Os relacionamentos de elevada qualidade[50] no seio das equipas promovem a saúde e o bem-estar dos indivíduos, fomentam as emoções positivas e a criatividade, melhoram os níveis de cooperação e incrementam o desempenho.

SUPEREQUIPAS: ORIENTAÇÕES PARA A CRIAÇÃO DE VERDADEIRAS EQUIPAS

Um trabalho de Alex Pentland ilustrou a importância deste tipo de interações[51]. Usando um método sofisticado de análise de interações correntes desenvolvido no seu laboratório no MIT, o autor concluiu que as boas equipas se definem pela presença de cinco caraterísticas:

- Os membros da equipa falam e escutam na mesma medida, mantendo as suas contribuições curtas (isto é, o grupo pertence a todos).
- Olham-se mutuamente e as conversações são ricas em energia. O recurso ao *e-mail* como ferramenta de comunicação é secundário relativamente à comunicação cara-a-cara.
- Contactam diretamente uns com os outros sem precisarem de intermediação do chefe da equipa.
- Continuam as suas conversas fora das reuniões da equipa e, por vezes, mantêm conversas paralelas nas reuniões.
- Procuram informação fora da equipa e trazem-na para a equipa – isto é, atuam como equipas X (Destaque 3.2).

Dois elementos adicionais sugeridos por Pentland merecem destaque. Primeiro: o excesso de fluxos comunicacionais também prejudica o desempenho da equipa. A interpretação é simples: essas equipas despendem mais tempo a falar do que a agir. Ou seja: há *conhaque* em excesso. Segundo: as interações podem ser facilitadas pela criação de ambientes físicos de trabalho apropriados. Por exemplo, a colocação de mesas de grande dimensão no refeitório aumenta a probabilidade de os estranhos se encontrarem e conversarem (veja, também, Destaque 6.4, no capítulo 6).

ABENÇOADO CONFLITO

Evitar o conflito é conflituoso

O conflito é inevitável. Querer evitá-lo, a todo o custo, é uma fonte de conflito. Mesmo entre gestores seniores, podem emergir conflitos que requerem intervenção superior[52]. Mesmo nas equipas vencedoras, em que todos são vencedores, há uns mais vencedores que outros. Numa equipa de futebol, há estrelas, titulares indiscutíveis, titulares habituais, suplentes utilizados e outros. Todos são campeões, mas uns são mais campeões do que outros. No PSG, as estrelas Cavani e Neymar envolveram-se em conflito sobre quem deveria marcar penáltis.

Acresce que as pessoas perfilham valores, crenças, opiniões e pontos de vista diferentes para os mesmos problemas e oportunidades. Mesmo que todos tenham genuíno desejo de promover os melhores interesses da equipa, essas divergências acabam por dar azo a tensões. Este risco pode ser agravado quando as equipas são constituídas por membros provindos de diferentes especialidades, áreas funcionais ou culturas/países – algo que é progressivamente mais frequente. Essas pessoas norteiam-se por diferentes paradigmas e visões do mundo. As premissas em que se baseiam são, frequentemente, inconscientes, impedindo-as de compreender as premissas em que as outras pessoas assentem o seu pensamento. Marshall McLuhan observou: "não sabemos quem inventou a água – mas sabemos que não foi um peixe". Ou seja: o paradigma cultural pelo qual as pessoas se norteiam é, muitas vezes, invisível para elas próprias. Os peixes não veem a água em que vivem. Os humanos, quando longamente acostumados a um mau odor ou a um dado perfume, perdem a noção dos mesmos.

Ele não vê a água em que vive[53]

Por conseguinte, os conflitos são inevitáveis. As boas equipas sabem aprender com eles. Usam a energia das divergências para tomarem melhores decisões e evitam que o grupo se transforme num campo de batalha de egos à solta. O segredo está, sobretudo, numa regra de ouro: não confundir divergências de pensamento com animosidades pessoais, e não deixar que umas descambem nas outras[54]. Nas equipas em que se promove o debate respeitador num quadro de confiança, as pessoas sentem liberdade para expressar as suas preocupações em relação ao trabalho, e resistem a pressões para chegarem precipitadamente a compromissos ou consensos. Essas equipas também promovem a autoestima de todos os membros, mesmo daqueles que desempenham papéis secundários. Sabem duas coisas: (1) poucos atores têm preferência por papéis secundários; (2) mas são poucos os bons filmes sem bons atores secundários – de tal forma que Hollywood atribui um Óscar a este tipo de contribuições.

Fricção entre objetivos individuais e entre individuais e coletivos

Uma fonte potencial de conflito reside na possível fricção entre objetivos individuais e coletivos. As equipas têm objetivos definidos, mas cada membro também tem os seus próprios objetivos. Esta multiplicidade pode conter um potencial explosivo difícil de conter: objetivos individuais podem colidir com os objetivos da equipa e com outros objetivos individuais.

Numa equipa desportiva, a substituição de um jogador pode ser importante para a equipa. Mas isso não significa que o jogador é necessariamente capaz de prescindir do seu interesse para ajudar a equipa. Naturalmente, quando mais do que um jogador existe para o mesmo lugar, os objetivos individuais também colidem. Em muitas equipas empresariais, a situação não é muito distinta: ainda que os indivíduos pretendam contribuir para a equipa, também pretendem brilhar e prosseguir as suas carreiras. E essas pretensões podem colidir com os mesmos desejos de outros. Afinal, não há lugar no pódio para todos, e estar no pódio individual pode ser mais mobilizador para um jogador do que fazer a equipa vencer – ainda que afirmações politicamente corretas possam sugerir o contrário.

Muitos líderes argumentarão que os objetivos da equipa têm de estar acima dos objetivos individuais. Este é um discurso comum no meio desportivo, em que os objetivos individuais são claros (melhores contratos em melhores equipas). Os líderes defenderão e justificarão a sua intransigência em relação a este ponto. Poderão até obter a anuência verbal dos seus liderados. Mas que não se enganem: um objetivo supra-individual não elimina os objetivos individuais nem as rivalidades. Naturalmente, a tensão não é necessariamente perversa: um jogador que se esfalfa para manter o lugar e brilhar contribuirá para a vitória.

Por conseguinte, o que importa é que a tensão e a rivalidade sejam adequadamente geridas. Se não o forem, as fendas serão mais óbvias. Uma rivalidade saudável enquadrada por um líder virtuoso é uma força de potência grupal[55] (veja Destaque 4.3). Uma rivalidade doentia, caraterizada pela desconfiança e por ataques pessoais, intoxica a equipa. Nos piores casos, intoxica toda a organização com níveis de desconfiança insuportáveis, traduzidos em práticas desrespeitosas. O final do consulado de Carly Fiorina na HP é demonstrativo: a equipa de administração transformou-se num *saco de gatos* em que todos se vigiavam mutuamente e em que a confiança era um recurso demasiado escasso.

DESTAQUE 4.3
A sua equipa é potente?

A potência da equipa é o grau em que os seus membros acreditam que a equipa pode ser eficaz na realização das tarefas[56]. O facto de os membros acreditarem que são capazes de levar a cabo o seu trabalho individual com eficácia não significa que a equipa, como um todo, acredite que é capaz de ser bem-sucedida. Uma analogia: o facto de cada jogador do Manchester United acreditar que é bom jogador não significa, necessariamente, que a equipa como um todo acredita que é capaz de vencer os jogos. O facto de os músicos de uma banda acreditarem que são exímios praticantes do seu instrumento não significa que a banda acredite que, como banda, será bem--sucedida.

As investigações são claras: equipas mais potentes são equipas com melhor desempenho[57]. Uma equipa que começa com pouca potência pode ter dificuldade em adquiri-la. Entre os vários os fatores conducentes a uma elevada potência estão os seguintes[58]: (1) existe elevada confiança mútua entre os membros da equipa; (2) os membros da equipa cooperam, comunicam abertamente entre si e apoiam-se mutuamente; (3) os membros da equipa já interagiram previamente e a respetiva equipa foi eficaz; (4) os objetivos e a missão da equipa estão bem clarificados; (5) a equipa tem autonomia e autoridade para definir os meios de alcançar as metas; (6) o líder é apoiante, servidor e autêntico.

SUPEREQUIPAS: ORIENTAÇÕES PARA A CRIAÇÃO DE VERDADEIRAS EQUIPAS

> Se o leitor pretende saber se a sua equipa é potente, pergunte aos seus membros se concordam com as seguintes afirmações[59]:
> - A equipa acredita que é capaz de realizar devidamente o trabalho necessário.
> - A equipa espera ser reconhecida como uma equipa de elevado desempenho.
> - A equipa sente que consegue resolver qualquer problema que possa encontrar.
> - A equipa sente que nenhuma tarefa é demasiado difícil para ser realizada.
> - Quando trabalha com afinco e dedicação, a equipa consegue realizar o que parece impossível.
> - A equipa acredita que é capaz de produzir trabalho de elevada qualidade.
>
> Se a generalidade dos membros da equipa considerar que as afirmações são verdadeiras, então pode supor-se que a equipa tem elevada potência – e a probabilidade de ser bem-sucedida é maior. Note que a potência também é reforçada pelo desempenho: as equipas com melhor desempenho acabam por acreditar que serão bem-sucedidas. Neste processo, geram-se, pois, espirais virtuosas que importa promover.

Abertura e franqueza

A promoção do criticismo construtivo requer comunicação franca e aberta. Entre as 10 competências de liderança mais valorizadas por quase 200 líderes globais, de 15 países, emergiu a comunicação franca e aberta[60]. Esta competência, quando se transforma em atributo da equipa, permite que o inevitável conflito seja canalizado apropriadamente para o melhor desempenho. Equipas sem conflitos são campos de inércia. As boas equipas não são amorfas. Discussão de diferentes pontos de vista, disputas pelas melhores ideias, competição pelos lugares – eis traços que podem tornar uma equipa viva, em oposição à *paz dos cemitérios*. Edmondson referiu-se do seguinte modo aos conflitos que envolveram o projeto de construção do Cubo d' Água, no complexo olímpico de Pequim[61]:

> "Em vez de se separarem quando discordavam acerca do projeto para o centro olímpico aquático, os *designers* chineses e australianos chegaram a um novo conceito que entusiasmou ambas as partes. Teria algum dos projetos originais [de cada parte] vencido o concurso? Não podemos afirmá-lo. Mas a verdade é que a nova e partilhada solução – o Cubo d' Água – foi espetacular".

ENERGIAS MOBILIZADORAS: RELACIONAMENTOS, EMOÇÕES E MISSÕES

Algumas equipas sentem-se mais felizes quando há concordância generalizada e consenso. Reagem negativamente a quem, apresentando dúvidas e críticas, rema contra a maré. Apontam o dedo às *ovelhas tresmalhadas* que não se coíbem de destruir o clima de aparente consenso. Se o leitor trabalha numa equipa deste teor, seja cauto. Decisões complexas devem ser tomadas em clima de debate aberto. E o "desagradável" advogado do diabo, mais do que diabolizado, deve ser acolhido. A sua coragem crítica pode ser fundamental para tomar melhores decisões.

Santo "advogado do diabo"

A expressão "advogado do diabo" tem origem nos processos de canonização da Igreja Católica. Para que todos os factos fossem devidamente apurados e não se atribuísse a santidade a candidatos imperfeitos, a Igreja nomeava um advogado incumbido de apresentar provas de oposição à candidatura. A sua missão era encontrar falhas na *folha de serviço* do candidato. A expressão significa, hoje, a figura que expressa objeções a uma opinião ou tese.

Quase ninguém pretende fruir da fama de advogado do diabo, mas a presença desta figura numa equipa pode ser crucial para chamar a atenção para riscos escondidos e afastar a equipa de um rumo decisório menos ponderado. O papel do advogado do diabo é questionar as premissas inquestionáveis, as certezas e as regras estabelecidas[62]. Warren Buffett, um dos homens mais ricos do mundo, convidou um *trader* que estava a desinvestir na sua empresa para assumir esse papel numa reunião anual de acionistas da empresa[63]. Um estudo realizado com mais de 150 CEO mostrou que alguns recorriam a um painel de advogados do diabo[64].

A criatividade, a inovação e a originalidade também podem beneficiar com a presença do advogado do diabo[65]. Porventura por essa razão, o Cirque du Soleil atribuiu esse papel a um... palhaço: Madame Zazou. Compete-lhe tirar a organização do cinzento, desafiar, suscitar o pensamento original[66]. Madame Zazou "diz a verdade ao poder"[67]. Despende 20 horas por semana a saltitar nas instalações da organização. Tem carta branca para interromper reuniões, fazer perguntas e proferir comentários humorados[68].

A ideia pode parecer revolucionária, mas não difere substantivamente do papel do bobo da corte. A brincar a brincar se vão dizendo coisas sérias. Num contexto de decisão complexa, é crucial que o líder promova o pensamento divergente, o surgimento de diferentes perspetivas. É sobretudo importante que *não mate o mensageiro da má notícia* nem crie condições para que a *ovelha tresmalhada* que contraria a opinião dominante seja efetivamente abandonada/segregada.

Bobo da corte da imperatriz Anna, da Rússia, obra de Valery Jacoby, 1872[69]

Note-se que, em determinadas condições, é a própria equipa que não convive bem com a perspetiva de um pequeno punhado de dissidentes – segregando-os e tomando-os como fracos jogadores de equipa. Este cenário é perigoso, pois confunde lealdade e espírito de equipa com discordância de ideias. É preciso compreender que os indivíduos *mais leais* a uma equipa são os que se manifestam contra a posição dominante por considerarem que a equipa está em perigo, não são os *yes-men*, ou *caladinhos*, que se abstêm de apresentar posição própria por razões de calculismo pessoal, de seguidismo, ou simples cegueira momentânea.

Mais discordância gera menos erros[70]

"O conflito pode ser uma oportunidade para construir novos modos de compreensão, respeito e confiança."
Edmondson (2012b, p. 64).

Em 13 de janeiro de 1977, o comandante, o copiloto e o engenheiro de voo do voo JAL 8054, da Japan Airlines, dirigiram-se ao aeroporto.

ENERGIAS MOBILIZADORAS: RELACIONAMENTOS, EMOÇÕES E MISSÕES

O taxista tomou nota de que o comandante estava alcoolizado, pelo que avisou as autoridades do aeroporto. Infelizmente, a informação chegou aos responsáveis quando o avião já se preparava para partir. Durante o voo, ninguém foi capaz de remover o comandante do seu lugar – apesar do seu óbvio estado. Doze horas após o acidente (fatal), o seu corpo ainda apresentava entre 2,98 e 3,10 miligramas de álcool no sangue.

Tamanha inação resultou da incapacidade de jovens membros da tripulação em contrariarem um piloto experiente e respeitado. Ambos meteram a cabeça na areia – o que lhes custou a vida. Não é irrelevante, contudo, que tanto o copiloto como o engenheiro de voo fossem japoneses. A cultura japonesa preza o respeito pelos mais velhos; não é recomendável contrariar, assertivamente, os superiores. Neste como noutros acidentes aéreos, a cultura dos intervenientes contribuiu para agudizar a dificuldade em contrariar a autoridade. Quantos erros e quantos acidentes ocorrem como resultado de problema similar?

O acidente ocorrido com o Boeing 707-321, no voo da companhia colombiana Avianca, em 25 de janeiro de 1990, também pode ser explicado, parcialmente, por dois problemas de comunicação[71]. O primeiro foi o uso de comunicação excessivamente cortês e polida (portanto, indireta e ambígua), tanto dentro do *cockpit* como na relação entre o *cockpit* e a torre de controlo. De modo simples, pode caricaturar-se a situação do seguinte modo: a mensagem direta e inequívoca "Comandante, o nível de combustível é muito baixo" transformou-se na pergunta simpática "Comandante, qual o nível de combustível?". Consequentemente, a torre de controlo não compreendeu a gravidade da real situação – falta de combustível. O segundo problema, relacionado com o primeiro, foi que o piloto tinha fracas competências em língua inglesa e a sua interação com os controladores foi mediada/traduzida pelo jovem copiloto (28 anos). O erro foi fatal.

A tragédia do voo 052 da companhia colombiana Avianca (25 de janeiro de 1990) teria sido evitada se a comunicação entre o *cockpit* e a torre de controlo não tivesse sido redonda[72]

O que mais perturba nestas tragédias é que os problemas comunicacionais ocorrem quando estão vidas em jogo – inclusive dos próprios intervenientes. Imagine o leitor quantos erros se cometerão noutras situações em que imperam a comunicação com punhos de renda e a deferência perante figuras de autoridade. Quantos erros ocorrerão como consequência de uma cultura de "respeitinho" que dificulta a linguagem direta e assertiva?

Numa boa equipa, a crítica, a discordância e a partilha de pontos de vista são acolhidas e até promovidas. Nas equipas em que impera o receio de exprimir opinião e de discordar da maioria ou do chefe, o risco de fracasso é grande. Numa entrevista à revista *Human Resources Portugal*, António de Melo Pires, ex-diretor-geral da Autoeuropa, foi indagado sobre como definia e desenvolvia a sua equipa de gestão. Respondeu do seguinte modo:

"Para promover o desenvolvimento permanente da nossa equipa, temos de ter a capacidade de questionar as rotinas, os processos, promovendo uma atitude permanentemente crítica e orientada para a superação de objetivos. Através de uma cultura de melhoria contínua e inovação, com uma atitude ligeiramente inconformista, superamos os nossos limites e alcançamos desempenhos e resultados de excelência. Este é o fator diferenciador da nossa equipa."[73]

ENERGIAS MOBILIZADORAS: RELACIONAMENTOS, EMOÇÕES E MISSÕES

Entre as causas da tragédia do voo 801 da Korean Airlines (6 de agosto de 1997) esteve a fraca comunicação entre comandante e copiloto[77]

Se o leitor continua com dúvidas sobre a importância do questionamento e do espírito crítico constantes, consulte literatura sobre as razões subjacentes ao desastre do vaivém *Challenger*. O livro *Ética para engenheiros: Desafiando a síndrome do vaivém Challenger*[74] pode ser útil. E preste atenção ao capítulo que Malcolm Gladwell inclui no livro *Outliers*, sobre as razões pelas quais alguns acidentes aéreos ocorrem[75]. Gladwell mostra como os erros mais conducentes a estes tipos de tragédias se devem a deficiente trabalho de equipa dentro do *cockpit* e a problemas de comunicação no interior do mesmo, ou entre este e os controladores aéreos. Salienta, designadamente, como os acidentes podem ser facilitados por aspetos de natureza cultural e pela dificuldade de elementos da tripulação em questionar ou discordar de posições de autoridade. O livro de Hagen (*Confronting mistakes: Lessons from the aviation industry when dealing with error*[76]) é outro hino colossal à necessidade de os membros da tripulação revelarem desrespeito saudável pelos seus superiores mais experientes e mais graduados.

Pense o leitor na quantidade de disparates que se cometem em equipas porque as prima-donas ou as chefias não lidam apropriadamente com a discordância e a crítica, e os restantes membros da equipa se inibem de expressar genuínas preocupações e opiniões. Quando este clima de autocensura impera, o resultado é expectável: em vez de a equipa beneficiar de sete ou oito cabeças pensantes, é apanhada pela prevalência da perspetiva das prima-donas ou das chefias. A potencial diversidade de pontos de vista é totalmente desperdiçada e o risco de decisões disparatadas é maior.

AS EQUIPAS COMO SOPAS RELACIONAIS E ESPAÇOS EMOCIONAIS

O "efeito ouriço"

A positividade e a negatividade que temos vindo a discutir ajudam a compreender que as equipas, incluindo as virtuais[78], são *sopas* relacionais[79], ricas em ingredientes emocionais. A temperatura destas *sopas* é, com frequência, elevada. Algumas equipas são apaixonadas, ou *quentes* – dada a abundância de energia, caos positivo e alegria no seu pequeno ecossistema humano[80]. Outras são resignadas, nelas imperando energias negativas – e de baixa intensidade. Outras ainda são movidas por intensas energias competitivas e agressivas. E outras são alegremente acomodadas (veja secção *Emocionali-*

dade por todo o lado, no capítulo 1). Por conseguinte, ignorar a dimensão social e emocional das equipas é desaconselhável, podendo ser consideradas duas facetas.

Primeira: trabalhar em equipa gera sentimentos ambivalentes. Daqui decorre o *efeito ouriço*[81]. As pessoas desejam estar próximas umas das outras porque isso é, no fim de contas, o que carateriza uma equipa funcional. Todavia, se se aproximam demasiado, podem magoar-se. A analogia com os ouriços é clara: os ouriços protegem-se melhor do clima frio do inverno se se aproximarem mutuamente, mas picam-se e magoam-se se a proximidade for excessiva. O problema numa equipa é semelhante: a proximidade é boa, mas proximidade excessiva é nefasta. Os processos de aproximação, afastamento e rutura são processos marcadamente emocionais. Ajudará o excesso de proximidade a explicar o fim dos Beatles? Terão sido os *picos* de alguns dos seus membros a ferir a *derme* de outros?

Uma segunda faceta releva para a compreensão das equipas como espaços emocionais: as equipas são ambientes social e emocionalmente contagiosos[82]. As emoções de uns contagiam as dos outros[83]. E as emoções e condutas dos líderes sejam elas positivas ou negativas contagiam particularmente [84]:

> "Sabemos que as emoções são contagiosas. (...) Se tivermos um amigo que é feliz, a probabilidade de sermos felizes aumenta em 25%. Também sabemos que os comportamentos são contagiosos. (...) Se temos amigos obesos, é mais provável que nós próprios sejamos obesos. Se deixarmos de fumar, é mais provável que os nossos amigos também deixem. Rose McDermott, da Brown University, verificou que o divórcio é contagioso. Ela concluiu que se tivermos um amigo chegado que se divorcia, a probabilidade de nós próprios nos divorciarmos aumenta em 33%. Quisemos saber se este 'contágio social' afeta os líderes. (...) Esperançosamente, a nossa pesquisa demonstra que o impacto dos líderes é maior do que o que eles supunham. Eles fazem realmente diferença".

As equipas desenvolvem culturas fortemente influenciadas pelas emoções partilhadas. E as emoções dos líderes exercem um papel saliente, com impacto no funcionamento e no desempenho da equipa[85]. As interações fazem de cada equipa um *habitat* emocional com caraterísticas microclimáticas específicas. Nestes microclimas, as pessoas absorvem as emoções das outras, e o conhecimento mútuo torna o processo emocional mais estável e idiossincrático. Algumas equipas desenvolvem padrões relacionais positivos, outras deixam-se cair na armadilha de padrões negativos. As primeiras usam a equipa como um mecanismo de desenvolvimento e alto desempenho, as outras consomem os recursos dos seus membros na lide emocional[86].

O terreno emocional suscita vários desafios. Primeiro: indivíduos emocionalmente tóxicos e desprovidos de inteligência emocional podem minar o funcionamento de uma equipa. Por conseguinte, é necessário que a seleção dos seus membros seja cuidada e que os membros tóxicos sejam removidos ou neutralizados. Um segundo desafio é dirigido aos líderes, que devem fazer uma boa gestão emocional da equipa. Cabe-lhes evitar que as emoções tóxicas perturbem a cooperação e o espírito de equipa, canalizar as emoções positivas (como o entusiasmo e o vigor) para a realização empenhada do trabalho, e gerir a relação emocional com os adversários ou concorrentes. Terceiro desafio: manter a temperatura da *sopa* em níveis aceitáveis. Níveis excessivos de emocionalidade na equipa tendem a prejudicar a racionalidade das decisões: as emoções podem simplificar o pensamento racional e instrumental, em detrimento da qualidade decisória[87].

A regra básica parece ser a de que um bom líder de equipa revela autocontrolo emocional e evita explosões emocionais. Mas é provável que *no meio esteja a virtude* – e que alguma emocionalidade seja favorável, designadamente em determinados terrenos competitivos. Por exemplo, *Sir* Alex Ferguson é conhecido pelo seu temperamento. Simon Kuper, colunista do *Financial Times*, referiu: "O temperamento de *Sir* Alex é genuíno e aprendeu a usá-lo bem"[88]. "Bem", aqui, significa usar as emoções para suscitar entusiasmo, para gerar reverência dos jogadores ao líder e para alimentar um terreno no qual se cruzam emoções de cada jogador, do clube, da equipa e dos fãs. Do currículo abrasivo de *Sir* Alex fazem parte eventos sobejamente conhecidos, como ter atirado uma chuteira contra um jogador do Manchester United, David Beckham, em 2003 (veja Destaque 4.4 para outras *façanhas* emocionais de Fergie).

DESTAQUE 4.4
Quando a coisa descamba, *Sir* Alex Ferguson tira os jogadores do sério
– mas também retira deles o que eles têm de melhor

Eis como Pedro Candeias se referiu ao estilo abrasivo de *Sir* Alex Ferguson[89]: "Houvesse uma distinção para o melhor empregado, e esta seria entregue a Alex Ferguson, o funcionário do ano, todos os anos. Desde 1992. O troféu viria assinalado com um pequeno asterisco: '*Apesar de tudo'. (...) O 'apesar de tudo' é a azia que leva a zangas com jogadores, colegas e árbitros. (...) O que realmente enche a boca aos críticos (mais do que as pastilhas elásticas enchem a boca dele) é o tratamento que dá aos futebolistas. Mark Hughes comparou as gritarias a uma sessão num cabeleireiro *posh*: 'Um secador de cabelo'. Ferguson empunha-o quando a coisa resvala. 'Não há mal em perder a compostura pelas razões certas. Em 80% das vezes estava certo', disse. Assim justificou Alex Ferguson o bule de chá que enviou à cara de Gordon Strachan em 1980 (no Aberdeen) e a chuteira ao sobrolho de Beckham em 2003 (no Manchester). O homem tem pulso de ferro e palavrões na ponta da língua. 'Aquilo é *fuck* para aqui e *fuck* para ali', confessou Nani, em entrevista ao '*i*'. Ferguson é o único? Não. Guardiola, o tipo impoluto que até leu o '*Ulisses*', de James Joyce, também insulta jogadores, e Abidal chegou a confrontá-lo: 'Sou pai e um homem sério. Não estou aqui para estas coisas'. E José Mourinho também pôs, publicamente, Carvalho e Benzema no sítio deles. Ambos já tiveram os seus momentos (...). Mas nem um nem outro tiveram Paul Ince a bater-lhes à porta com uma pistola na mão. Alex tira os jogadores do sério, mas também retira o que eles têm de melhor."

Esta expressividade emocional requer dois comentários. Primeiro, poder-se-á perguntar: seria o desempenho da equipa melhor se *Sir* Ferguson denotasse mais autocontrolo emocional? Seria esta conduta do líder tolerada no caso de a equipa do Manchester United ser perdedora? Segundo: o que funciona bem neste tipo de equipas e com este tipo de líderes pode não resultar tão favoravelmente noutros contextos. Em equipas empresariais, dever-se-á mesmo duvidar da bondade de ações deste teor.

Em qualquer caso, um facto é indesmentível: as equipas são terrenos cuja emocionalidade não pode ser descurada e que afeta o seu desempenho. Encarar uma equipa como uma unidade meramente funcional-racional, descontando a faceta emocional, é uma simplificação grosseira. Lembremo-nos do ataque (também físico) de fúria de Sá Pinto ao treinador Artur Jorge. Pensemos nas tensões que, por vezes, ocorrem entre jogadores de uma mesma equipa desportiva. Recordemos as tensões emocionais, ou as explosões de alegria, que os membros de equipas empresariais experimentam perante eventos mais dramáticos ou mais entusiasmantes: uma decisão de liderança destrutiva, um elogio, uma vitória num concurso, uma discussão azeda entre colegas. Prestemos atenção à emocionalidade que frequentemente emerge no programa televisivo *Undercover Boss* (veja Destaque 4.5).

DESTAQUE 4.5
Líderes infiltrados que choram[90]

A série televisiva *Undercover Boss* chegou a Portugal, pela via da SIC Radical, sob o título *O colega misterioso*. Mostra proprietários e CEO de empresas *infiltrados* nas suas próprias organizações, vestindo a pele de funcionários aprendizes. Os executivos alteram a sua imagem, o nome e a história de vida, e fazem-se passar por funcionários inexperientes que necessitam de receber formação de outros trabalhadores. Desse modo, compreendem melhor o funcionamento da empresa e os desafios profissionais e pessoais que os próprios empregados enfrentam. Frequentemente, ouvem confidências dos *formadores* acerca das suas vidas privadas – a vida matrimonial, a perda de um filho, a dificuldade em pagar as contas, a recuperação após a toxicodependência. Naturalmente, de quando em vez, ouvem comentários sobre... o patrão, e sobre a empresa, que jamais esperariam escutar.

Na parte final do episódio, o líder, já na pele de "patrão", abre o jogo perante o *formador*. Frequentemente, a emoção toma conta da conversa. A surpresa do *formador* é intensa quando se apercebe do que exigiu ao seu *formando* – afinal, o seu *patrão*. Não raramente, o executivo esvai-se em lágrimas quando, perante o trabalhador ainda atónito, lhe afirma que ficou sensibilizado pelo seu grau de entrega à empresa, pelos sacrifícios que realiza para alimentar a família ou para pagar os estudos dos filhos. Uma jovem trabalhadora num *call center*, após ouvir encómios do patrão e saber que a empresa lhe vai financiar os estudos, desatou a chorar e perguntou ao patrão se lhe podia dar um abraço. Um executivo, cujo pai morrera cedo por não ter sido capaz de vencer o alcoolismo, esvaiu-se em lágrimas perante um empregado que tinha padecido de alcoolismo.

O programa mostra, antes de tudo, como os líderes das empresas podem ser grandes desconhecedores da realidade dos seus colaboradores e das equipas espalhadas pela organização. Revela como os líderes podem ser melhores líderes quando encaram os trabalhadores como *pessoas com vida* – e não como *autómatos* sem sentimentos. Mas mostra, também, como os membros organizacionais, do topo à base, são entidades altamente emocionais. Mostra, ainda, como a partilha emocional pode ser um nutriente capaz de construir melhores lideranças, melhores equipas e melhores organizações.

Regulando a vida emocional dos indivíduos e das equipas

A regulação da vida emocional da equipa é, portanto, um processo crítico, que ocorre a três níveis[91]: (1) ao nível individual, isto é, dos membros da equipa; (2) ao nível da equipa como tal; (3) ao nível das relações da equipa com o exterior. Pense o leitor no que sucede com uma equipa desportiva. Em primeiro lugar, é necessário gerir o processo emocional experimentado por cada jogador. Um exemplo: um dado jogador fica irritado por ser substituído. Outro: a natureza emotiva de um determinado jogador requer cuidados adicionais para que um eventual problema familiar ou amoroso não se repercuta negativamente na sua atuação desportiva. Na vida de uma equipa emocional, pode ser necessário lidar com um colaborador abalado com uma má avaliação de desempenho, ou que atravessa um drama familiar ou uma doença.

Em segundo lugar, é necessário regular os processos inerentes à equipa. Um exemplo: rivalidades entre jogadores podem repercutir-se no funcionamento da Seleção Nacional que inclua esses jogadores. Conflitos pontuais podem igualmente ocorrer. Em abril de 2017, após desafio entre Juventus e FC Barcelona, dois jogadores da equipa italiana desentenderam-se por causa da camisola que ambos pretendiam da estrela Messi. Um exemplo positivo pode ser encontrado no modo como foi gerido (e gerado) o processo emocional da seleção portuguesa de *rugby* (*Os Lobos*) no campeonato do mundo de 2007. O modo emocionado como os jogadores se comportavam quando ouviam o hino nacional (agarrados entre si e em lágrimas) é um reflexo paradigmático.

A maneira como o selecionador nacional de futebol lidou com as emoções da equipa quando esta não alcançava os resultados pretendidos no EURO 2016 ajuda a explicar porque a equipa não sucumbiu aos (quase) desaires, resistiu a adversidades e foi capaz de vencer a competição. Nas equipas empresariais, a gestão das emoções da equipa é igualmente crucial – quando a equipa experimenta conflitos interpessoais, um despedimento está a ser preparado (ou apenas temido), a equipa está excessivamente deslumbrada com os últimos sucessos ou a discussão em torno de uma questão técnica derrapa para o confronto de personalidades e o ataque pessoal.

SUPEREQUIPAS: ORIENTAÇÕES PARA A CRIAÇÃO DE VERDADEIRAS EQUIPAS

DESTAQUE 4.6
"Ricardo Carvalho e Pepe de pazes feitas"

O título em epígrafe é o de uma nota da Agência Lusa, publicada no *DN*, em 7 de setembro de 2011, acerca de um conflito entre os dois jogadores da Seleção Nacional de Futebol. Eis um excerto da notícia[92]:

"Os dois internacionais iniciaram hoje o treino com uma conversa amigável. Depois, com a 'bênção' de Ronaldo, trocaram sorrisos e abraços. (...) De acordo com a Agência EFE, os dois jogadores, que na terça-feira não tinham trocado qualquer palavra nos 15 minutos abertos, subiram juntos ao relvado e estiveram a falar durante alguns minutos. Trocaram abraços e até deram algumas gargalhadas. Nas fotos, os dois jogadores aparecem agarrados a Cristiano Ronaldo, dando a ideia de que este promoveu a paz entre os dois. Na semana passada, Ricardo Carvalho abandonou por vontade própria a concentração da seleção portuguesa, que preparava o encontro frente ao Chipre, de qualificação para o EURO 2012, após ter percebido que não iria ser titular, sendo rendido por Pepe. Ao que parece, o ambiente entre os dois jogadores não foi beliscado".

Em terceiro lugar, é imperativo gerir as interações emocionais entre a equipa e entidades externas como a imprensa e os adeptos. Como proceder quando, durante um desafio, os adeptos começam a apupar a equipa? Atente-se, por exemplo, no modo como José Mourinho procura atrair sobre si as emoções negativas dos outros, desviando-as dos seus jogadores[93]. Para compreender esta dinâmica emocional que resulta da interação entre a equipa e entidades externas, sugere-se ao leitor que visione o filme *Invictus* e tome nota do caldo emocional que envolveu a atuação da seleção sul-africana de *rugby* (*Springboks*) no Mundial de 1995. A tenacidade demonstrada pela equipa foi fortemente estimulada pela ligação emocional entre a mesma e um país em busca de afirmação, orgulho e identidade – um processo fortemente estimulado por Nelson Mandela através do capitão de equipa François Pienaar.

ENERGIAS MOBILIZADORAS: RELACIONAMENTOS, EMOÇÕES E MISSÕES

François Pienaar (à esquerda), um Springbok (representado por Matt Damon no filme *Invictus*) que teve grande impacto na liderança emocional da equipa em 1995[94]

Na vida das empresas, é igualmente necessário gerir as emoções decorrentes da relação entre a equipa e outras equipas e o resto da organização: quando uma equipa de membros dedicados experimenta ansiedade pela decisão de redução de pessoal tomada ao nível de topo; quando outra equipa se recusa a facultar informação pertinente à nossa; quando outra equipa nos vem "furtar" um membro importante ou quando a nossa equipa é atacada exteriormente.

Regulação das emoções individuais

O diretor-geral de uma empresa portuguesa de conteúdos deu conta, numa aula de MBA de um dos autores deste livro, de uma surpreendente escolha: depois de serem rejeitadas duas ou três ideias de um criativo de uma equipa, provavelmente seria mais sensato aceitar a terceira ou a quarta, mesmo que a ideia fosse de qualidade modesta. Razão: a rejeição sucessiva de ideias provindas do mesmo indivíduo pode prejudicar a sua posição na equipa, as interações com os restantes membros, e a própria equipa. Uma discordância substantiva (*i. e.*, sem carga emocional) pode converter-se num conflito relacional/emocional. Ou seja: o *veneno* oriundo da aceitação de uma ideia menos boa pode ser menos perverso do que o *veneno* experimentado por alguém que sente que as suas ideias são *sempre* rejeitadas.

Naturalmente, as *nuances* da gestão das emoções individuais são múltiplas. Como impedir que o estado emocional de um indivíduo influencie negativamente o seu trabalho? Como canalizar as emoções positivas de um indivíduo para o trabalho criativo? Como compreender se a vida emocional privada de uma pessoa está a influenciar o seu desempenho e a perturbar o funcionamento da equipa? E, se está, é recomendável tentar ajudar essa pessoa – ou pode a tentativa de ajuda ser considerada intrusiva? Em que medida o nível de inteligência emocional de cada membro da equipa deve ser usado como critério para fazer nomeações e atribuir tarefas e responsabilidades? Devemos tomar a empatia como critério de escolha dos candidatos a uma função de chefia?

A "teoria dos cinco chimpanzés"

A regulação das emoções ao nível da equipa, na sua globalidade, também comporta inúmeras *nuances*. Eis o que explica a "teoria" dos cinco chimpanzés[95]:

> "Existe uma teoria, que eu denomino 'teoria dos cinco chimpanzés'. Em zoologia, podemos prever o estado de espírito e os padrões comportamentais de qualquer chimpanzé sabendo como atuam e se sentem os cinco chimpanzés com os quais ele mais convive".

A "teoria" ajuda a compreender que um fenómeno incontornável da vida das equipas é o contágio emocional[96]: a tendência para que os membros da equipa partilhem o mesmo tónus emocional. As emoções do líder são especialmente contagiosas[97]. Uma emoção positiva ou negativa intensa partilhada pelo líder pode disseminar-se por toda a equipa. Mas todos os membros são fonte de contágio: as emoções podem transmitir-se numa equipa ou organização "tal como a eletricidade através dos fios elétricos"[98]. E esse contágio é, na maioria dos casos, inconsciente – as pessoas não se apercebem da sua ocorrência.

Outra *nuance* relaciona-se com a inteligência emocional da equipa como um todo, que pode afetar profundamente o modo como os membros da equipa interagem e trabalham. Uma equipa emocionalmente inteligente confronta os seus membros que violam as normas coletivas. Por outras palavras: é inteligente, do ponto de vista emocional, usar o confronto quando ele é necessário. Outros indicadores de inteligência emocional de uma equipa foram assim enunciados num artigo publicado na *Harvard Business Review*[99]:

> "A inteligência emocional de uma equipa resulta de pequenos atos que fazem uma grande diferença. Não se trata de um membro da equipa trabalhar toda a noite para cumprir um prazo; trata-se, isso sim, de agradecer esse ato. Não se trata de ter discussões aprofundadas de ideias; trata-se de pedir a opinião a um membro que está calado. Não se trata de harmonia, de ausência de tensão, e de todos os membros gostarem de todos; trata-se de reconhecer quando a harmonia é falsa e que a tensão é escondida, e de tratar os outros com respeito".

A gestão do equilíbrio emocional é igualmente importante. Ilustrando: após ter visto aprovado e elogiado pela administração da empresa o seu projeto, uma equipa pode desenvolver níveis excessivos de otimismo e confiança, levando-a a negligenciar riscos e dificuldades em projetos subsequentes. É necessário, pois, evitar o deslumbramento com os sucessos, o híper-otimismo e o excesso de confiança. Naturalmente, é também importante reagir devidamente aos fracassos. Algumas equipas, perante o erro e o fracasso, perdem sentido de eficácia e tornam-se menos empenhadas. Diferentemente, outras tomam os erros e fracassos como oportunidades para a aprendizagem e tornam-se mais resilientes. O modo como os líderes atuam pode ajudar a canalizar positivamente os fracassos. Entre as ações ao seu dispor estão as seguintes[100]: (a) ajudar os membros da equipa a conversar sobre o assunto; (2) felicitar as pessoas pela iniciativa, em vez de as culpabilizar pelo erro (honesto).

SUPEREQUIPAS: ORIENTAÇÕES PARA A CRIAÇÃO DE VERDADEIRAS EQUIPAS

QUADRO 4.2   Como podem os indivíduos e a equipa promover a inteligência emocional da mesma?[101]

Cada indivíduo (líder incluído)	A equipa
• Conheça os outros. • Preocupe-se com eles. • Se o outro adotar conduta indesejável, pergunte e escute. • Partilhe sentimentos e esteja disponível para compreender os dos outros. • Pergunte às pessoas mais caladas o que pensam. • Desconfie de decisões muito rápidas. • Ajude os outros e agradeça a ajuda. • Valorize as contribuições dos outros. • Respeite as diferenças e as idiossincrasias de cada um.	• Encontrar tempo para que a equipa avalie a sua eficácia. • Refletir sobre os processos de funcionamento da própria equipa. • Indagar os "clientes" da equipa sobre o desempenho da mesma. • Encontrar tempo para discutir assuntos difíceis. • Criar condições de divertimento para libertar o stresse e a tensão. • Aceitar as emoções das pessoas. • Reconhecer e discutir o estado de espírito da equipa. • Elogiar a equipa. • Antecipar problemas e atuar antes que surjam. • Focar a solução de problemas, não a culpabilização. • Instituir a figura do advogado do diabo (ou permitir que diferentes pessoas assumam esse papel). • Definir regras e normas, e ser assertivo com quem as viola.

Regulação emocional das pontes com o exterior

Equipas enquistadas e fechadas sobre si próprias, mesmo que intensamente entusiasmadas no trabalho, podem criar *estufas* emocionais que as impedem de compreender a temperatura emocional exterior, no resto da organização. Podem depois ser surpreendidas ao verificar que uma ideia que tanto as entusiasmava é acolhida com frieza pelo resto da organização.

Acrescente-se que o fechamento de uma equipa sobre si própria e a escassez de ligações com o resto da organização cria disfuncionalidades que se abatem sobre a própria equipa. Esta pode desenvolver uma mentalidade do tipo *nós contra o mundo* ou *o mundo contra nós*. Embora possa promover a independência, esta mentalidade também pode resultar em relações adversativas com outras partes da organização. Mesmo que a intenção da equipa seja positiva, o processo é perverso. Equipas fisicamente separadas da organização parecem ser especialmente propensas a este processo, já batizado como

ENERGIAS MOBILIZADORAS: RELACIONAMENTOS, EMOÇÕES E MISSÕES

o efeito de *Nut Island*. Este efeito foi cunhado em *homenagem* a uma equipa de trabalhadores dedicados da estação de tratamento de resíduos de *Nut Island*, no estado americano de Massachusetts. As normas grupais bem-intencionadas degradavam a qualidade das águas que era suposto melhorarem[102].

A existência de equipas que se posicionam como ilhas, ou silos, é um fenómeno mais comum do que seria desejável[103]. Gillian Tett ilustrou o fenómeno, no *Financial Times*[104]:

"Numerosas instituições estão marcadas pela fragmentação interna, conduzindo ao tribalismo e à visão de túnel. Um olhar sobre recentes escândalos empresariais revela repetidos exemplos. Tome-se a BP. Quando os investigadores cavaram no desastre de derramamento de petróleo ocorrido em 2010 no Golfo do México, descobriram que os especialistas técnicos envolvidos nas operações quotidianas tinham sabido dos problemas (...) desde há anos. Os engenheiros especializados da plataforma tinham pouco contacto direto com os 'especialistas de segurança', que era suposto controlarem os riscos; eles sentavam-se em diferentes silos organizacionais (...). Ou preste-se atenção à finança. (...) Os grupos financeiros estavam tão fragmentados que era quase impossível para os gestores, reguladores e empregados ligarem os pontos – e verem os riscos".

Como vencer esta fragmentação? Importa criar espaços e eventos que facilitem a interação de pessoas de diferentes equipas[105]. Quando a jornalista Rosália Amorim interpelou o líder da Renova com a pergunta "É por isso que as 30 pessoas que trabalham perto de si estão num *open space* informal, que até tem dois baloiços?", Paulo Pereira da Silva respondeu[106]:

"A inovação é como uma bola de neve. Uma invenção até pode surgir durante um almoço ou um café. É por isso que tudo está feito para que as pessoas tomem café juntas, almocem juntas, conversem enquanto andam de baloiço. É por isso que estão sentadas perto umas das outras, misturando áreas distintas. A cultura de inovação tem a ver com a vivência no dia a dia e com a vontade de crescer."

Outra via facilitadora do derrube de muros é a rotação das pessoas por diversas equipas da organização. A Facebook implementou um programa deste teor denominado *hackamonth*[107]. Qualquer engenheiro que tenha despendido mais do que um ano numa equipa específica pode ingressar num novo projeto de uma equipa distinta. Findo um mês, pode decidir se permanece ou regressa à anterior equipa. Ao trabalharem fora do seu silo, as pessoas adquirem compreensão de outras realidades, olham para os problemas e oportunidades a partir de outras perspetivas, adquirem competências transversais, desenvolvem canais de comunicação com o exterior e formam uma visão holística da organização.

CONCLUSÃO

As equipas necessitam de estrutura, mas é necessário que a mesma seja insuflada de vida. Esse sopro provém dos relacionamentos, dos fluxos comunicacionais e das partilhas emocionais que permitem aos membros da equipa trabalhar conjuntamente em prol de um propósito desejavelmente apelativo e mobilizador. Não há boas equipas se essas energias relacionais e emocionais não forem devidamente geridas. Neste capítulo, demos conta de que essa boa gestão requer o cumprimento de alguns requisitos:

- Importa que a equipa seja mobilizada para a prossecução de uma missão ou propósito inspirador, isto é, com significado.
- A equipa deve ser gerida como um organismo vivo saudável: (a) promovendo o respeito mútuo e relacionamentos positivos e cooperativos entre os seus membros, (b) disciplinando os egos individuais sem impedir o entusiasmo das estrelas talentosas, (c) e criando confiança que permita às pessoas comportarem-se como agentes livres e não se sentirem coagidos nas ações e na expressão de pensamento.
- Todavia, a vida no seio das equipas não é necessariamente *celestial*. O conflito emerge. Os erros cometem-se. E o caldo emocional, por vezes, aquece excessivamente. O que distingue as boas equipas é a capacidade de (a) gerirem o conflito de modo construtivo e (b) regularem as emoções de modo apropriado.

Quando as comunicações fluem e quando o espírito cooperativo e a edificação construtiva do conflito abundam, o resultado é o aumento das probabilidades de a equipa se transformar num espaço de aprendizagem e desenvolvimento. Uma condição essencial para que isso ocorra é a segurança psicológica. Uma equipa está repleta de segurança psicológica quando os seus membros sentem que podem expressar livremente os seus pensamentos e sentimentos. Sem esta segurança, a partilha de informação e a transferência de conhecimento são mais pobres, e as pessoas inibem-se de expressar pontos de vista, pelo que o risco de más decisões é maior. Ademais, as pessoas que cometem erros (honestos) não os assumem – impedindo que outras pessoas aprendam com os mesmos. Naturalmente, não basta haver segurança psicológica na equipa. Um forte espírito de responsabilidade, responsabilização e exigência é igualmente necessário. Sem ele, a equipa pode transformar-se num mero clube de amigos. É esse o tema do próximo capítulo.

Capítulo 5
As equipas como espaços de aprendizagem e desenvolvimento

"O que Bezos aprendeu na Amazon foi que 'o fracasso é parte integrante da invenção'. Quando se está a inovar, a falha não é uma opção; faz parte de tentar algo que ninguém tentou antes. As pessoas mais convencionais são, frequentemente, as que jogam seguro e não tentam inovar. Contrate pessoas que falharam a tentar fazer algo audaz, pois são as únicas que serão bem-sucedidas em algo audaz".

Chen (2016).

"Adoramos a perfeição, porque não a podemos ter; repugná-la-íamos, se a tivéssemos. O perfeito é desumano, porque o humano é imperfeito."
Fernando Pessoa

"Pedras no caminho? Guardo todas, um dia vou construir um castelo..."
Fernando Pessoa

A EXCELÊNCIA DO ERRO – O ERRO DA PERFEIÇÃO

"Todas as pessoas cometem erros, mas apenas as pessoas sábias aprendem com os mesmos". Esta expressão de Winston Churchill[1] está refletida em diversos provérbios: "errar é humano"; "só não erra quem não tenta"; "quem não arrisca não petisca". Esta sabedoria parece colidir com recomendações como "devemos procurar fazer bem à primeira", "a persistência é a irmã gémea da excelência", ou "a busca da excelência deve ser um hábito". Haverá incongruência entre estas diferentes afirmações? Eis a resposta: a excelência e o erro são entidades parceiras na caminhada de desenvolvimento dos indivíduos e das equipas. Quando as equipas focadas na excelência não admitem o erro, é muito provável que jamais encontrem a excelência.

Na primeira parte do capítulo, argumentamos que, no processo de desenvolvimento individual e coletivo, o "caráter vence o talento". O talento é importante. Mas, sem caráter, o talento pode ser indevidamente usado. Mais: o caráter ajuda a desenvolver o talento. Eis o que foi escrito sobre Fernando Pimenta, o canoísta português amplamente medalhado[2]:

> "Era forte mas descoordenado, passava a vida a virar o barco. 'Era muito mau, ficava sempre em último', recorda Hélio Lucas, que o acompanha desde a primeira vez que entrou num caiaque. (...) 'Tinha cá uma energia! Não parava, liderava as brincadeiras todas', responde o técnico. 'Foi só pegar nessa força de vontade e encaminhá-lo, levá-lo no bom caminho. O Fernando nunca deixou de trabalhar nem de acreditar, foi isso que o levou onde está hoje. Foi essa determinação, essa vontade de querer ser melhor, de querer chegar mais além, de bater os seus recordes. Mesmo nos momentos mais difíceis, nunca atirou a toalha ao chão.' (...) Não correu sempre bem. O primeiro inverno, por exemplo, foi muito complicado. 'No verão, as coisas são um pouco mais fáceis. No inverno está muito mais frio, dentro e fora de água, apanhamos muito vento, muita chuva, o rio está muito mais agitado, é ainda mais difícil manter o equilíbrio. É o verdadeiro teste para quem quer fazer canoagem', afirma o canoísta. Houve quem achasse que o miúdo nunca daria nada de especial. Lucas pediu-lhes paciência."

O carácter de Pimenta foi a sua fonte de desenvolvimento. Transformou-o em melhor canoísta, tanto a nível individual como enquanto membro de equipa. Na primeira parte deste capítulo, para reforçar a importância do caráter dos membros da equipa, socorremo-nos da seleção neozelandesa de *rugby*, All Blacks. Na segunda parte do capítulo, focamo-nos nos erros como oportunidades para a aprendizagem e o desenvolvimento. Os erros são inevitáveis nas equipas que pretendem melhor, desenvolver-se e lutar pela excelência. Sendo os erros incontornáveis, é crucial desenvolver condições para aprender com eles. E a condição essencial é a segurança psicológica – para assumir o erro, pedir ajuda, discordar da maioria, questionar o líder, "abrir o bico". Em suma: para falar. O silêncio e o consenso podem ser confortáveis – mas são perigosos e, a prazo, são uma fonte de desconforto e miséria.

Monumento dedicado aos All Blacks[3]
("A equipa está no topo")

O capítulo está imbuído de uma ideia-chave: um critério de avaliação da eficácia das equipas é o grau em que os seus membros, e a equipa como um todo, aprendem. As melhores equipas podem ser definidas como parcerias orientadas para a aprendizagem. Aprendem a realizar o trabalho conjunto e ajudam a empresa a cumprir os seus desígnios. Uma equipa que, por soberba ou falta de inteligência coletiva, não aprende com os erros do passado tende a cometer os mesmos erros no futuro. E pode cair no precipício.

O TRIUNFO DO CARÁTER SOBRE O TALENTO

Desenvolvimento individual e coletivo

Uma equipa que desenvolve os seus participantes é mais apelativa e mobilizadora. É também mais bem-sucedida. Pense em grandes equipas desportivas que transformam jogadores modestos em brilhantes. Pense em equipas modestas que se transformam em grandes equipas (e.g., Leicester City, temporada 2015–2016) precisamente porque as dinâmicas coletivas transformam positivamente os jogadores, em prol do estrelato pessoal e da equipa.

As pessoas, designadamente as estrelas, fazem boas equipas. Mas as boas equipas também fazem estrelas. Assim se compreende como alguns atletas são fenomenais em algumas equipas – mas medianos noutras. As estrelas mais brilhantes, aliás, tendem a ser bons jogadores de equipa porque sabem que necessitam do poder da equipa para melhor expressarem as suas qualidades[4]. Há quem sugira que o estrelato de Messi se deve, pelo menos em parte, às particularidades da equipa em que tem atuado[5]:

"No futebol do Barcelona há uma estratégia: e ela passa pelo pequeno grande jogador. Mas ele é apenas mais um jogador de uma família: é por isso que fabulosos intérpretes como Xavi, Cesc ou Iniesta se curvam para o servir, sem dramas. Fala pouco e joga muito. Messi tornou-se o líder da equipa quando, para permitir isso, o Barcelona vendeu Ronaldinho e Deco (...). Foi uma decisão arriscada, mas que mudou o balneário. A partir de então, toda a equipa se move ao ritmo de Messi. Mas há uma moeda de troca: o argentino sabe que a equipa foi moldada à sua imagem, mas também sabe que necessita da equipa para vencer. Sem aqueles jogadores, que gravitam incansavelmente à sua volta, Messi não chegaria tão longe."

Relembremos o que sublinhamos no Capítulo 1. Numa pesquisa realizada com analistas financeiros "estelares" que transitavam para outras empresas, verificou-se que o desempenho de algumas estrelas declinava depois da mudança[6]. Eis uma razão explicativa: o desempenho da estrela era também fruto da equipa em que antes trabalhava. Ao mudar de equipa, o brilho da estrela declinava. Compreende-se, pois, porque as melhores equipas são zelosas não apenas do talento, mas também do caráter dos seus membros. Por caráter entende-se, aqui, uma combinação exigente de qualidades como perseverança, humildade, e capacidade para vergar o ego ao propósito da equipa.

Melhores seres humanos fazem melhores equipas

Nas boas equipas, os seus membros progridem do ponto de vista profissional, mas também no que concerne às competências relacionais, às capacidades emocionais e à aptidão para trabalhar cooperativamente em prol do coletivo. As melhores equipas são alimentadas por dois desígnios: gerar melhores profissionais, do ponto de vista técnico, mas também seres humanos com caráter. O mantra da seleção neozelandesa de *rugby*, All Blacks, é *Better people make better All Blacks*. A equipa não pretende jogadores apenas tecnicamente bons – também deseja jogadores com caráter[7] (veja Quadro 5.1). Eis a premissa[8]:

"Uma coleção de indivíduos talentosos, mas sem disciplina pessoal, acabará por falhar. O carácter triunfa sobre o talento".

QUADRO 5.1 **O legado dos All Blacks**[9]

Lição	Explanação	Qualidades e valores veiculados
O caráter vence o talento	Pode desenvolver-se o talento, mas não se pode mudar o caráter. O caráter é importante para manter a "família" unida. "O caráter triunfa sobre o talento".	Caráter.
"Nunca sejas demasiado grande para fazer pequenas coisas que têm que ser feitas".	Após cada jogo, antes de deixarem o vestiário, alguns jogadores mais famosos fazem (literalmente) limpeza das instalações. É impossível alcançar grande sucesso sem ter os pés bem assentes no chão.	Humildade. Pés assentes no chão.
Nunca dê o sucesso por adquirido	O líder e cada jogador devem assumir que nada está garantido. Pode estar-se ora no topo do mundo, ora no fundo da escada. É preciso mudar quando se está no topo. Quem é soberbo acaba ultrapassado.	Melhoria contínua. Humildade.
Jogue com propósito	Os membros da equipa devem jogar em prol de objetivos partilhados. Os líderes devem ajudar os jogadores a associar o significado da sua ação com o propósito mais amplo da equipa – assim criando um sentido da direção a seguir.	Equipa como coletivo, e não soma de indivíduos.

Passe a bola	Os líderes geram outros líderes. A equipa é repleta de líderes.	Liderança partilhada.
Crie um ambiente de aprendizagem	Os líderes são professores. Promovem a aprendizagem e o desenvolvimento contínuo dos outros. Incutem a ajuda mútua, tendo em mente o desenvolvimento do coletivo.	Generosidade no apoio ao desenvolvimento.
Sonhe grande	Importa ser ambicioso e melhorar continuamente.	Ambição.
Treine para vencer	Pratique para vencer em ambiente de elevada pressão. É preciso trabalhar mais do que os outros para fazer a diferença.	Esforço. Dedicação.
Mantenha a cabeça fria	Mantenha a cabeça fria em momentos de stresse e tensão.	Autocontrolo.
Conheça-se a si próprio	Conheça-se a si próprio, descubra as suas forças e fraquezas, identifique áreas em que deve melhorar.	Autoconhecimento.
A equipa é um mundo comunitário	Trabalhe conjuntamente, coopere, partilhe experiências, procure desenvolver laços comuns, crie uma língua comum.	Comunidade.
Sem sacrifício não há excelência	O bom não é suficientemente bom. É preciso espírito de sacrifício para ajudar a comunidade a vencer e prosperar.	Espírito de sacrifício. Dedicação.
Crie uma equipa única	Outras equipas podem copiar o modelo de jogo. Mas não podem copiar a cultura e a herança de um povo que a equipa representa.	Singularidade cultural.
Jogue em prol do nome que está no peito da camisola, não nas costas	Proteja e reforce a reputação da equipa. Trabalhe, não para glória pessoal mas em prol da camisola que representa.	Vida exemplar. Sentido de comunidade.
Escreva o seu legado	Atue para o que o seu legado honroso seja lembrado pelas futuras gerações. "Plante árvores que nunca verá" – mas que serão vistas pelas futuras gerações.	Vida exemplar.

O leitor poderá ser tentado a pensar que, do ponto de vista estritamente organizacional, apenas a primeira vertente releva. Não incorra nesse erro. Pense nos talentos brilhantes que naufragaram, como profissionais e como pessoas, por não terem arcaboiço virtuoso suficiente. Vítor Batista foi um excelente jogador de futebol e ganhou muito dinheiro, mas terminou cedo a carreira. Trabalhou depois como coveiro e morreu, precocemente, na miséria. Luís Figo, que foi estrela da seleção nacional de futebol e chegou a ser eleito "o melhor jogador do mundo", afirmou numa entrevista[10]:

"Tive muitos companheiros muito melhores do que eu mas que por uma razão ou outra não conseguiram atingir aquele nível. Eu acho que a qualidade [técnica] não é o mais importante. (...) Dedicação, treino, persistência, mentalidade, paixão: isso supera 100 vezes a qualidade técnica e individual".

Pense numa equipa composta por estrelas técnicas, mas desprovidas do caráter necessário para interagirem virtuosamente, saberem lidar com o fracasso, respeitarem colegas e rivais, e serem cidadãos respeitadores. Algo similar ocorre no mundo empresarial. Muitos escândalos e fracassos têm resultado de falhas de caráter nas equipas de gestão – não de insuficiências técnicas. A humildade para aprender com os erros e os fracassos é uma das forças de caráter mais relevantes no funcionamento das equipas e das organizações.

All Blacks, 1904[11]

APRENDENDO COM OS ERROS E OS DESAIRES

Abençoados fracassos

Há anos, a farmacêutica holandesa Organon International estava a realizar testes clínicos para um novo antialérgico[12]. O funcionário incumbido de registar as pessoas que se voluntariaram para os testes deu conta, aos responsáveis, de algo inesperado: alguns voluntários mostravam-se invulgarmente alegres. O efeito era tão visível que a unidade que estava a desenvolver o fármaco o designava como "pílula da boa disposição"[13]. Os responsáveis levaram o dado a peito. Descobriram que, para vencer alergias, o medicamento era um fracasso, mas tinha propriedades antidepressivas. O fracasso deu origem a um antidepressivo muito bem-sucedido. O produto – que acabou por ser comercializado sob a marca Tolvon – nunca teria visto a luz do dia sem a confluência de três elementos: (1) um funcionário de nível hierárquico inferior que sentiu liberdade para partilhar uma observação aparentemente irrelevante; (2) gestores que prestaram atenção a uma mensagem provinda de um não especialista com funções administrativas modestas; (3) um quadro mental que fez do fracasso uma oportunidade. Lição: o fracasso bem utilizado pode ser um poderoso meio de aprendizagem e um expansor da inteligência[14].

Steve Smith, capitão da equipa de *cricket* da Austrália, afirmou em agosto de 2017, numa conferência de imprensa: "Cometemos alguns erros, alguns repetiram o que haviam feito antes e não aprenderam com os seus próprios erros, o que é dececionante"[15]. Brent Gleeson, um Navy SEAL, assumindo que os erros são inevitáveis, escreveu[16]: "Os erros não nos definem. O que nos define é o modo como aprendemos com eles". Assim se explica como algumas equipas, depois de experimentarem fracassos e erros, se tornam mais fortes.

Bem-vindos os erros honestos?

Imagine o leitor o seguinte cenário: ao observar os registos de erros médicos de equipas clínicas, verifica que as equipas mais eficazes são as que registam mais erros. O resultado pode parecer paradoxal – mas é plausível[17]. As equipas mais eficazes registam mais erros médicos, não porque

AS EQUIPAS COMO ESPAÇOS DE APRENDIZAGEM E DESENVOLVIMENTO

cometam mais erros, mas porque assumem e partilham mais frequentemente os erros que cometem. As menos eficazes não erram menos – apenas assumem e divulgam menos as suas falhas. Em determinadas equipas, a pessoa que comete o erro (honesto, naturalmente) sente segurança para assumi-lo e partilhá-lo com os colegas. Desse modo, evita que o erro venha a ser cometido por outras pessoas – e a equipa torna-se mais eficaz. Noutras equipas, quem comete o erro cala-o e não o partilha, assim impedindo a aprendizagem e a melhoria.

Para que a aprendizagem ocorra, é necessário um ambiente de trabalho propício à tomada de riscos, à experimentação e à assunção de erros. Uma boa equipa vive um ambiente de descontentamento construtivo. Não se compraz com o que conseguiu, antes deseja crescer e evoluir. Diferentemente, se uma tentativa honesta e empenhada de melhoria acaba por ser mal-sucedida, e o seu autor é punido sem apelo nem agravo, a mensagem é clara: *não arrisque, não tome a iniciativa, mantenha-se sossegadinho no seu cubículo*. O resultado é inescapável: medo de arriscar e de inovar, e indisponibilidade para assumir o erro, divulgá-lo, e aprender com ele.

Por conseguinte, ambientes inclementes e obcecados com a procura de culpados para os erros e fracassos não são propícios à aprendizagem. Se quem falha honestamente não é tratado com compaixão (uma força organizacional; o poder sossegado[18]), ninguém estará disposto a correr riscos. Com o decurso do tempo, a equipa torna-se vítima da sua falta de humanidade no tratamento do erro bem-intencionado[19]. O jogo das culpas é um jogo perigoso: quando uns o jogam, estimulam os outros a fazer o mesmo, o que acaba por prejudicar a maioria dos intervenientes[20]. Sam Walker, que serviu como Navy SEAL, escreveu[21]:

"Em qualquer equipa, podem emergir divisões. Muitas vezes, quando equipas mais pequenas dentro da equipa ficam excessivamente focadas nas suas tarefas imediatas, esquecem o que outros estão a fazer e ignoram que dependem de outras equipas. Começam a competir entre si. E, quando há obstáculos, a animosidade e a atribuição de culpas desenvolvem-se. Isto cria fricção que inibe o desempenho global da equipa. Recai sobre os líderes a responsabilidade de manter continuamente o foco na missão estratégica, de relembrar a equipa de que são parte de uma equipa mais ampla, e de sublinhar a supremacia da missão estratégica. (...) Apontar o dedo e culpar os outros contribuiu para agravar a dissensão entre equipas e indivíduos".

Distintamente, as boas equipas procuram a aprendizagem, incentivam o espírito de risco e a iniciativa, aceitam as falhas honestas. Promovem a desviância positiva, isto é, criam microculturas de erro-aprendizagem--erro-aprendizagem que estimulam o desenvolvimento da equipa como um todo[22]. Quando o erro ou fracasso ocorrem, estas equipas facultam aos seus membros o tempo necessário para *lamber as feridas* – procedimento que ajuda à regeneração do tecido grupal.

O desaire é... mesmo... inevitável

O desenvolvimento de uma cultura de aprendizagem com o erro é um desafio complexo e desconfortável. A nossa experiência como formadores e consultores mostra-nos que duas expressões geram desconforto e controvérsia nos interlocutores: (1) *tolerância para com os erros*; (2) *erros como oportunidades para a aprendizagem*. Frequentemente, confunde-se uma tal filosofia com um clima de negligência. Ou seja: as pessoas consideram que todo o erro e todo o fracasso necessitam de um *culpado* – qualquer que seja a origem do desaire.

A verdade é que o erro e o desaire são inevitáveis. Podem ajudar a crescer. São cometidos por pessoas negligentes – mas também por quem é inovador e tem espírito de risco e experimentação. Ciente desta realidade, Jeff Bezos, o líder da Amazon, passou a contratar pessoas que haviam sido "aperfeiçoadas" pelo fracasso[23]. Na Etsy, uma empresa de comércio eletrónico global, com vendas de cerca de dois mil milhões de dólares, a assunção de erros é filosofia de ação. As pessoas são encorajadas a documentar os seus erros e o modo como estes ocorreram, e a partilhar essa informação através de *e-mails* enviados para toda a empresa ou um grupo de pessoas[24]. Os líderes dão o exemplo, divulgando os seus próprios erros. Na base está a noção de que uma cultura de não-culpabilização torna as pessoas mais responsáveis e mais dispostas a assumir erros e fracassos.

Em operações complexas, não é possível predizer, com precisão, como as múltiplas variáveis do sistema funcionarão. Pense o leitor, por exemplo, no sistema de segurança de uma central nuclear. A complexidade é tal que os erros podem ocorrer. Como se verá seguidamente, o que importa é criar um sistema de alerta *permanente* para os pequenos erros ou falhas, de modo que as grandes catástrofes sejam evitadas. O erro é também inevitável por-

AS EQUIPAS COMO ESPAÇOS DE APRENDIZAGEM E DESENVOLVIMENTO

que a inovação requer experimentação – a qual, por definição, pode gerar resultados indesejados. A alternativa, para evitar o fracasso, é não experimentar, não arriscar, não inovar, o que acabará por conduzir ao fracasso.

DESTAQUE 5.1
Os sinais vermelhos são bem-vindos[25]

Alan Mulally, logo após ter sido nomeado CEO da Ford Motors, criou um sistema de identificação de erros e falhas baseado na convicção de que, sem ele, os níveis superiores da gestão da empresa jamais teriam conhecimento desses problemas. Requereu aos gestores que apresentassem relatórios com três colorações: verde para relatos positivos, amarelo para aspetos merecedores de cautelas, e vermelho para problemas. Com frustração, constatou que os gestores lhe apresentavam, sobretudo, relatórios verdes. Chamou-lhes então a atenção para algo paradoxal: como poderiam apresentar-lhe cenários tão positivos se a empresa havia perdido tanto dinheiro recentemente?! Com o decurso do tempo, e após o choque inicial, os relatórios amarelos e vermelhos começaram a chegar. Eis o que foi escrito na *Forbes*[26]: "Uma grande quantidade de semáforos vermelhos surgiu na reunião matinal da quinta-feira seguinte. Dando ele próprio o exemplo de franqueza e mostrando vontade de falar abertamente acerca de assuntos complexos e tabu, Mulally edificou um ambiente operacional seguro para os seus subordinados diretos".

"Falhar muitas vezes para alcançar o sucesso mais cedo"

Verdade ou mito, não é possível saber. Mas conta-se que o antigo líder da IBM, Thomas Watson Jr., terá chamado ao gabinete um executivo que cometera um *desaire* de dez milhões de dólares[27]. O executivo estava, compreensivelmente, ansioso. Quando Watson o indagou "sabe a razão por que o chamei?", o executivo retorquiu: "Presumo que me chamou aqui para me despedir". Watson respondeu: "Despedi-lo? Claro que não. Apenas despendi 10 milhões a instruí-lo". E recomendou-lhe, então, que continuasse a tentar.

A filosofia subjacente a esta história é incomum, mas algumas equipas e organizações praticam-na. Referindo-se à necessidade de realçar os fracassos como oportunidades para a aprendizagem, Edmondson apresentou o seguinte exemplo[28]:

SUPEREQUIPAS: ORIENTAÇÕES PARA A CRIAÇÃO DE VERDADEIRAS EQUIPAS

"Uma firma de relações públicas bem conhecida adotava o ritual de abrir as reuniões mensais com o reconhecimento do 'Erro do mês'. Este era um modo descontraído de construir um sentido de comunidade e reconhecer a importância da aprendizagem com os erros."

A experiência de numerosos leitores é, seguramente, de outra natureza. Todas as pessoas sabem que o erro e o desaire são inevitáveis em matérias complexas ou relacionadas com a inovação. Mas o modo como os mesmos são encarados costuma contrariar essa noção. Errar e fracassar é emocionalmente desconfortável. Quebra a autoconfiança e a autoestima. Afeta a imagem pública e o *status* do seu autor. Contraria o desejo de controlarmos as ocorrências que afetam as nossas vidas, quando o ambiente empresarial *normal* está desenhado para recompensar os sucessos e punir as falhas. Como consequência, muitas pessoas têm dificuldade em assumir o erro. À medida que se ascende na hierarquia, essa dificuldade avoluma-se e a busca de culpados costuma prevalecer. A investigação sugere que outro caminho deve ser seguido.

Erro casa com exigência

A admissão do erro (do erro bem-intencionado, reitere-se) pode coexistir com uma cultura de forte exigência e elevado desempenho. O que importa é distinguir os erros evitáveis e (eventualmente) imperdoáveis dos restantes (veja Figura 5.1). As equipas incapazes de fazerem essa distinção e que penalizam sistematicamente o erro e o fracasso acabam por impedir a experimentação e dificultar a inovação – ações que, por definição, estão envoltas em riscos e possibilidades de erro.

AS EQUIPAS COMO ESPAÇOS DE APRENDIZAGEM E DESENVOLVIMENTO

FIGURA 5.1 **Dos erros/desaires evitáveis aos meritórios**[29]

Acresce que em equipas desprovidas de uma cultura de risco e de aprendizagem, nas quais impera o *jogo do culpado*, as pessoas escondem os mais pequenos erros e fracassos – assim se perdendo a oportunidade de aprender com os mesmos e de prevenir erros *maiores*. Ademais, porque desejam preservar a sua imagem e o seu *status*, as pessoas têm mais dificuldade em libertar-se de projetos cujos indicadores de sucesso são negativos. Porque temem os efeitos da assunção do fracasso, insistem no projeto – aumentando as perdas.

As melhores equipas prestam atenção aos fracassos, corrigem-nos, aprendem com eles. Sobretudo, procuram detê-los o mais depressa possível, para que não adquiram maiores e mais prejudiciais dimensões. A realidade nua e crua, que nem sempre se compagina com as nossas acomodações mentais, é esta: o fracasso é inevitável. Mais: as equipas que pretendem inovar têm de estar preparadas para errar e fracassar.

Esta capacidade de aprender com os erros e fracassos, e sobretudo de *aprender com os pequenos erros para que os grandes sejam evitados*, é especialmente relevante nas organizações de elevada fiabilidade[30] – como centrais nucleares ou companhias de aviação. Um dos princípios essenciais destas organizações é a preocupação com o fracasso. Tratam cada lapso ou desvio como um sintoma de que algo pode não estar a funcionar bem ao nível sistémico. Por conseguinte, encorajam vivamente a exposição de erros, além de estarem cientes dos riscos do sucesso – designadamente, o risco de gerar complacência e desatenção.

Foi a incapacidade para prestar atenção a pequenas falhas que conduziu às tragédias dos vaivéns espaciais *Challenger* e *Columbia*, assim como ao desastre de Bhopal, na Índia (libertação de gás tóxico que originou a morte de três mil pessoas). Porventura, foi a desatenção às *pequenas* falhas que levou o supervisor bancário em Portugal a desconsiderar os enormes riscos que estavam a incubar no sistema financeiro.

Caro leitor, se é líder de uma equipa, da próxima vez que alguém da sua equipa der conta de um erro ou fracasso honesto, recompense essa pessoa. Recompense mesmo a pessoa que cometeu o erro inteligente (Figura 5.1)! Caso contrário, ninguém lhe transmitirá a má notícia dos pequenos fracassos – e, como consequência, os grandes fracassos fertilizarão no escuro até implodirem em tragédia. Por conseguinte, em vez de perguntar *quem* (fracassou), pergunte *o quê* (o que aconteceu). Crie uma cultura em que as pessoas possam dar conta dos seus fracassos sem recearem efeitos perversos. Na IDEO, uma muito reconhecida empresa de *design*, o *slogan* é: *Falhar muitas vezes para alcançar o sucesso mais cedo*. Como referiu Edmondson[31]: "Sem receio de falhar, falham! Mas aprendem depressa, tentam de novo, e acabam por ser bem-sucedidos (...)".

AS EQUIPAS COMO ESPAÇOS DE APRENDIZAGEM E DESENVOLVIMENTO

Jogando o jogo do culpado[32]

A SEGURANÇA PSICOLÓGICA COMO NUTRIENTE DA APRENDIZAGEM

Aqui, posso ser eu?

Que tipo de atmosfera carateriza as equipas que mais aprendem? Segurança psicológica – é a resposta. A segurança psicológica é a crença da pessoa de que *pode ser ela própria* (ser aberta e franca, autêntica e direta) sem que daí advenha qualquer ameaça para a sua imagem, a sua reputação ou a sua carreira[33]. Quando experimentam segurança psicológica, os membros da equipa[34]: (a) falam abertamente; (b) pedem ajuda e fazem perguntas, sem receio de parecerem ignorantes; (c) colaboram e ajudam os restantes membros da equipa, sem medo de serem alvo de condutas oportunistas da parte de quem recebe ajuda; (d) discutem abertamente problemas e preocupações; (e) procuram *feedback* sobre as suas ações e desempenho; (f) arriscam e experimentam novas soluções para problemas e oportunidades;

(g) assumem os seus erros e desaires, e partilham-nos com a equipa, de modo que esta aprenda com os mesmos.

Daqui advêm várias consequências (Quadro 5.2). A equipa fica mais atenta a problemas e oportunidades. O conhecimento e o potencial existente são ativados – pois as pessoas ajudam-se mutuamente e divulgam o que sabem e pensam. Os membros da equipa aprendem uns com os outros e o conhecimento é mais facilmente transferido entre eles. Escutando a verdade, o líder pode tomar decisões de melhor qualidade. As pessoas arriscam e experimentam novas soluções, tornando a equipa mais inovadora. Os erros não são escondidos, antes são usados como oportunidades para a aprendizagem. As pessoas empenham-se mais nos programas de melhoria. Sentem-se, também, mais identificadas com a equipa e entusiasmadas com o trabalho, pelo que os contributos para a equipa e o seu desempenho individual melhoram.

QUADRO 5.2 **Benefícios da segurança psicológica**

Clima de franqueza	• As pessoas estão dispostas a expressar opiniões e adotar atitudes de abertura e franqueza, sem receio de serem penalizadas na sua reputação, na sua carreira ou nos relacionamentos.
Pedidos de ajuda que melhoram as decisões	• Ao pedirem ajuda, as pessoas aumentam as possibilidades de tomar melhores decisões e incorrem em menores riscos de errar.
Transferência de conhecimento	• Os membros da equipa aprendem uns com os outros e o conhecimento é mais facilmente transferido entre eles.
Assunção e partilha de erros	• As pessoas assumem e partilham os erros cometidos. Desse modo, outras pessoas podem aprender a evitar os mesmos erros.
Conflito construtivo mais provável	• Os conflitos construtivos são mais prováveis, e do debate aberto de ideias emergem melhores soluções para os problemas e oportunidades.
Maior nível de exigência e ambição	• Mais do que promover um clima permissivo, a segurança psicológica pode ajudar a equipa a assumir riscos e a prosseguir objetivos desafiantes e ambiciosos.
Melhor uso das capacidades individuais	• O clima de confiança, e de comunicação aberta e franca, permite que as pessoas explorem caminhos e façam melhor uso das suas capacidades intelectuais. Ao contrário, o medo inibe a expressão e uso dessas capacidades.

Aproveitamento do potencial existente	• O conhecimento e o potencial existente são usados – pois as pessoas ajudam-se mutuamente e divulgam o que sabem e pensam.
Mais iniciativa	• As pessoas experimentam menos receios de errar. Por conseguinte, tomam mais iniciativas inovadoras – sabem que, se errarem, o erro honesto será perdoado e tomado como oportunidade para a aprendizagem.
Satisfação e entusiasmo	• Os membros da equipa desenvolvem mais satisfação e entusiasmo com o trabalho, empenhando-se mais e alcançando melhores desempenhos.
Maior criatividade e inovação	• As pessoas são mais criativas, isto é, apresentam mais ideias novas e úteis para a resolução de problemas e aproveitamento de oportunidades. Desse modo, as possibilidades de inovação da equipa aumentam.

A segurança psicológica é importante porque, nos contextos atuais, o guião para a ação não está previamente escrito. Nenhum membro da equipa (incluindo o líder) está dotado de toda a informação, conhecimento ou capacidade para resolver problemas inéditos ou aproveitar novas oportunidades. As boas práticas emergem do relacionamento e da cooperação entre as diferentes partes do todo – e da aprendizagem contínua com os sucessos, mas também com os erros e os desaires.

Sem este ambiente de segurança psicológica, muitas inovações jamais teriam ocorrido. Por exemplo, os célebres Post-It da 3M resultaram de um processo repleto de acasos, falhas e tentativas[34a]. Assim se compreende como a segurança psicológica promove a capacidade de aprendizagem e o desempenho das equipas. Assim se entende também que a Google, através do projeto Aristóteles, tenha identificado a segurança psicológica como o traço distintivo das suas melhores equipas.

SUPEREQUIPAS: ORIENTAÇÕES PARA A CRIAÇÃO DE VERDADEIRAS EQUIPAS

DESTAQUE 5.2
Projeto Aristóteles[35]

1.

Aristóteles foi o nome dado a um projeto da Google visando a descoberta das qualidades das boas equipas. A análise de 180 equipas da companhia permitiu concluir que, para compreender o segredo das boas equipas, era menos importante saber *quem* estava na equipa do que aquilo que fazia a equipa *como* equipa. A demografia conta menos do que por vezes se pensa[36]. A conclusão mais importante foi a de que as melhores equipas apresentavam um sentido coletivo de segurança psicológica. À medida que os pesquisadores da Google foram investigando o processo, convergiram para o trabalho de Edmondson: "A ideia de segurança psicológica, sentiram, captava tudo aquilo que os seus dados indicavam como importante para as equipas da Google."[37]

2.

Após ouvir uma intervenção sobre os benefícios da segurança psicológica, Matt Sakaguchi, o líder de uma equipa da Google, abeirou-se dos investigadores do projeto Aristóteles pedindo-lhes ajuda[38]. Os investigadores sugeriram-lhe que aplicasse um *survey* aos membros da sua equipa. Os resultados foram desoladores: os membros da equipa descreveram-na de um modo menos favorável do que Matt esperava. Para melhorar a situação, Matt reuniu toda a equipa e pediu que todos partilhassem algo pessoal acerca deles próprios. Para dar o exemplo, começou com a sua história pessoal: tinha-lhe sido diagnosticado um cancro em fase avançada. A equipa não sabia como reagir. Convivia com Matt há 10 meses e não se apercebera do problema. Entretanto, outros membros da equipa ergueram-se e começaram a partilhar as suas experiências de vida, algumas bastante dolorosas. O exercício abriu as portas à criação de um clima de segurança psicológica na equipa. Lição: as equipas são feitas de pessoas. As pessoas são seres económicos e racionais – mas também dotados de emoção e "alma", e desejosos de relacionamentos sociais. Uma equipa apenas se desenvolve e aprende se essas várias facetas forem consideradas e respeitadas.

E o sentido de responsabilidade não conta?

Naturalmente, as equipas que aprendem (Figura 5.2) não se caraterizam apenas pela abundância de segurança psicológica. Também estão impregnadas de um elevado sentido de responsabilidade e exigência (*accountability*).

Reconhecem que não é possível aprender sem cometer falhas e sem experimentar desaire, mas também reconhecem que tolerar erros e desaires não equivale a ignorá-los ou negligenciá-los indolentemente. Combinando *accountability* (a expectativa de que devemos assumir as nossas responsabilidades e prestar contas) com segurança psicológica, estas equipas criam condições ótimas para a aprendizagem. O mesmo não ocorre nas equipas em que uma ou ambas as vertentes são negligenciadas (Figura 5.2). Vejamos porquê.

DESTAQUE 5.3
Responsabilisation na Michelin[39]

A Michelin é uma tradicional empresa francesa bem conhecida em todo o mundo. Produz pneus para diversas indústrias e adotou uma prática de gestão baseada no princípio da *responsabilisation*. A responsabilização é uma combinação de empoderamento e responsabilidade que instrui os colaboradores sobre o trabalho em equipa e delega nas equipas responsabilidades tradicionalmente atribuídas a chefias. Os chefes passam a *coaches* ou "árbitros". A coordenação estratégica central corre a par de maior autonomia ao nível da equipa. O *Financial Times* descrevia esta forma de gestão como um "experimento sobre a confiança". Não se trata, contudo, de confiança cega. Confiar, responsabilizar e proporcionar segurança psicológica assumem-se como pilares de uma gestão baseada em equipas.

Ansiedade. A combinação de forte sentido de responsabilidade com fraca segurança psicológica gera medo e ansiedade. As pessoas sabem que, se falharem, serão punidas. Estes ingredientes estimulam comportamentos defensivos, destruindo a vontade de arriscar e de aprender. As pessoas preferirão evitar o risco ou esconder os erros debaixo do *tapete*, em vez de assumi-los sem medo. Nestes contextos, quem sofre um desaire é tratado de forma intolerante – uma mensagem forte para quem falha, mas também para os que (ainda) não falharam. Ter medo de rivais poderosos e de ameaças importantes pode ser funcional. Mas ter medo daqueles com quem devemos colaborar é uma estratégia pouco sensata[40].

Porreirismo. Quando forte segurança psicológica se combina com fraco sentido de responsabilidade, a equipa torna-se um clima ameno, uma salinha de estar com fragrâncias de *porreirismo*. A desresponsabilização impera e a cultura de complacência predomina. Ninguém é responsável por coisa nenhuma. A orquestra continua a tocar no convés e os passageiros continuam a dançar enquanto o Titanic grupal vai naufragando. Por oposição ao *descontentamento construtivo* das equipas mais aprendentes, estas equipas vivem num clima de *contentamento destrutivo*.

O leitor encontra muitas destas equipas nos restaurantes visitados pelo *chef* Ramsay a que aludimos no capítulo 2: *está-se bem*, apesar de o negócio caminhar à beira do precipício. *Estar bem*, neste caso, significa viver num estado de complacência que se torna debilitante e que oferece vantagens competitivas... à concorrência. Diferentemente, nas boas equipas, todos vão à luta. Uma equipa onde ninguém vai à luta é uma equipa pela qual não vale a pena lutar.

Apatia burocrática. A escassez simultânea de segurança psicológica e de sentido de responsabilidade pode ocorrer em equipas marcadas pela má gestão ou nas quais impera a lógica burocrática. Imagine-se o chefe de uma equipa que exerce comando através do medo (fraca segurança psicológica), exigindo apenas obediência automática. É possível que as pessoas se limitem a cumprir ordens e normas burocráticas (para se protegerem), não arriscando, não assumindo falhas, não partilhando o erro. São estas equipas amorfas que geram organizações destituídas de garra.

FIGURA 5.2 **Como a combinação de (in)segurança psicológica com sentido de (ir)responsabilidade origina quatro tipos de clima no seio das equipas**[41]

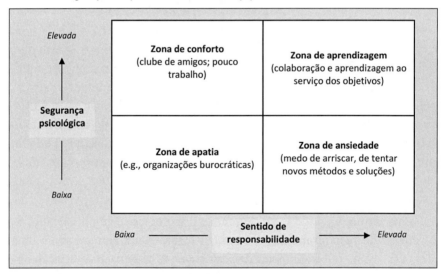

TRAGÉDIAS GERADAS PELO MEDO DE "ABRIR O BICO"

Os riscos da insegurança psicológica

Em 1 de fevereiro de 2003, prestes a concluir a sua 28.ª missão, o vaivém espacial *Columbia* desintegrou-se aquando da entrada na atmosfera. Morreram os sete membros da tripulação. Poderia a tragédia ter sido evitada? Os dados sugerem que foi o receio de falar francamente, num quadro de fraca segurança psicológica, que permitiu que o desastre ocorresse. Dramaticamente, uma causa similar (*medo de falar*) esteve na origem da tragédia do *Challenger*, em 28 de janeiro de 1986. A NASA não aprendeu com os erros cometidos em 1986.

Explosão do vaivém *Challenger*, 28 de janeiro de 1986[42]
(não teria explodido se as posições críticas, que se opunham ao lançamento, se tivessem manifestado)

A tragédia do *Columbia* começou em 16 de janeiro de 2003, dia do lançamento. No dia seguinte, Rodney Rocha, após visionar um vídeo do lançamento, ficou preocupado ao descobrir que um pedaço de espuma isoladora que se soltara durante a descolagem havia danificado a asa esquerda do vaivém. Para aprofundar o conhecimento do problema, Rocha procurou obter imagens fotográficas do vaivém a partir de satélites espiões. Dado que essas imagens deveriam ser solicitadas à Força Aérea, Rocha dirigiu uma mensagem ao seu superior imediato, dando conta da urgência. Porque não obteve resposta, insistiu enfaticamente através de nova mensagem. Novamente sem resposta, mas agora receando que a sua atuação persistente fosse problemática para si próprio, não voltou a abordar o assunto. Também não partilhou a sua ansiedade com os responsáveis superiores da missão nem com a equipa. Esperou que o assunto fosse abordado por pessoas em melhor posição do que ele. A oportunidade perdeu-se, a reparação do estrago não foi feita – e a tragédia ocorreu.

A autocensura, frequente em equipas ou organizações falhas em segurança psicológica, nem sempre gera efeitos tão dramáticos. Mas ocorre, quotidianamente, em inúmeras organizações. Mesmo os membros da equipa de gestão de topo de pequenas e grandes organizações se autocensuram frequentemente. Há mesmo indícios de que se autocensuram mais do que indivíduos de outros níveis hierárquicos – sobretudo por terem uma imagem mais vigorosa a defender. Quando Lee Kun-Hee, então líder do grupo Samsung, decidiu investir no negócio do fabrico de automóveis, diversos gestores da equipa de gestão não se manifestaram – apesar de terem sérias reservas à valia do vultuoso investimento[43]. O investimento representou um enorme fracasso e o negócio teve de ser abandonado, após enormes prejuízos. O próprio Lee Kun-Hee lamentou-se, posteriormente, de ninguém o ter alertado para os riscos. Mas foi a sua própria conduta que inibiu os críticos do projeto de se manifestarem.

AS EQUIPAS COMO ESPAÇOS DE APRENDIZAGEM E DESENVOLVIMENTO

QUADRO 5.3 **Porque se calam os membros das equipas**[44]

Razão	Explanação
Receio de parecer ignorante	As pessoas não fazem perguntas, não expõem dúvidas ou não expressam opinião porque receiam ser interpretadas como ignorantes – e temem que essa imagem tenha efeitos perversos na carreira e junto dos restantes membros da equipa.
Receio de parecer incompetente	As pessoas não admitem que cometeram erros, não solicitam ajuda ou não admitem a elevada probabilidade de fracasso de uma ação ou decisão em que estão envolvidas porque temem ser consideradas incompetentes.
Receio de ser considerado fraco jogador da equipa	As pessoas não expressam discordâncias ou dúvidas, nem criticam, porque receiam ser tomadas como *ovelhas tresmalhadas*.
Receio de prejudicar o clima positivo da equipa	As pessoas calam-se por recearem que o clima positivo e amigável da equipa seja prejudicado.
Receio de ser punido ou prejudicado	As pessoas não assumem erros nem expressam discordâncias por temerem retaliações e dificuldades de progressão na carreira.
Sentimento de impotência e/ou descrença	As pessoas entendem que a expressão dos seus pontos de vista críticos será inconsequente, sentindo-se impotentes para lidar com o problema.
Desejo de bajulação	As pessoas não expressam dúvidas ou críticas, antes apoiam soluções em que não acreditam, porque entendem que assim podem *cair nas boas graças* dos responsáveis e obter as correspondentes benesses.
Fraca autoconfiança	As pessoas não acreditam na sua capacidade de persuadir os restantes membros da equipa da valia dos seus argumentos.
Maquiavelismo	As pessoas não expressam críticas nem dúvidas acerca de uma ideia ou decisão porque pretendem que o proponente da ideia ou o decisor seja apanhado a cometer um erro.
Manter o trunfo na mão	As pessoas desejam manter sob seu exclusivo domínio alguma informação ou conhecimento que lhes permite aumentar o poder.
Cultura de subserviência à hierarquia	Algumas culturas de equipa são altamente sensíveis às relações hierárquicas. Por conseguinte, discordar da chefia é interpretado como desrespeitoso.

Pessoas inteligentes tomando decisões grupais pouco inteligentes

Suponha o leitor uma equipa de sete pessoas, cujo líder é muito respeitado, que se reúne para tomar uma decisão sobre um assunto de consequências importantes. A equipa é muito coesa. A atmosfera da equipa carateriza-se por elevado stresse e escassez de tempo. O grupo teme inimigos externos (e.g., determinados concorrentes). O líder exibe a sua opinião no início da reunião, transmite a ideia de que é necessário tomar uma decisão rapidamente e enfatiza a necessidade de se obter consenso.

O leitor presuma agora que é membro desta equipa. Tem dúvidas sobre a validade da proposta do líder, mas não deseja ser acusado de fraco jogador de equipa. Também não quer contribuir para alimentar uma discussão delongada e perturbar a coesão do grupo. Apercebe-se de que os seus colegas de equipa não expõem dúvidas. Sentindo-se o único potencial crítico, cala-se. Admita, agora, que os seus colegas de equipa sentem precisamente o que o leitor sente. Também perfilham dúvidas, mas não as expõem. A unanimidade (ou maioria) é, por conseguinte, ilusória. Todos compreendem isso após o termo da reunião, quando começam a partilhar dúvidas que na reunião não expressaram.

É num cenário desta natureza que tende a desenvolver-se o "pensamento grupal": um modo de pensamento pelo qual as pessoas enveredam quando estão profundamente envolvidas num grupo coeso e tentam obter o consenso sem uma avaliação realista dos vários cursos de ação alternativos[45]. Tentando preservar o sentido da coesão grupal ou "espírito de corpo", as pessoas inibem-se de apresentar dúvidas e discordâncias acerca das causas do problema ou das possíveis soluções para debelá-lo. Os membros que pensam de modo diferente são (ou sentem-se) pressionados para manterem o silêncio. Os efeitos oriundos da conjugação destes elementos podem ser descritos sucintamente do seguinte modo:

- O impulso para se chegar à unidade e preservar a coesão toma prioridade sobre a objetividade na análise do problema e das alternativas para resolvê-lo.
- As várias facetas do problema não são devidamente avaliadas.
- A eficiência mental e a capacidade para ler a realidade são empobrecidas. Por outras palavras, as capacidades cognitivas das pessoas podem ser afetadas, levando-as a atuar menos inteligentemente[46].
- A informação e o conhecimento que contrariam a posição dominante são ignorados.

- As diversas alternativas de ação para a resolução do problema não são suficientemente ponderadas.
- A equipa sente-se incapaz de examinar os riscos inerentes ao curso de ação preferido. Toma decisões extremadas que cada membro dificilmente adotaria – um fenómeno de sedução pelo risco bem conhecido pelos estudiosos das equipas[47].
- A decisão acaba por ser irracional, precipitada ou desumana.

DESTAQUE 5.4
Uma coisa boa pode ser muito má

A coesão de uma equipa pode gerar efeitos muito positivos, sobretudo quando é necessário reunir esforços para enfrentar problemas e aproveitar oportunidades de grande monta. Mas os efeitos perversos não podem ser descurados. A coesão costuma ter muitos adeptos entre líderes autoritários que não querem ver a sua autoridade ou as suas pretensões contestadas. Pode ser uma boa forma de evitar pensar, um argumento para não ter de expressar discordância e uma maneira politicamente correta de obter benesses de líderes incapazes de lidar com a dissensão. Por conseguinte, a melhor forma de defender uma equipa pode ser *contrariar* o que a equipa pretende fazer – e *não* apoiá-la. Note o leitor que, neste caso, a melhor forma de ser leal à equipa é contrariar a posição dominante ou a orientação do líder.

O clássico filme *12 Homens em Fúria* (de Sidney Lumet, 1957) ilustra os problemas da falsa unanimidade e as vantagens da quebra da coesão. No filme, a persistência de um jurado salva da condenação à morte um homem que, segundo os outros 11, merece ser executado. É através da sua persistência que esse elemento do júri, protagonizado por Henry Fonda, vai convencendo os restantes membros jurados de que a decisão merece ponderação e que o caso suscita uma dúvida razoável. Em suma: é a tensão que o advogado do diabo produz na equipa que permite fazer melhor justiça. Por conseguinte, a coesão pode ser boa, mas apenas até certo ponto e em certas condições. Também aqui, a virtude está no meio – e o veneno está na dose.

O filme oferece um alfobre de ideias para contrariar o unanimismo nas equipas. Convidamos o leitor a (re)vê-lo na perspetiva do funcionamento grupal e da psicologia da persuasão e, eventualmente, a discuti-lo com a sua equipa. Levar a equipa a discutir trabalho em equipa pode ser uma forma de estimular a reflexividade individual e a coletiva. Os filmes e, em particular, trabalhos do calibre de *12 Homens em Fúria*, podem oferecer um bom álibi[48]. Várias pistas para a compreensão e a ação podem ser diretamente extraídas da película:
- As equipas são compostas de pessoas diferentes com motivações distintas.

> - Algumas pessoas alinham tendencialmente com a maioria.
> - A maioria tende a reagir negativamente contra aqueles que se lhe opõem.
> - É preciso coragem *e* subtileza para contrariar uma maioria.
> - Pode ser vantajoso que, em alguns momentos, os líderes criem oportunidades para as pessoas expressarem a sua individualidade sem a pressão dos pares (e.g., votações secretas).
> - Os processos grupais das equipas alimentam-se de factos, mas também de emoções, preconceitos e coligações dos seus membros.
> - Em bom rigor, uma equipa em que impera o unanimismo não precisaria de mais do que um membro. Para quê tantas cabeças se todas pensam do mesmo modo?

O fenómeno é clássico. Foi identificado na decisão da administração Kennedy de invadir Cuba e na explosão do vaivém *Challenger*[49]. Segundo alguns, terá também ocorrido na decisão de lançar a New Coke (uma entusiástica inovação que haveria de se transformar num grande fiasco). O processo resulta, frequentemente, de uma autocensura voluntária, mas pode ser instigado pela ação das hierarquias. É expectável em ambientes como os regimes totalitários ou mesmo os congressos partidários ou clubísticos. *Autobiografia de Nicolae Ceausescu*, o filme de Andrei Ujica que relata a vida do antigo ditador da Roménia, ajuda a compreender o fenómeno. Ceaucescu era massivamente aplaudido, dentro e fora do seu Partido. Mas a mesma multidão que o aplaudira acabou por apoiar a sua perseguição, conduzindo-o a uma execução sumária, após uma encenação judicial mal disfarçada.

Neste e em muitos outros casos, os indivíduos são pressionados para se autocensurarem em nome da unidade. A unidade, no entanto, dá origem a grupos que, por detrás da sua aparente fortaleza, se revelam inesperadamente frágeis. As boas equipas, como as boas comunidades, são espaços polifónicos com diversidade e discordância[50]. Não são hordas de gente obediente[51]. É neste contexto que faz sentido considerar as reservas de Margaret Thatcher em relação ao consenso:

"Para mim, o consenso é um processo de abandono de todas as nossas crenças, princípios, valores e políticas. É algo em que ninguém acredita e a que ninguém se opõe."[52]

Infelizmente, a própria Thatcher terá ignorado esta noção à medida que foi desenvolvendo a *hubris*, ou seja, a soberba do exercício do poder[53]. Foi-se tornando progressivamente mais autocrata junto da sua equipa. Deixou de compreender que os outros poderiam pensar *bem* – mesmo que de modo diferente dela.

Sublinhe-se, todavia, que o pensamento grupal não requer lideranças autocráticas nem climas de medo. Como se referiu, o fenómeno pode ocorrer em equipas cujos membros estão realmente empenhados numa boa decisão, admiram o líder e prezam o genuíno espírito de equipa. Nesses casos, uma espécie de cegueira coletiva induz pessoas inteligentes a enveredar por decisões pouco sensatas que redundam em fiasco[54].

QUADRO 5.4 **Medidas que os líderes podem tomar para minorar os riscos do pensamento grupal**

- Encoraje os membros da equipa a apresentarem críticas e pontos de vista divergentes da posição dominante.

- Estimule uma abordagem transparente das questões. A transparência é fulcral para a genuinidade relacional[55] e um antídoto contra o cinismo.

- Aceite com desportivismo as críticas que lhe são feitas.

- Estimule a discordância construtiva, permitindo que discordem de si em público.

- Seja imparcial no modo como reage às propostas dos vários membros da equipa.

- Em reuniões destinadas a resolver problemas complexos, iniba-se de expressar a sua opinião no início dos trabalhos.

- Coloque a equipa em contacto com fontes de informação externas. Não remova da discussão os documentos e os pareceres contrários à sua posição ou à posição dominante, com o argumento de que eles apenas prejudicam a unidade ou atrasam a tomada de decisão. Ou seja, não feche, nem deixe que a equipa feche, os olhos à realidade desconfortável.

- Desconfie de unanimismos rápidos em torno de decisões complexas. Pode ser conveniente convidar as pessoas a regressarem a uma posterior reunião com posições mais dissonantes.

- Coloque um advogado do diabo no seio da equipa ou incumba algum membro da equipa de exercer esse papel. Neste caso, é recomendável que o papel rode por diferentes membros.

- Recorra a entidades externas para avaliar as políticas decisórias da equipa.

- Pense na forma como os membros da organização exteriores à equipa pensarão na decisão em curso.

- Pense nos impactos da decisão não apenas para a equipa mas para a organização como um todo. Ou seja, olhe para fora da sua *tribo*. Como afirmou o historiador árabe Ibn Khaldun, "só as tribos unidas por um sentimento de grupo podem sobreviver num deserto."[56]. Promova, pois, o sentimento de *tribo* – mas, em linguagem mais empresarial, preste atenção ao modo como a equipa pode contribuir para a missão da organização. Não deixe que a tribo se encapsule.

COMO CRIAR SEGURANÇA PSICOLÓGICA?

Sendo a segurança psicológica crucial para a aprendizagem e o desenvolvimento das equipas, importa promovê-la. Naturalmente, os fatores são múltiplos. Pessoas honestas, corajosas, perseverantes, assertivas e emocionalmente inteligentes são mais promotoras de climas psicologicamente seguros do que pessoas desonestas, cobardes, passivas e destituídas de inteligência emocional. Um bom modo de assegurar um tal clima no seio da equipa consiste em ser cauteloso na seleção dos seus membros. A competência técnica é crucial, mas não deve ser o critério exclusivo. É necessária mas não suficiente.

A segurança psicológica também é mais vigorosa quando há confiança, apoio mútuo e respeito entre os membros da equipa, e existem relacionamentos de elevada qualidade. Igualmente importantes são as políticas que promovem a experimentação. Empresas como a 3M e a Google permitem que as pessoas despendam uma percentagem do seu tempo de trabalho em projetos *independentes*. Nas equipas que promovem sessões de partilha e aprendizagem com os erros, a segurança psicológica também é mais vigorosa.

FIGURA 5.3   Explicando os antecedentes e consequências da segurança psicológica[57]

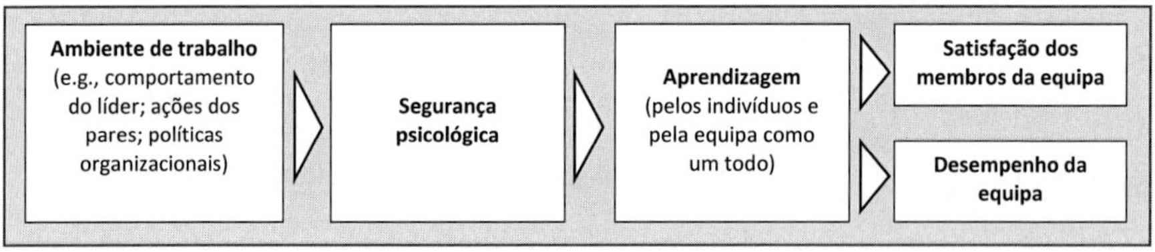

Naturalmente, o comportamento do líder é também crucial (veja Quadro 5.5). Além de competente, honesto, corajoso, assertivo e emocionalmente inteligente, importa que adote comportamentos apropriados. Líderes que convidam os membros da equipa a participar nas decisões (independentemente do respetivo *status* ou posição), que são abertos a novas ideias, que pedem ajuda e que assumem os seus próprios erros e desaires são promotores da segurança psicológica. Ao contrário, líderes que *matam o mensageiro da má notícia* destroem esse sentido de segurança. Por conseguinte, a segurança psicológica não se decreta. Não basta que o líder afirme que as pessoas devem expressar-se livremente. É igualmente importante que:

AS EQUIPAS COMO ESPAÇOS DE APRENDIZAGEM E DESENVOLVIMENTO

- Mostre, com os seus atos, que está disposto a ouvir o que não gosta;
- Acolha diferentes opiniões com desportivismo[58];
- Respeite as críticas e discordâncias às suas propostas;
- Imponha um clima de respeito mútuo entre todos os membros da equipa.

É especialmente importante que dê o exemplo. Se o líder declara a necessidade de as pessoas adotarem iniciativa, mas depois repreende e pune a pessoa que, honestamente, levou a cabo uma iniciativa mal-sucedida, o que mais marca a equipa é esta conduta, não aquela declaração. Se um líder prega a importância de as pessoas pedirem ajuda, mas ele próprio é incapaz de solicitá-la, as pessoas acabarão por pautar o seu comportamento por esta incapacidade, não por aquela pregação.

Um aspeto adicional a tomar em consideração diz respeito à cultura da organização como um todo. No seio de uma mesma organização, algumas equipas podem experimentar elevada segurança psicológica, ao passo que outras podem ser espaços de medo, silêncio e passividade. Nós próprios temos confirmado essa ocorrência quando, em eventos de formação, convidamos os membros de uma mesma organização a pronunciarem-se (anonimamente) sobre o quadrante da Figura 5.2 em que a equipa de cada um se situa. Não raramente, alguns membros alegam que a sua equipa se situa na zona de aprendizagem, ao passo que outros posicionam a sua equipa noutras zonas. Nestas organizações com níveis de segurança psicológica fragmentados, não basta que o líder de topo de uma organização pregue genuinamente a importância de as pessoas *abrirem o bico*[59] para que a organização se torne psicologicamente segura. Diversas bolsas de insegurança, minando algumas equipas, podem minar aquelas boas intenções declaradas no vértice da organização.

COMO PROMOVER UMA CULTURA DE APRENDIZAGEM COM OS DESAIRES?

Uma cultura de aprendizagem com desaires e erros requer segurança psicológica – matéria antes discutida. Mas algumas medidas adicionais são recomendáveis. Eis algumas linhas orientadoras para líderes de equipas:

Promova uma cultura de interrogação permanente. Advogar posições, propor soluções, preconizar vias de ação e defender pontos de vista é importante. Mas, para que uma cultura de aprendizagem com o desaire seja promovida, é igualmente crítico que as pessoas sintam que existem múltiplas soluções para os problemas e oportunidades, que assumam uma postura humilde perante as várias possibilidades de ação e que explorem alternativas.

Promova a emergência de respostas exploratórias, em vez de confirmatórias. Em vez de perguntar "quem concorda", indague "quem pode contribuir para a discussão com uma discordância". Ou seja, estimule os membros da equipa a desafiar as premissas frequentes e as crenças habituais. Seja curioso e estimule o sentido de curiosidade no seio da equipa.

Acolha com naturalidade o *mensageiro* das notícias menos agradáveis, dos erros, dos fracassos e dos insucessos. Procurar a verdade e não andar enganado é mais sensato, prudente e sábio do que recusar a desagradável verdade que fragiliza a nossa estima ou imagem pública. Por exemplo, um professor pode atribuir a má classificação pedagógica que os seus alunos lhe atribuíram à fraca sofisticação ou à incapacidade destes. Mas será mais prudente e sensato o docente que, com humildade e tenacidade, procura compreender as razões dos alunos e encontrar modos de melhorar o processo pedagógico.

Uma regra básica crucial é: *não matar o mensageiro da má notícia*. A incapacidade para enfrentar realisticamente *feedback* negativo pode conduzir a equipa a persistir no erro, a manter o investimento num projeto sem possibilidades de sucesso – ou a interrompê-lo apenas quando as perdas são demasiadamente vultuosas.

AS EQUIPAS COMO ESPAÇOS DE APRENDIZAGEM E DESENVOLVIMENTO

DESTAQUE 5.5
Desculpas atrás de desculpas, enganos e autoenganos para maus resultados

Um preocupante sinal sobre a saúde de uma equipa é o uso frequente que a mesma faz de desculpas, em vez de enfrentar corajosamente a raiz dos maus resultados e aprender com os erros. As desculpas ajudam a equipa a explicar o sucedido e a *sacudir a água do capote* – por muito superficiais ou incoerentes que tais explicações sejam. Como resultado, a equipa vai-se tornando prisioneira de estranhos esquemas mentais. Constrói uma história e vai acreditando na mesma à medida que ela vai durando e sendo aprimorada. A história torna-se *real* na mente dos membros da equipa.

Quando o processo ocorre no topo da organização, a história desculpabilizadora vai aprisionando os indivíduos a decisões anteriores que não podem ser revertidas. As desculpas acumulam-se, as explicações vão sendo refinadas e, no limite, a equipa vai apodrecendo e contaminando toda a organização ou a nação. Quando o processo ocorre na base, a organização vai perdendo sensibilidade em relação ao que ocorre no chamado *mundo real*. Os efeitos são sempre perversos, pelo menos quando a realidade se incumbe de surgir em todo o seu esplendor.

As ilustrações desta desconexão entre a realidade e a explicação da realidade são abundantes: a crise financeira de 2008; a gestão da Olympus ("podre até ao tutano" e marcada pela ocultação de maus resultados[60]) durante o escândalo contabilístico de 2011; a acumulação de défices nos países do sul da Europa, porventura baseada na ilusão (perigosa?) de que a solidariedade europeia acabaria por funcionar; o escândalo do Wells Fargo de 2016/17. Sobre o comportamento da equipa de gestão da japonesa Olympus (que perdeu o controlo da situação após anos de criatividade contabilística), escreveu Jonathan Manthorpe, jornalista de *The Vancouver Sun*:

"O tumulto que submerge a Olympus Corp. do Japão é um resoluto lembrete de que qualidades que consideramos forças podem rapidamente transformar-se em fraquezas, ou até vícios, quando as circunstâncias mudam. Qualidades como a lealdade e a recusa estoica em aceitar a derrota, que em muitas situações são julgadas virtuosas tanto nos indivíduos como nas organizações, emergem na história da Olympus como motivações destrutivas e potencialmente criminosas." O jornalista acrescentou: "A história da Olympus pode ser equiparada com o sucedido após a destruição da fábrica de energia nuclear de Fukushima (...). O desastre mostrou que a lealdade aos colegas e às instituições, a relutância em admitir erros ou atribuir culpas ajudam a explicar a resistência em assumir publicamente a severidade da situação"[61].

O argumento foi premonitório: em 2016, a empresa foi apanhada num escândalo de corrupção. Teve de pagar mais de 600 milhões de dólares às autoridades norte-americanas.

SUPEREQUIPAS: ORIENTAÇÕES PARA A CRIAÇÃO DE VERDADEIRAS EQUIPAS

Obtenha dados sobre erros e desaires, e solicite *feedback* – junto dos clientes, dos membros da equipa e de outras entidades exteriores à mesma. Procure *feedback* abundante sobre o que está a funcionar bem *versus* mal. Eis um exemplo de prática, aliás comum nos grupos militares de elite[62]: clarificar objetivos inicialmente e fazer revisões após a implementação (analisando o que correu bem e mal numa determinada ação). O *feedback* nem sempre traz mensagens agradáveis. Por exemplo, não é confortável ser confrontado com uma má avaliação de um cliente, com uma informação demonstrativa do fracasso de um projeto ou com uma opinião desfavorável sobre o modo como a nossa equipa classifica o nosso estilo de liderança. Mas as equipas que não estão dispostas a enfrentar esse desconforto acabam por, mais cedo ou mais tarde, experimentar um desconforto maior – o desmoronamento da equipa.

Tomar os desaires como oportunidades para a aprendizagem é condição para a instituição de uma filosofia de desenvolvimento e melhoria contínua no seio da equipa. Mas instituí-la requer que o imobilismo seja vencido. Carlos Ghosn, CEO da Renault e da Nissan, quando chegou a uma Nissan em muito má forma, apercebeu-se de que a companhia queria resultados mas não mudanças[63]. As melhores equipas sabem que não é possível alterar resultados sem introduzir mudanças. O problema: introduzir mudança significa aceitar as dores inerentes ao processo. A vida seria mais fácil sem mudança, mas também menos interessante.

Recompense a deteção do erro ou desaire. A ausência de segurança psicológica impele os membros da equipa a adiarem, o mais possível, o dia em que anunciam que o projeto está a descambar. Pode ainda levá-los a esconderem o fracasso/erro ou a dourarem a pílula. A consequência é que o problema se adensa e as perdas vão-se acumulando. Importa, pois, que as pessoas sejam estimuladas a apresentarem dados negativos sobre um projeto, de modo que as perdas sejam estancadas ou mecanismos de melhoria sejam introduzidos (Destaque 5.6).

AS EQUIPAS COMO ESPAÇOS DE APRENDIZAGEM E DESENVOLVIMENTO

DESTAQUE 5.6
"Diga-nos quais são os seus problemas, não os seus sucessos"

James Wiseman, que viria mais tarde a assumir funções de vice-presidente da Toyota, relata o que lhe ocorreu quando se juntou à fábrica da empresa (em outubro de 1989), em Georgetown, Kentucky. O líder da fábrica era Fujio Cho, mais tarde *chairman* da Toyota a nível global[64]. Eis o relato de Wiseman:

"Comecei a dar conta dos meus pequenos sucessos. Numa sexta-feira, apresentei um relatório de uma atividade em curso (...) e pronunciei-me muito positivamente acerca do mesmo. Vangloriei-me um pouco. Decorridos dois ou três minutos, sentei-me. O Sr. Cho olhou para mim. Pude ver que ele estava intrigado. E disse-me: 'Jim-san, todos sabemos que você é um bom gestor, caso contrário não o teríamos contratado. Mas, por favor, fale-nos dos seus problemas para que possamos lidar com eles conjuntamente'. (...). Tive de entender o que eles queriam dizer com a frase 'Os problemas primeiro'."

Segundo Edmondson, uma parte do sucesso da Toyota pode provir da capacidade da empresa para responder a uma questão crítica: "O que não funcionou bem, para que possamos fazer melhor?"[65]. Ou seja: nas equipas que pretendem aprender, o fracasso é encarado como uma oportunidade de aprendizagem e não um evento embaraçoso. A atmosfera política da equipa ou da organização também releva: organizações e equipas politicamente tóxicas dificilmente estarão capacitadas para adotar esta lógica[66].

Crie sistemas de apoio que permitam analisar e discutir os desaires e erros. Por exemplo, em equipas médicas, podem fazer-se conferências regulares que permitam aos participantes, de modo *honestamente bruto*, discutir erros importantes e mortes inesperadas. Quaisquer que sejam as equipas, importa que a discussão não se focalize nos sintomas, mas nas causas. Importa analisar todas as possíveis causas e efeitos, sem preconceitos e com espírito crítico e indagador. Eis um exemplo[67]: um banco, procurando compreender as razões pelas quais alguns clientes estavam a demandar outros bancos, notou que o tópico *taxas de juro* era apresentado como motivo. Uma análise comparativa das taxas de juro mostrou, porém, que essa não poderia ser a razão plausível. Uma análise detalhada de entrevistas mostrou que a razão era outra: os clientes estavam irritados com

SUPEREQUIPAS: ORIENTAÇÕES PARA A CRIAÇÃO DE VERDADEIRAS EQUIPAS

a pressão do Departamento de Marketing para que adquirissem um dado cartão de crédito.

Crie equipas multidisciplinares que permitam olhar para os problemas e os fracassos a partir de diferentes perspetivas. Para que o expectável conflito no seio dessas equipas seja construtivo, nomeie ou contrate um facilitador, alguém com competências na gestão das dinâmicas de grupo. Nomear um advogado do diabo pode ser igualmente frutuoso, matéria que discutimos no Capítulo 4.

Analise os dados de modo sistemático. Não se baste com a constatação simples de que a solução, o produto ou o serviço são um fracasso. Analise as condições que podem transformar o fracasso num produto ou serviço bem-sucedido noutro contexto ou com outra finalidade.

Institua mecanismos que promovam a experimentação deliberada. Ou seja: crie condições para que os erros e desaires inteligentes ocorram. A Google, por exemplo, institucionalizou uma regra que permite aos empregados usar 20% do seu tempo de trabalho para explorarem novos projetos independentes. Foi nesse quadro que surgiu o Gmail. Muitos projetos fracassam, mas a empresa compreende que cada solução bem-sucedida requer a experimentação de muitas mal-sucedidas. A Eli Lilly introduziu as *festas dos desaires* para honrar experimentações inteligentes de elevada qualidade fracassadas.

Ao realizar testes-piloto para testar a viabilidade de um projeto, não crie as condições *ideais* para que o projeto seja validado. Antes teste o projeto em condições que se aproximem das *reais*. O fracasso com o lançamento da New Coke, em 1985, deve-se, pelo menos parcialmente, a que os testes de mercado não tenham captado uma realidade: a Coca-Cola como fator de identidade cultural. Após amplos protestos dos consumidores do refrigerante, a velha fórmula teve de ser reintroduzida. Por conseguinte, importa responder afirmativamente a várias questões antes de enveredar por um teste-piloto[68]:

- O programa é testado em condições normais, não nas ótimas?
- O objetivo do teste é aprender, mais do que demonstrar à gestão de topo o valor do novo projeto?
- É claro que a avaliação de desempenho ou a compensação dos empregados envolvidos não está dependente do resultado do teste?

Note-se que, se as respostas não forem afirmativas, há o risco de o teste apresentar bons resultados, não porque o projeto seja realmente bom, mas porque os seus autores estão interessados em preservar a sua própria imagem.

CONCLUSÃO

Não basta que as equipas estejam estruturadas de modo apropriado (matéria tratada no capítulo 3) e que as suas energias emocionais e relacionais sejam apropriadamente geridas (tema abordado no capítulo 4). É igualmente importante que sejam espaços de aprendizagem e desenvolvimento permanente.

Para que esse espaço desenvolvimentista seja promovido, é necessário que cada indivíduo sinta que pode expressar-se livremente e contribuir para o sucesso da equipa, sem receio de vir a ser repreendido ou punido por afirmar algo que possa colidir com a opinião dominante ou a do líder. É ainda necessário que solicite ajuda quando necessário, assuma que não sabe o que não sabe e seja capaz de arriscar para encontrar melhores soluções para problemas e oportunidades. Em suma: importa que a equipa esteja repleta de segurança psicológica.

SUPEREQUIPAS: ORIENTAÇÕES PARA A CRIAÇÃO DE VERDADEIRAS EQUIPAS

QUADRO 5.5   **Orientações sobre como os líderes podem prevenir, identificar e aprender com os erros**

Prevenir	Identificar e aprender
• Crie condições para que as pessoas coloquem as respetivas ideias, conhecimentos e dúvidas ao serviço de melhores decisões. Convide as pessoas a participar e a sentir que o seu (delas) *input* é valioso.	• Assuma os seus erros e desaires.
	• Crie condições para que as pessoas assumam os seus próprios erros.
• Acolha a divergência de opiniões com naturalidade. Não mate o mensageiro da má notícia.	• Crie-lhes condições para que partilhem os erros com os restantes membros da equipa, de modo que estes não os cometam.
• Fomente uma cultura de equipa em que o conhecimento, as informações e as perspetivas circulem e fluam.	• Se não puderem falhar, as pessoas não arriscam, não experimentam, não inovam. Permita, pois, que as pessoas falhem depressa – e barato.
• Não deixe toldar o seu raciocínio pela pressa e pela impaciência. Seja prudente.	• Faça o *debriefing* de eventos e decisões mais complexas: discuta o que funcionou bem e o que funcionou mal.
• O facto de ter pisado o risco no passado, sem consequências perversas, não significa que pode continuar a pisá-lo. Cuidado: o semáforo vermelho continua a ser vermelho.	• Encare os erros como oportunidades para a aprendizagem.
• Promova uma cultura que cruze autoridade participativa com assertividade respeitadora. Ou seja: exerça a autoridade mas fomente a participação; e não confunda respeito com dizerem-lhe apenas aquilo que quer ouvir.	• Substitua uma cultura de culpabilização e medo por um quadro favorável à partilha dos erros.
	• Encare os fracassos como reveses temporários, não como derrotas.
• Valorize a desobediência respeitadora.	• Pondere criar um sistema anónimo de reporte de erros, para que toda a equipa e a organização aprendam com os mesmos. Mas tenha em atenção que um tal sistema apenas é viável se estiver enquadrado num clima de confiança.
• Não confunda qualidade de informação com a fonte da mesma. O facto de uma informação, ideia ou opinião provir de alguém da base da hierarquia não significa menor validade das mesmas. Atente aos sinais provindos de todo o lado.	
• Previna-se contra o excesso de autoconfiança.	
• Valorize a experiência.	
• Esteja ciente de diferenças culturais. As pessoas de algumas culturas tendem a usar linguagem indireta, ambígua e excessivamente polida quanto comunicam com os seus superiores. O facto de uma mensagem ser cortês pode esconder problemas maiores.	
• Na relação com pessoas de outras culturas, seja prudente quanto às traduções. Na tradução, podem ocorrer perdas ou alterações de sentido.	
• Seja cauteloso com os consensos – podem esconder fraca discussão e insensibilidade à complexidade da situação.	

Membros da equipa do *Columbia*, poucos dias antes da tragédia[69]

Infelizmente, em muitas equipas, as pessoas inibem-se de criticar e de propor mudança. Podem ter boas razões para isso. Numa organização que conhecemos, a entrevista anual de avaliação era conhecida informalmente como "Apanhei-te": o momento em que as chefias tiravam o tapete aos seus subordinados. Como é fácil de compreender, esta lógica não propicia a segurança psicológica nem a vontade de fazer diferente. Quando fracassam ou erram, não assumem o desaire nem o partilham. Assim impedem que a equipa como um todo aprenda. Evitam pedir ajuda e não reconhecem o seu desconhecimento ou ignorância. O resultado é uma equipa amorfa, que não arrisca, não inova, não toma os erros como oportunidades para a aprendizagem. Este capítulo concedeu atenção particular a este último ponto. O nosso argumento é simples:

- O fracasso e o desaire são inevitáveis.
- As boas equipas são cuidadosas na identificação das pequenas falhas, tão cedo quanto possível, de modo a prevenir falhas maiores. Se as *pequenas* falhas nos vaivéns *Challenger* e *Columbia* tivessem sido levadas a peito, as conhecidas tragédias não teriam porventura ocorrido.
- As boas equipas experimentam novos caminhos porque sabem que os erros e os desaires são condição essencial para a aprendizagem.

SUPEREQUIPAS: ORIENTAÇÕES PARA A CRIAÇÃO DE VERDADEIRAS EQUIPAS

Para que o leitor compreenda se a sua equipa está dotada de segurança psicológica que lhe permita tomar o erro e o desaire como oportunidade para a aprendizagem, responda *sim* ou *não* às questões contempladas no Quadro 5.6, colocando um círculo no número correspondente à coluna respetiva. Some todos os números assinalados com círculos. Quanto mais elevada a soma, maior é o nível de segurança psicológica. Se o resultado for inferior a 5, é provável que a sua equipa não seja um espaço psicologicamente seguro.

QUADRO 5.6   **A minha equipa está dotada de segurança psicológica?**

	Sim	Não
Se eu cometer um erro (mesmo que honesto) nesta equipa, apontar-me-ão o dedo?	0	1
As pessoas inibem-se de pedir ajuda a outros membros da equipa?	0	1
As pessoas evitam falar de problemas ou fracassos da equipa?	0	1
As pessoas evitam arriscar?	0	1
As pessoas receiam discordar do líder da equipa?	0	1
As pessoas sentem que são aceites pelos outros membros da equipa?	1	0
As pessoas partilham informação umas com as outras?	1	0
Os erros honestos são perdoados e usados como oportunidades para a aprendizagem?	1	0
Se eu apresentar um problema ao líder da equipa, ele mostra-se interessado em ajudar-me a encontrar uma solução?	1	0
As competências e os talentos dos membros da equipa são valorizados?	1	0
Some todos os números assinalados.		

Capítulo 6
Treze linhas orientadoras para desenvolver equipas

"Acho que só consigo ser criativo em grupo, tem tudo a ver com a comunicação: ajuda-nos a construir coisas que se trabalhássemos sozinhos nunca poderiam existir."

Ai Weiwei, artista chinês[1]

"Este tipo de *equipização* e aprendizagem requer líderes que tenham a imaginação e a coragem para descobrir como prosseguir sem respostas – líderes que facultem uma direção clara, uma tolerância ao risco e ao fracasso, e um explícito convite a trabalhar de perto com os outros."

Edmondson (2012b, p. 42).

GERIR EQUIPA ≠ GERIR MEMBROS DA EQUIPA

Liderar o trabalho de equipa é um exercício complexo que envolve estruturação, facilitação e *coaching*:
- *Estruturar* significa criar condições para que (a) a equipa tenha consciência da sua missão e da agenda, (b) cada membro da equipa conheça os contributos de si esperados, e (c) as regras de atuação sejam claras e a disciplina implementada.

SUPEREQUIPAS: ORIENTAÇÕES PARA A CRIAÇÃO DE VERDADEIRAS EQUIPAS

- *Facilitar* significa criar condições para que cada membro possa colocar ao serviço da equipa os seus talentos e para que os contributos da equipa sejam superiores à soma dos contributos individuais.
- O *coaching* envolve todas as ações que permitem a aprendizagem e o desenvolvimento – dos membros da equipa e da equipa na sua globalidade.

Linda Hill, professora na Harvard Business School, salientou a complexidade do processo ao escrever que "aprender a construir equipas eficazes pode ser uma das competências de gestão mais difíceis de adquirir"[2]. Argumentou, também, que gerir *uma equipa* não é o mesmo que gerir os *membros da equipa*. Ou seja, as equipas têm dinâmicas próprias que requerem ações diferentes das necessárias para gerir cada membro separadamente. Alguns exemplos ajudarão a compreender como isso ocorre.

Uma equipa de jogadores autoconfiantes não é necessariamente uma equipa autoconfiante. Os jogadores podem acreditar em si próprios como jogadores, mas o coletivo de jogadores pode considerar que a equipa, como um todo, não acredita em si própria. Algo similar pode ocorrer em equipas *normais*. Pense o leitor em empregados que, como indivíduos, não são autoconfiantes nem determinados. Todavia, como equipa, estão confiantes na capacidade da equipa e determinados a lutar com todas as suas forças pelos melhores resultados da equipa. Um dado empregado pode também sentir-se muito autoconfiante e ser determinado numa equipa – mas pode perder esse vigor quando muda para outra equipa.

Para que o leitor compreenda essas dinâmicas e como as mesmas podem ser geridas e lideradas, apresentamos, seguidamente, uma síntese de linhas orientadoras. Se o leitor ainda não realizou os dois exercícios práticos disponibilizados como complementos ao livro, pode fazê-lo agora[3]. Nas linhas que se seguem, embora concedamos um lugar especial ao papel dos líderes, não subestimamos a relevância dos restantes membros da equipa. A tese é: as melhores equipas são lideradas através de processos partilhados. Ao contrário, equipas com liderança centrada num só *cérebro* serão, porventura, menos bem lideradas. Mesmo em equipas militares, há circunstâncias em que é necessário conceder aos soldados a oportunidade de serem *os seus próprios generais*[4]. Uma das mais relevantes incumbências de um líder é, portanto, o desenvolvimento de outros líderes – mesmo em empresas de engenheiros como a Google[5]. Jocko Willink e Leif Babin foram perentórios num livro sobre os "segredos" de liderança dos SEALs[6]:

210

"Os seres humanos são normalmente incapazes de gerir mais do que seis a 10 pessoas (...). Não pode esperar-se que um líder sénior lidere dezenas de pessoas, muito menos centenas. As equipas devem ser divididas em grupos manejáveis de quatro ou cinco operadores, cada grupo com um líder designado. (...) O comando descentralizado não significa que os líderes juniores ou os membros da equipa funcionam em roda livre; isso gera caos. Significa, isso sim, que os líderes juniores devem entender claramente o que se situa no âmbito da sua autoridade decisória – os 'limites esquerdo e direito' da sua responsabilidade. Ademais, devem comunicar com os líderes seniores para lhes recomendarem decisões fora do seu âmbito de autoridade e passar-lhes informação crítica, de modo que a liderança sénior possa tomar decisões estratégicas informadas. Espera-se que os líderes SEAL no campo de batalha identifiquem o que deve ser feito e fazê-lo – para dizerem à autoridade superior o que planeiam fazer, em vez de simplesmente perguntarem 'O que quer que eu faça?'. Os líderes juniores devem ser proativos mais do que reativos."

Se a liderança partilhada e o desenvolvimento de líderes a todos os níveis é uma exigência de uma força especial como a Navy SEAL, não duvidará o leitor que o mesmo deverá ocorrer em organizações normais.

1. UM TRAVO DE TRANSCENDÊNCIA

Uma boa equipa é nutrida de um forte sentido de missão e de propósito[7]. Sabe *por que* existe e *para quê*. Os seus membros são mobilizados por algo mais amplo e importante do que eles próprios e a equipa. Num certo sentido, a missão da equipa transcende a própria equipa. O Barça é *mais do que uma equipa*. A missão da Springboks 1995 (seleção sul-africana de *rugby*), retratada no filme *Invictus*, não era *tão-só* vencer – mas erguer o orgulho e a coesão nacional num país fragmentado por décadas de tensões raciais. Os dois antigos Navy SEALs acima citados argumentaram o seguinte[8]:

"De modo a persuadir e inspirar outros a cumprirem uma missão, um líder dever ser um *verdadeiro crente* na missão. Mesmo quando outros duvidam e questionam o nível de risco, perguntando 'Vale a pena?', o líder deve acreditar na causa maior. Se o líder não acredita, não tomará os riscos necessários para ultrapassar os inevitáveis desafios que a vitória requer. E não conseguirá convencer os outros – especialmente as tropas da linha da frente que têm de executar a missão – para atuar em conformidade. Os líderes devem sempre operar com a compreensão de que fazem parte de algo maior do que eles próprios e os seus interesses pessoais".

Quando os membros de uma equipa acreditam na missão, deixam de ser apenas seguidores do líder, para serem agentes dedicados à causa[9]. Representar a nação, mudar a face da música, deixar uma marca nos fãs, contribuir para um mundo melhor, satisfazer necessidades das pessoas e das famílias: eis motivos válidos que levam os membros da equipa a ver no seu trabalho mais que um emprego. Uma pesquisa de Edmondson[10] sobre a introdução de uma nova técnica de cirurgia cardíaca por quatro equipas médicas ajuda a refletir sobre esta matéria.

A autora verificou que duas equipas foram bem-sucedidas, ao passo que duas foram mal-sucedidas e acabaram por abandonar a nova técnica. As equipas eram diferentes em vários planos. Os seus cirurgiões denotavam níveis de experiência distintos. A história de inovações de cada equipa também era diferente. E as equipas provinham de diferentes instituições de enquadramento (duas equipas atuavam em centros académicos e duas em hospitais comunitários). Mas estes fatores não explicaram o sucesso ou insucesso de implantação da nova técnica. O que diferenciou o nível de sucesso das equipas foi o modo como a introdução da nova técnica foi inserida, gerida e encarada:

- Nas equipas bem-sucedidas, o cirurgião líder assumiu-se como um membro interdependente da equipa, escutando, perguntando e aprendendo. Nas outras equipas, o líder atribuiu-se o papel de elemento central do processo.
- Nas equipas bem-sucedidas, os membros da equipa encararam-se como elementos críticos para o sucesso da introdução da nova técnica, sem os quais o projeto fracassaria. Sentiram o projeto como seu. Nas restantes equipas, os indivíduos encararam-se como meros executantes de orientações do líder.
- Nas equipas bem-sucedidas, os membros experimentaram liberdade para se expressarem aberta e francamente. Nas restantes, as pessoas sentiram-se inibidas e receosas de se pronunciarem sobre eventuais problemas.
- Finalmente, nas equipas bem-sucedidas, o propósito do projeto foi definido em termos mais significativos para os membros da equipa: ajudar os pacientes a recuperar mais rapidamente ou atingir metas ambiciosas para o departamento de pertença da equipa. Nas equipas mal-sucedidas, o propósito do projeto foi menos significativo ou nobre: demonstrar liderança na matéria ou manter competitividade relativamente a outros hospitais.

O que mais releva para o propósito desta linha orientadora é este último aspeto diferenciador, mas o papel do propósito das equipas foi certamente influenciado pelos restantes aspetos. Ou seja, os membros de uma equipa consideram que a sua missão é mais valiosa se sentirem que são tomados como elementos chave do processo, que o líder os respeita como tal e que podem expressar-se francamente de modo a ajudarem a equipa a prosseguir a missão.

Uma nota adicional é aqui necessária: as missões não são necessariamente recomendáveis. Uma equipa movida por uma missão pode tornar-se uma força temível – pelas piores razões. Eis um exemplo extremo: a Força Quds, acusada pelo Presidente Obama de ter um plano para assassinar o embaixador saudita nos EUA, é uma unidade dos serviços secretos iranianos que responde apenas perante o guia supremo do país. A sua missão final visa restaurar o controlo de Israel pela guarda revolucionária da república islâmica[11]. Esta missão é repleta de significado para os seus membros – dedicados, dispostos ao sacrifício. Compreenderá o leitor que não fazemos a apologia desta agenda revolucionária. Uma equipa movida por uma missão é mais empenhada – mas convém que a missão seja recomendável.

2. UM POR TODOS, TODOS POR UM

Nas boas equipas, mais importante do que a superação individual é a superação da equipa como um todo. A capacidade de sacrifício de cada membro em prol do conjunto é, neste sentido, o teste ácido de uma boa equipa. José Mourinho pronunciou-se do seguinte modo[13]:

> "A força das minhas equipas é a equipa, não as individualidades. Cristiano é um vencedor e quer vencer, no entanto não vai ser difícil convencê-lo de que o mais importante não é ele nem o treinador, é o clube".

Naturalmente, as boas equipas acalentam as suas estrelas e concedem--lhes espaço para brilharem. Os seus líderes sabem que é necessário gerir esse equilíbrio de modo apurado: nem a equipa deve ocultar a estrela individual nem a estrela deve condicionar a equipa às suas ambições individuais. Deco e Ronaldinho foram dispensados por Guardiola, no Barcelona, precisamente por não cumprirem a regra crucial da entrega à equipa. Diferentemente, eis como o treinador se referiu à sua estrela maior no Barça[14]:

"[Messi] é um jogador que interessa que fique connosco. Conto muito com ele. Mas não devemos depositar todo o peso de um clube sobre as costas de um jogador. Ajudá-lo-emos, tentaremos que se lesione pouco, mas deve sentir que faz parte de um grupo e que, quando nos marquem um golo, também é culpa sua".

Um risco com que se confrontam as equipas é a formação de linhas de fratura e subgrupos[15]. Alguma investigação sugere que as pessoas preferem inserir-se em grupos de dois ou três elementos, e que raramente decidem juntar-se a equipas com mais de seis elementos. Por definição, contudo, algumas equipas têm mais de seis, pelo que a emergência de subgrupos é quase inevitável. Numa equipa desportiva, os subgrupos podem ser formados por referência a alguma caraterística da equipa, como a nacionalidade ou a origem geográfica. Quando esta fragmentação não é compensada por uma liderança forte que une os subgrupos em torno de um objetivo comum e partilhado, o risco de clivagem torna-se uma ameaça[16].

A criação de boas equipas é, portanto, uma via estreita e contraditória, capaz de suscitar diversidade (individual) e unidade (de propósito)[17]. Este caminho faz-se apreciando a diversidade, que pode ser uma fonte de ideias diversas e criativas[18], mas há sempre riscos de esta se transformar em disparidade e rivalidade. Quando tal sucede, a coexistência saudável de diferentes subgrupos dá lugar a perceções de injustiça que clivam a equipa entre filhos e enteados. Liderar uma equipa pode, portanto, ser um exercício de equilibrismo nutrido pela sensibilidade, pelo bom senso e pelo extremo cuidado com a preservação do *status* relativo dos diferentes subgrupos. A este propósito, relembremos o cuidado com que Mourinho geriu, no Real Madrid, o alegado conflito entre Casillas e Ronaldo, representantes de dois subgrupos no balneário do Real Madrid[19].

DESTAQUE 6.1
Líderes promovendo a identificação dos indivíduos com a equipa

Os líderes podem exercer um papel fundamental no fomento da identificação dos membros com a equipa. Eis exemplos de práticas:

- Reitere às pessoas a importância dos objetivos da equipa, não apenas para a mesma, mas também para a organização. Implemente um sentido de urgência que permita às pessoas compreender quão significativo é o desígnio da equipa.
- Encoraje os projetos e o trabalho conjuntos.
- Crie condições para que as pessoas se conheçam mutuamente, tanto no plano profissional como no pessoal.
- Reconheça o valor das diferenças entre os membros da equipa e mostre como elas podem fomentar a inovação e a melhoria da qualidade das decisões.
- Seja cuidadoso na seleção dos membros da equipa. Procure pessoas conscienciosas que gostam de trabalhar em equipa. Evite estrelas que apreciam brilhar sozinhas em detrimento do brilho da equipa.
- Seja cuidadoso na integração de novos membros, criando condições para que rapidamente se ajustem à equipa e compreendam o modo de nela trabalhar. Naturalmente, é também necessário que os novos membros sintam que as suas idiossincrasias são respeitadas.
- Crie condições para que cada membro da equipa compreenda o potencial e as competências dos restantes. Estimule cada um a suprir deficiências próprias com o talento dos outros.
- Não permita violações das regras do respeito mútuo. Seja justo.
- Reconheça a equipa pelo bom desempenho. Ou seja, partilhe os sucessos. Evite descartar-se da responsabilidade pelos fracassos. Mourinho afirmou: "Os resultados positivos são de todos, os negativos são meus"[20].

Sublinhe-se que este aspeto adquire especial significado num tempo em que uma quantidade progressivamente maior de equipas é temporária e constituída por membros provindos de diferentes especialidades, áreas funcionais, níveis hierárquicos, localizações e países/culturas. Daí decorrem barreiras que podem ser agrupadas em três tipos:

- As barreiras físicas emergem quando os membros da equipa trabalham em diferentes locais. Para lidar com as dificuldades advenientes, a Danone criou os *mercados de conhecimento*. São reuniões, num mesmo local, de gestores de todo o mundo. Além de outros mecanismos de partilha, os participantes vestem indumentárias que dissimulam a sua

SUPEREQUIPAS: ORIENTAÇÕES PARA A CRIAÇÃO DE VERDADEIRAS EQUIPAS

posição na hierarquia e são encorajados a partilhar ideias sobre negócios e operações.

- As barreiras de *status* provêm de diferenças profissionais (e.g., enfermeiros *versus* médicos; engenheiros *versus* juristas) ou hierárquicas. Podem ser derrubadas através da liderança inclusiva. Eis um exemplo: criar condições para que as pessoas de todos os níveis hierárquicos sejam igualmente respeitadas, convidadas a participar em igualdade de condições e tomadas como pares.
- As barreiras de conhecimento resultam de diferenças na experiência, no conhecimento ou nas qualificações. Podem ser geridas através, por exemplo, do questionamento apreciativo (indagar as pessoas mostrando apreciação pelas suas forças e qualidades), da liderança inclusiva e da valorização equilibrada de todos os contributos.

As barreiras não são necessariamente perversas, desde que o conflito emergente da diversidade seja gerido de modo construtivo. Para lá das antes citadas, outras medidas de liderança podem ser tomadas para esse efeito:

- O líder pode ajudar a equipa a focalizar-se numa missão ou propósito significativo que congregue os membros da equipa.
- Deve revelar curiosidade pela diversidade de perspetivas e promover a mesma curiosidade no seio da equipa.
- Pode organizar reuniões presenciais regulares, não se circunscrevendo a reuniões em ambiente virtual (a construção de confiança reforçada requer contacto físico).

Note-se que estas barreiras podem existir mesmo no seio de equipas de gestão de topo. Em algumas organizações, os responsáveis por diferentes departamentos ou unidades podem trabalhar em locais geograficamente separados. As suas qualificações, experiências e especialidades também podem divergir. Um modo de quebrar barreiras consiste em reunir a equipa em local exterior à empresa, durante um ou dois dias, criando condições para que todos os membros participem de modo inclusivo. Uma condição essencial é que o líder da equipa (o CEO) assuma uma posição neutra e discreta. Num encontro deste teor, em que atuamos como facilitadores, convidámos todos os membros a subscreverem a seguinte declaração de compromisso:

U.S. Army Drill Team: Uma equipa sem barreiras[21]

"Declaro que respeitarei as opiniões (mesmo que discorde delas) dos restantes participantes nesta sessão, desde que emitidas com respeito. Manifestarei as minhas opiniões livremente e aceitarei que os restantes participantes procedam do mesmo modo. Não confundirei discordância com ataque pessoal. Ao expressar-me com franqueza e respeito, serei leal aos meus pares."

3. NÃO PERMITIR QUE A EQUIPA SE TORNE UMA EGOLÂNDIA

Dois servidores da Navy SEAL, que temos vindo a citar[22], foram perentórios acerca da necessidade de gerir a tensão entre os anseios individuais e os coletivos:

"Os egos turvam e perturbam tudo: o processo de planeamento, a capacidade para aceitar bons conselhos e a disposição para aceitar críticas construtivas. Pode mesmo sufocar o sentido de auto-preservação do próprio indivíduo. Muitas vezes, o ego com o qual é mais difícil lidar é mesmo o *nosso*. Todos têm um ego. O ego motiva as pessoas mais bem-sucedidas – nas equipas SEALs, na vida militar, no mundo dos negócios. Querem vencer, querem ser os melhores. Isto é bom. Mas quando o ego turva o nosso julgamento e nos impede de ver o mundo como ele é, o ego torna-

-se destrutivo. Quando as agendas pessoais se tornam mais importantes do que a equipa e o sucesso da missão global, o desempenho sofre e o fracasso vem a seguir. Muitas das questões mais disruptivas no seio de uma equipa podem ser atribuídas diretamente a um problema com o ego."

Pelo exposto se compreende que o lema *um por todos, todos por um* apenas pode implementar-se com sucesso se os egos dos membros da equipa forem domesticados. Este é um desafio complexo. Por um lado, as boas equipas precisam de criar condições para que o talento individual se expresse plenamente. Por outro lado, necessitam de manter os egos dos jogadores cuidadosamente domados, sob pena de o desempenho da equipa ser penalizado. Leonardo Jardim, treinador de futebol campeão de França em 2017, afirmou que os futebolistas "gostam de ser reconhecidos e temos de gerir os egos"[23].

Mike Krzyzewski, treinador da equipa olímpica de basquetebol dos EUA, resumiu o ponto: o nosso melhor jogador pode levar-nos à terra prometida, mas também nos pode atirar para o caixote do lixo[24]. Esse risco é mitigado quando os membros da equipa *são equipa*. A equipa espanhola que conquistou o título de campeã europeia de futebol em 2008 foi descrita como uma equipa que não acredita em *galácticos*, estrelas maiores que a própria equipa. Um texto sobre a *Roja* fez a seguinte alusão: esta não era uma equipa como a Alemanha de Ballack, a Inglaterra de Beckham ou o Portugal de Ronaldo, mas a Espanha de Espanha[25]. Felizmente para o orgulho português, a construção de espírito de equipa é um processo dinâmico, pelo que o Portugal de CR7 acabou por vencer o EURO 2016 – com grande espírito de equipa.

Também o *jazz* oferece evidência prática da necessidade de domesticar os egos. Considere-se o caso de Art Blakey, grande músico de *jazz*, que procurava instruir músicos mais jovens sobre como melhorar o seu estilo *hard bop*. Antes de ser *educador*, Blakey foi *educado*. Enquanto baterista da orquestra de Chick Webb, aprendeu uma das suas lições educativas. O seu estilo era exuberante: parecia ter o ritmo no corpo, as suas contorções faciais eram expressivas, a sua gesticulação era superior ao normal. A combinação divertia o público, mas irritava os outros músicos. Cansado do espetáculo particular de Blakey dentro do espetáculo da sua orquestra, Webb chamou-o um dia e disse: "A música está nos tambores, não está no ar"[26]. O *drumming* exuberante morreu aí!

O controlo de egos é um exercício difícil, mas importante e crítico numa variedade de contextos – incluindo, progressivamente, nas organizações *normais* onde atuam colaboradores com propensão para o estrelato (Destaque 6.2). A domesticação é especialmente relevante nas organizações intensivas em conhecimento, cada vez mais comuns nas paisagens competitivas.

DESTAQUE 6.2
Estrelas prejudicando a saúde das equipas

Jeffrey Pfeffer, prestigiado professor de Stanford, argumentou que a procura constante de estrelas pode prejudicar a saúde organizacional e das equipas[27]:

- A ênfase no desempenho individual e as elevadas remunerações das estrelas talentosas prejudicam o trabalho de equipa – pois criam competição interna destrutiva e dificultam a aprendizagem e a disseminação das boas práticas. Ou seja, minam o capital social.
- A tendência para glorificar os talentos do exterior da organização, ou da equipa, gera desmotivação dos colaboradores internos e a saída dos bons "jogadores de equipa". Pode, pois, prejudicar a autoconfiança, o otimismo e outras forças psicológicas de muitos colaboradores.
- Endeusando os talentos a equipa, rotula indiretamente a maioria dos seus colaboradores de "menos capazes". Esta transmissão implícita de menos boas expectativas de desempenho gera perda de autoconfiança e acaba por gerar menos bom desempenho.
- A focalização nos talentosos dissemina a ideia de que há estrelas e medianos – e que estes não são capazes de chegar a estrelas. A consequência é o desperdício de muitas capacidades adormecidas ou negligenciadas.
- As organizações e as equipas que conseguem recrutar os melhores talentos podem tornar-se arrogantes – o que pode conduzir a decisões precipitadas e menos inteligentes.

Não pretendemos fazer a apologia do apagamento dos egos. Apenas argumentamos que não basta juntar pessoas competentes e talentosas para que floresça uma grande equipa. As boas equipas permitem que os egos se manifestem em prol da equipa – em vez de criarem uma Egolândia, um micro-parque temático de grandes egos. Por vezes, grandes egos conseguem grandes coisas – veja-se o caso de Steve Jobs[28]. Mas mesmo Jobs apenas floresceu em equipa. Numa fase inicial, porventura por não ter sabido domesticar o seu ego, foi escorraçado da "sua" Apple, mas aprendeu com o erro. Ao longo do tempo, descobriu a importância do génio coletivo[29]. Mais do que simplesmente expressar o seu génio individual, desenvolveu uma magnífica equipa de gestão[30]:

> "Criou uma equipa de topo com quadros muito talentosos, incluindo Tim Cook, um engenheiro industrial formado em Auburn, contratado à Compaq em 1998 e que viria a ser seu sucessor como CEO. Aplicou a esta equipa o conceito Beatles: Jobs acreditava que os Beatles tinham sido capazes, como grupo, de fazer sobressair o melhor de cada um[31]".

Considere o leitor a seguinte questão: porque implodem tantas *startups* promissoras, cujo crescimento é exponencial? Uma possível resposta é: porque as complexidades de um negócio em crescimento podem rapidamente exceder a competência gestionária dos fundadores, e porque, neste contexto, o choque de egos se torna mais provável. Esta combinação letal foi descrita por Peter Fenton como "a violência de uma *startup*"[32]. A ideia tem um significado: a mesma equipa pode fazer e desfazer uma organização, por vezes num ápice. A linha que separa competição e cooperação é estreita e de equilíbrio instável[33] – e o choque de egos pode repercutir-se no desempenho da equipa de gestão.

4. ACERTA QUEM ERRA

Steve Jobs "era famoso por promover a importância de cometer erros internamente, e de reconhecê-los rapidamente, de modo a alcançar produtos revolucionários o mais rapidamente possível."[34] Esta descrição pode parecer paradoxal num homem conhecido por ser perfecionista[35], mas o leitor compreenderá: para se ser perfecionista, é preciso melhorar, o que requer disposição para arriscar, a qual, por seu turno, pode resultar em erro ou fracasso. Naturalmente, não é o erro que permite aperfeiçoar – é a inclinação para aprender com o mesmo.

O desaire e o fracasso são inevitáveis nas equipas, como na vida. Mas há três modos de reagir aos mesmos. Primeiro: chorar sobre leite derramado. Segundo: procurar o bode expiatório. Terceiro: usar a falha e o insucesso como oportunidades para a aprendizagem. O primeiro modo deprime a equipa e torna os seus membros mais atentos ao passado deprimente do que ao futuro como oportunidade.

O segundo modo (procurar o bode expiatório) torna os membros da equipa menos capazes de arriscar, de assumir os erros e de partilhá-los com o resto da equipa. Sem risco, não há tentativas de melhoria nem inovação. Sem assunção e partilha de erros, os membros da equipa perdem oportunidade para aprender com erros dos outros. Pense o leitor no que sucede numa equipa médica cujos membros não receiam assumir o erro. Quem enfrenta um desaire ou comete um erro transmite-o aos restantes membros da equipa, toda a equipa ficando mais capacitada para não cometer o mesmo erro. E o doente sai beneficiado.

O modo mais apropriado de agir consiste em usar o erro e o desaire como oportunidade para a aprendizagem. Para progredir e aprender, é necessário experimentar novas abordagens, novas soluções e novos modos de trabalhar. Sem esta filosofia, a inovação não ocorre. Para acertar, é preciso errar e fracassar. A alternativa é não cometer erros – mas, nesse caso, os perigos para a inviabilidade da equipa são grandes. Luiz Serafim, o responsável pelo marketing da 3M (uma empresa reconhecida como uma das mais inovadoras à escala global) no Brasil, escreveu o seguinte[36]:

> "A tolerância ao erro é também uma das similaridades entre as companhias que entendem perfeitamente que errar é inerente ao processo de inovar. Na 3M, sempre se cultivou a liberdade para inovar, considerando a ação gestionária ditatorial e controladora como algo grave (...). No Google, um dos pensamentos compartilhados pela liderança é 'Erre rapidamente – assim você pode tentar outra coisa novamente'. Com essa estratégia, centenas de produtos são desenvolvidos e lançados, criando um ciclo de lançamento de novos produtos incomparável. Enquanto nem todos se tornam sucessos comerciais, outros tantos conquistam milhões de usuários pelo mundo."

Por conseguinte, as boas equipas são movidas pela ideia de progresso[37]. O seu lema é o de que *falhar é aceitável – não aprender com os desaires é que não é*. Para que o lema se concretize em inovação, em melhoria contínua e em progresso, é necessário que os membros das equipas sintam segurança psicológica. Isto é, importa que sintam liberdade para expor francamente o seu pensamento, expressar críticas, discordâncias e dúvidas, apresentar propostas contrárias ao *status quo*, assumir falhas e pedir ajuda – sem receio de penalizações, repreensões ou efeitos negativos na própria imagem.

SUPEREQUIPAS: ORIENTAÇÕES PARA A CRIAÇÃO DE VERDADEIRAS EQUIPAS

Para que a segurança psicológica prevaleça sobre o medo de falar e de arriscar, importa que os líderes da equipa atuem de modo apropriado (Quadro 6.1). Naturalmente, importa também que os perfis dos restantes membros da equipa sejam apropriados. Mesmo o líder mais bem-intencionado pode ver os seus intentos dificultados pelo sentimento de inveja que impera entre membros da equipa, ou por indivíduos acomodados, passivos e que adotam uma postura do tipo *yes-(wo)man*.

QUADRO 6.1 **Como o líder da equipa pode promover a segurança psicológica**

Não mate o mensageiro da má notícia.	Não maltrate quem lhe transmite as verdades desconfortáveis. Caso contrário, as pessoas acabarão por lhe dizer apenas o que julgam que deseja ouvir.
Não penalize erros honestos.	Casos há em que o erro deve mesmo ser premiado – não pelo erro em si, mas pelo facto de ele ter provindo de uma iniciativa corajosa e empenhada, e com a qual a equipa aprendeu.
Tome os erros e os fracassos como oportunidades para a aprendizagem.	Em atividades complexas e inovadoras, o erro e o desaire são inevitáveis. Importa que sejam usados como oportunidades para a aprendizagem. Desse modo, é mais provável que as pessoas assumam o erro, quando este tem ainda pequena escala – assim impedindo que erros de grande escala sejam cometidos.
Promova o respeito.	Promova um clima de respeito mútuo no seio da equipa. Não permita altercações desrespeitosas.
Assuma os seus erros e desaires.	Assuma os seus erros e desaires. Caso contrário, terá mais dificuldade em aprender e em obter ajuda – e perderá credibilidade.
Escute.	Mostre-se disponível para ajudar e escutar. As pessoas sentir-se-ão mais predispostas a comunicar aberta e francamente.
Seja humilde.	Cultive a humildade como traço organizacional. Assuma que não sabe o que não sabe. Peça ajuda quando precisa. As outras pessoas acabarão por proceder do mesmo modo.
Respeite a diferença.	Aceite respeitosamente críticas e discordâncias.
Estimule a participação.	Convide as pessoas (independentemente do respetivo *status*) a participarem nas decisões e a expressarem pontos de vista.
Elogie.	Elogie a equipa pelos sucessos. E, quando há fracassos, não caia no erro de *sacudir a água do capote*.

Defina as regras do jogo e responsabilize quem não as cumpre.	Defina regras (essenciais) claras sobre o que é ou não aceitável. E seja consequente, chamando a atenção de quem as transgride. Não seja permissivo, mas não crie um batalhão de regras – que burocratizam o trabalho e impedem as pessoas de tomar iniciativa. Defina, apenas, as regras essenciais (veja a secção "Boas regras e normas de funcionamento das equipas" do capítulo 3).
Atue como *coach* da equipa.	Atue como *coach* dos membros da equipa, colocando-se à disposição e apoiando o respetivo desenvolvimento.
Faça o que diz.	Não se baste com preleções. Seja consequente. Faça o que preconiza. Dê o exemplo.

5. PRODUZINDO CAPITAL SEM DINHEIRO

Um fator estritamente relacionado com a segurança psicológica é a confiança entre os membros da equipa e entre estes e o líder. A segurança psicológica promove a confiança: as pessoas desenvolvem mais confiança mútua se se sentirem psicologicamente seguras, mas a confiança também promove a segurança psicológica: se as pessoas confiam umas nas outras, acabam por experimentar o sentido de segurança psicológica. Poder-se-á mesmo afirmar que a confiança e a segurança psicológica são dois ingredientes essenciais do *capital social* de uma equipa.

Uma equipa repleta de *capital económico/financeiro*, mas desprovida de *capital social*, poderá enfrentar dificuldades sérias de desempenho. Sem confiança, os membros da equipa não cooperam devidamente, sonegam informação uns aos outros, desconfiam da informação que lhes é facultada, fazem apenas aquilo a que estão obrigados. Várias razões podem explicar a escassez de segurança psicológica em muitas equipas. Alguns membros podem espalhar a desconfiança. Um amigo do grande explorador Percy Harrison Fawcett avisou-o um dia: "todo o grupo tem o seu Judas". Cautela, pois, com os membros do grupo que corroem a equipa[38].

Em equipas sem capital social, as possibilidades de conflito destrutivo também são maiores. Dado que o apoio e cuidado mútuo são escassos, as pessoas experimentam menor felicidade no trabalho e encaram as tarefas como um mero emprego – e não com espírito de missão. Num ambiente de desconfiança, no qual o cinismo impera, até mesmo os atos de ajuda

SUPEREQUIPAS: ORIENTAÇÕES PARA A CRIAÇÃO DE VERDADEIRAS EQUIPAS

podem ser contraproducentes – pois o recetor da ajuda pode considerar que a mesma é manhosa, interesseira ou mal-intencionada.

A grande vantagem do capital social é que, além de não requerer recursos financeiros, pode gerar resultados muito positivos. A confiança é, aliás, um recurso valioso *per se*. Em equipas repletas de confiança, a cooperação é a regra, e a comunicação aberta e franca impera. Quem comete erros honestos assume-os, partilha-os e assim permite que a equipa aprenda com os mesmos. As pessoas apoiam-se mutuamente, o que lhes permite atravessarem eficazmente momentos problemáticos da vida pessoal ou profissional. O próprio líder fica com maior margem de liberdade para atuar:

"(...) Nas equipas que funcionam bem, nas quais os seus membros fruem de um elevado grau de confiança mútua e credibilidade, os gestores dispõem de maior latitude para decidir coisas sem ter de explicar ou justificar as suas ações. Nas equipas menos eficazes, os seus membros questionam mesmo a mais inocente ou inócua sugestão que o gestor faça"[39].

Sendo um lubrificador essencial dos relacionamentos sociais, a confiança é crucial no seio das equipas, pelo que importa que seja promovida e alimentada:
- A escolha dos membros da equipa deve ser cautelosa, pois algumas pessoas são mais confiáveis do que outras. Importa selecionar membros honestos, tecnicamente competentes e com boas competências relacionais.
- O líder da equipa deve ser credível, competente, honesto e atuar com justiça, dignidade e respeito pelos membros da equipa. Cabe-lhe atuar com imparcialidade, mas sem descurar as especificidades de cada membro da equipa. Cumprir as promessas, atuar de acordo com as suas prédicas, e agir exemplarmente são também fundamentais.
- Um líder confiável que pretende nutrir a confiança no seio da equipa não permite deslealdades, quebras de confiança e facadas nas costas.
- A confiança é um espaço constituído por todos. Por conseguinte, nas boas equipas, membro algum se esquiva a assumir o seu papel na sua construção – sob pena de ser responsabilizado quando se furta ao seu dever de lealdade.

Um estudo ajuda a compreender o que acaba de ser exposto. Os dados mostraram que o desempenho das equipas é facilitado por duas condições, fortemente inter-relacionadas[40]: transparência e integridade. A *transparência* refere-se ao grau em que os indivíduos partilham informação e explicações relevantes com os outros. Nas equipas transparentes, a informação circula abundantemente, as pessoas confiam nela e todos compreendem as razões pelas quais as decisões são tomadas. A *integridade comportamental* refere-se à consistência entre as palavras e os atos. Para cultivar a confiança, os líderes devem, pois, criar um ambiente de transparência íntegra ou de integridade transparente – permitindo que os líderes tenham acesso à maior parte da informação durante a maior parte do tempo.

6. O MAL NÃO ESTÁ EM PERDER – MAS EM BAIXAR OS BRAÇOS

O que antes foi afirmado acerca da importância de aprender com o erro comporta outra *nuance*: após errar ou perder, é crucial que a equipa mantenha a determinação. Pep Guardiola referiu-se aos seus jogadores do seguinte modo[41]: "Perdoo que joguem bem ou mal, mas não perdoo que não se esforcem". O treinador Clark[42], da Cal Rugby, também afirmou: "Não interessa se ganhámos, interessa se melhorámos."

Sendo o erro e o fracasso inevitáveis, importa que a equipa não esmoreça e, antes, seja perseverante na busca dos seus objetivos. O leitor pode obter uma boa compreensão da importância da perseverança mediante a leitura de dois textos, relacionados entre si, e publicados em livros de que somos coautores. O primeiro intitula-se *Perseverança: Energia de maratonista*, constituindo o primeiro capítulo do livro *Liderança: A virtude está no meio*[43]. O segundo texto é a secção *Bravery and persistence*, inserido no terceiro capítulo do livro *The virtues in leadership*[44].

Ambos os textos mostram que a perseverança dos indivíduos, e dos líderes em particular, pode ser um recurso mais importante do que a inteligência. Indivíduos muito inteligentes desprovidos de perseverança podem ser ultrapassados por indivíduos menos inteligentes mas fortemente perseverantes. O argumento é extensivo às equipas. A perseverança ou tenacidade das equipas é uma forma de *capital psicológico* que lhes permite aprender com os erros, lidar com a adversidade, encontrar novos caminhos para alcançar as metas pretendidas. É a energia que lhes permite *transformar o veneno em remédio*[45]. Naturalmente, quando a missão e o propósito da equipa são valorosos, a determinação dos seus membros será maior: as pessoas e as equipas precisam de um "porquê" que alimente a sua determinação[46].

Pense o leitor nas equipas desportivas que, embora menos talentosas do que os adversários, lutam até ao último segundo do desafio pelo melhor resultado – quaisquer que sejam as adversidades. Reflita também sobre as equipas de estrelas que, sofrendo o golo do empate a dois minutos do termo do desafio, esmorecem – e acabam por perder o jogo no tempo extra. Algo similar ocorre em equipas *normais*. Alimentadas por uma missão ou propósito mobilizador, e caraterizadas por forte sentido de segurança psicológica e de confiança, as boas equipas persistem perante as dificuldades e os desafios, em vez de se lamentarem da escassez de recursos ou da *falta de condições*.

De onde provém a tenacidade e a perseverança das equipas? A resposta é múltipla. Em primeiro lugar, indivíduos perseverantes tenderão a gerar equipas mais persistentes, tenazes. Todavia, para que essa possibilidade se concretize, é necessário que a equipa esteja envolta num clima de confiança e segurança psicológica – cujos fatores já foram antes explanados. É também necessário que a equipa tenha um rumo claro e que a missão e o propósito da equipa sejam repletos de significado.

Em segundo lugar, se essas condições estiverem ausentes, indivíduos perseverantes não geram, necessariamente, equipas perseverantes. Num clima de desconfiança e cinismo, e nas equipas sem rumo nem propósito significativo, mesmo os indivíduos mais tenazes podem escusar-se a colocar essa força ao serviço da equipa. O leitor sacrificar-se-ia e colocaria a sua tenacidade ao serviço de uma equipa cujo propósito é desprovido de sentido, não tem rumo, e que funciona como um ninho de víboras?

Em terceiro lugar, o papel do líder é igualmente relevante. A investigação sugere que líderes autênticos e humildes são bons promotores deste tipo de capital psicológico das equipas[47]. Como devem proceder? Sendo honestos, partilhando informação, convidando os membros da equipa a participarem nas decisões, adotando práticas de imparcialidade e justiça, e promovendo a transparência. Fernando Santos, em palestra na Nova, referiu não mentir aos jogadores nem adoçar a mente dos suplentes com ilusões de titularidade.

7. BENDITO CONFLITO

O problema não é o conflito, mas o que se faz com ele

Sara lidera o conselho executivo de uma empresa industrial. Os seus colegas são considerados, no setor, pessoas cordatas. A empresa tem uma boa posição, com produtos reconhecidos e liderantes nas respetivas categorias. No passado, tem havido atritos entre alguns dos membros do grupo, daí tendo resultado persistentes animosidades pessoais. Como resultado, o coletivo desenvolveu o hábito de não ventilar desacordos. Os debates perderam vigor e tornaram-se superficiais. Sara receia que esta paz, que apresenta vantagens, esconda inconvenientes e perigos. Sente que se instalou uma espécie de paz falsa no seio da equipa.

O cenário é mais comum do que possa supor-se. Uma grande parte dos conflitos é desagradável – sendo compreensível que as pessoas receiem prejudicar relacionamentos interpessoais importantes. Por vezes, em equipas muito coesas, esse receio é ainda mais acentuado – como se discutiu na secção dedicada ao fenómeno do pensamento grupal (capítulo 5). Mas o conflito não é intrinsecamente perverso. Tal como o filósofo David Hume referiu, "a verdade brota da argumentação entre amigos"[48]. Keith Ferrazzi, consultor e autor, escreveu o seguinte:

"O desejo de evitar o conflito é compreensível, mas também um dos mais debilitantes fatores da vida organizacional. A ausência de candura contribui para ciclos temporais mais longos, decisões mais lentas, e discussões desnecessariamente iterativas. Um excesso de polidez sinaliza muitas vezes um local de trabalho excessivamente politizado. Os colegas que têm medo de falar honestamente na cara das pessoas fazem-no nas suas costas. Este comportamento tem um preço."[49]

O que é perverso é o conflito de personalidades, repleto de ataques pessoais, desconfianças e tensões emocionais (veja secção seguinte). Diferentemente, o conflito *substantivo* de ideias e de perspetivas pode traduzir-se em melhores decisões e mais elevado desempenho da equipa. Desde que desprovido de tensões emocionais e de ataques pessoais, o conflito *substantivo* ajuda a compreender melhor um dado problema e a discutir os melhores modos de enfrentá-lo. Energiza os membros da equipa. Ajuda as pessoas a compreenderem a origem das diferenças de pontos de vista. Deve, pois, ser promovido moderadamente. Da discussão aberta e sábia nasce a luz. Sem ela, as discordâncias são escondidas, as decisões são tomadas sem que diferentes perspetivas tenham sido apreciadas, o trabalho de equipa pode transformar-se num marasmo. Várias ações de liderança são possíveis:

- Consciencialize a equipa das vantagens do debate e das divergências de ideias e pontos de vista. E ajude-a a compreender que a *paz podre* não é a melhor maneira de trabalhar em equipa.
- Dê o exemplo, respeitando as discordâncias manifestadas às suas ideias e propostas.
- Impeça ataques pessoais.
- Mantenha o debate focalizado no problema ou na oportunidade – e não nas pessoas.
- Não considere uma posição minoritária como menos valiosa do que a posição da maioria. Uma maioria não está necessariamente mais dotada de razão do que a voz isolada, pode cometer muitos erros e pode estar envolta num véu de equívocos partilhados. E o consenso também não é sinal de valia da decisão tomada. Muitas decisões disparatadas (nas vidas política, económica e empresarial) foram tomadas por consenso. "Consenso perigoso", no sistema político e bancário, foi a expressão usada pelo Ministro das Finanças da Irlanda, Michael Noonan, para explicar a origem da crise financeira que se abateu sobre o país[50].
- Dê guarida ao *advogado do diabo* no seio da equipa[51]. Pode incumbir alguém de exercer esse papel, mas convém que haja rotação no exercício do mesmo, sob pena de a equipa começar a desenvolver ressentimento perante a pessoa que sempre assume essa função – que pode sentir-se *perseguida* pelos outros.
- Atue atempadamente. As equipas são sistemas frágeis, e uma causa de conflito que não é atacada no tempo certo pode ser extraordinariamente perturbadora do futuro funcionamento da equipa. Este ponto torna necessário que o líder tenha o *radar emocional* sempre ligado e que desenvolva a capacidade para reconhecer as temperaturas emocionais coletivas, ajustando a *lente* de observação à realidade circundante[52].

Uma última nota recai sobre a confiança – ou a falta dela. Algumas equipas são minadas pela paranoia. Todos desconfiam de todos. Mesmo o gesto genuíno mais simpático pode ser interpretado com suspeição. Naturalmente, esta atmosfera é destrutiva. O líder não deve jamais alimentá-la.

Deve, antes, promover a confiança mútua, de modo a criar capital social. Mas a confiança deve ser vigilante, não cega. A confiança excessiva pode ser uma fonte de problemas, levando a equipa a mergulhar num clima de paz improdutivo, uma zona de conforto que se tornará problemática[53]. Gerir o equilíbrio entre dois extremos é, todavia, um desafio exigente, como Shragai escreveu no *Financial Times*[54]:

> "Talvez o equilíbrio correto na vida do trabalho seja manter um grau saudável de suspeição e de vigilância, ao mesmo tempo que se escapa ao pensamento irracional [paranoico]. Pode ser uma linha estreita e que requer uma mente ampla e objetiva para filtrar tantos sentimentos e pontos de vista conflituantes".

Em suma: as boas equipas não são microcosmos *celestiais*. Não estão isentas de divergências, de competição e de rivalidades. Distingue-as o facto de tomarem estas facetas como parte natural da vida e de aprenderem com elas. Ou seja, as boas equipas gerem de modo apropriado tais agruras e dificuldades, em vez de permitirem que as mesmas contaminem o ambiente e o tornem caótico, irrespirável e destrutivo dos mecanismos de coordenação e cooperação. Aceitam que não podem ficar eternamente na fase da *tempestuosidade* e da colisão. Têm, pois, *boas guerras* – focadas na missão da equipa.

O caso dos U2 é emblemático. Em 1990, em Berlim, a banda esteve à beira do colapso. De um lado, Bono e The Edge, a metade liderante, queria abandonar o som clássico dos anos 80. Do outro lado, Adam Clayton e Larry Mullen Jr. preferiam continuar no trilho anterior. Depois de semanas de tensão e de fraco progresso, as improvisações em torno de uma canção, *One*, serviram para ultrapassar a indefinição. Feita por todos e do agrado de todos, esta canção mostrou um caminho[55], mas inúmeros outros casos de bandas *rock* ilustram o ponto. Duplas liderantes como Jagger/Richards nos Rolling Stones, Morrissey/Marr nos Smiths, Lennon/McCartney nos Beatles, não viveram *casamentos* perfeitos. As equipas duradouras aceitam as divergências e as rivalidades como parte do processo e aprendem a viver com elas.

O problema não é o conflito, mas a sua espécie

Maria considera-se uma funcionária dedicada e competente. Este ano, todavia, foi alvo de uma avaliação de desempenho que lhe desagradou. Usou a entrevista de avaliação para protestar. O seu chefe escutou-a, mas justificou e manteve os argumentos. Maria assinou o documento de tomada de conhecimento da avaliação, mas não se resignou. O seu comportamento alterou-se. Transferiu a sua ira da sua avaliação para o seu chefe. Agora, fala com ele apenas o estritamente necessário. Está convicta de que, na base da avaliação, há motivações pessoais. A temperatura nas reuniões da equipa de que ambos fazem parte esfriou, afetando todos os membros da mesma. Maria tenta arranjar aliados.

O caso ajuda a compreender que alguns tipos de conflito podem ser destrutivos do trabalho cooperativo no seio da equipa. Conflitos destrutivos são os que conduzem a ataques pessoais e à agressividade. Estão envoltos em explosões emocionais e podem conduzir a uma escala tal que, a determinado momento, as partes pretendem sobretudo destruir a contraparte, mesmo com prejuízo próprio. As razões podem ser diversas. A primeira ação a desenvolver para removê-las é, precisamente, compreender a proveniência de conflitos deste teor:

- A raiz do problema pode residir na personalidade de alguns indivíduos – caso em que pode ser difícil sanar o problema sem afastar tais indivíduos da equipa.
- O problema pode também provir do *choque* de personalidades. Nesse caso, a solução pode passar por colocar cada indivíduo em diferentes tarefas ou funções, mais do que afastá-los da equipa.
- A razão da conflitualidade pode provir não da personalidade de um dado indivíduo, mas de circunstâncias específicas da sua vida pessoal, social, familiar ou profissional. Nesse caso, a solução passa por ajudar a pessoa a resolver o problema subjacente ou a lidar com ele de modo emocionalmente menos tenso.
- As origens da conflitualidade destrutiva também podem provir de fatores organizacionais (e.g., um sistema de avaliação de desempenho injusto e obtuso) ou associados à própria equipa. Nesta circunstância, pode ser conveniente atuar sobre tais causas – em vez de simplesmente tomar algum indivíduo como bode expiatório (veja Destaque 6.3).

DESTAQUE 6.3
Cuidado com os bodes expiatórios

O bode expiatório é uma figura recorrente nas comunidades humanas. Quando o funcionamento de uma equipa é insatisfatório, ou quando algo de negativo ocorre e a *culpa quer morrer solteira*, a equipa pode justificar a sua ineficácia apontando o dedo a uma *ovelha negra* que, alegadamente, desvia a equipa do bom caminho. *Se não fosse essa pessoa, a nossa equipa seria melhor* – eis a explicação. O fenómeno é bastante abrangente e frequente. Escreveu Christopher Caldwell, no *Financial Times*, que é natural, em tempo de crise, que os políticos façam das agências de *rating* bodes expiatórios[56].

A identificação de um bode expiatório, numa equipa ou numa família, apresenta consideráveis vantagens. Poupa cada membro à sua quota-parte de responsabilidade. Mantém os bons do lado oposto ao bode. Explica o sucedido. Oferece uma válvula de escape para a pressão emocional. Mas também encerra desvantagens. O bode expiatório exclui a necessidade de o grupo e cada um dos seus elementos se confrontarem com as suas responsabilidades – o que não é bom prenúncio para uma equipa que pretende ser realmente bem-sucedida. Aliás, frequentemente, após ter expelido o bode expiatório, o grupo persiste nas práticas anteriores, mantém o sub-rendimento parte em busca de um novo bode expiatório.

Lição: em vez de procurarem bodes expiatórios para os fracassos, as equipas devem fazer o que precisa de ser feito. Só depois devem procurar causas, responsabilidades e responsáveis[57]. A inversão das prioridades gera confusão, alimenta a inação, mantém a raiz do problema intacta e diminui a resiliência do sistema equipa. Cuidado, pois, com as catarses rápidas.

Diversas medidas já antes referidas podem ser aplicáveis ao enfrentamento deste problema. O que mais releva é a promoção da discordância respeitadora, a proibição do ataque pessoal e a capacidade de distinguir discordância substantiva de ataque pessoal. Outras medidas podem ser apontadas, sendo uma das mais relevantes a promoção da escuta ativa[58].

Escutar ativamente é mais do que ouvir as palavras do interlocutor. Requer a compreensão, a interpretação e a avaliação empática daquilo que o interlocutor pretende comunicar. O líder da equipa deve ser um ouvinte ativo e respeitador dos seus interlocutores. Deve promover a mesma competência entre os membros da equipa. Leonardo Jardim, treinador de futebol, explicou o processo da seguinte forma: "Engraxo quem está abaixo, o roupeiro, o massagista... não o chefe. Escuto, escuto, escuto."[59]. Lincoln, o ex-presidente americano que continua a ser alvo da admiração dos seus concidadãos e que serve de inspiração ao ensino da liderança em Harvard, era um ouvinte ativo dos membros da sua equipa[60].

A capacidade importante do líder de negociar resoluções de conflito entre terceiros é uma competência igualmente importante. Eis algumas pistas:

- Modere a discussão sem tomar parte.
- Encoraje os membros em disputa a procurarem zonas de concordância e a explorarem novas possibilidades que os satisfaçam mutuamente. Não esqueça que muitos conflitos podem ter soluções mutuamente satisfatórias.
- Ajude as pessoas a perdoarem-se. Leve-as a compreender que o rancor as prejudica e impede a cooperação no seio da equipa.
- Estimule cada parte a defender a posição da contraparte.
- Focalize-se na substância e não nas pessoas. Estimule as partes em conflito a procederem do mesmo modo.
- Se as partes se revelarem irredutíveis, permita que a tensão emocional decresça e agende novo encontro para momento mais oportuno.
- Em situações extremas, considere a possibilidade de facultar um facilitador (uma terceira entidade independente e imparcial) aos contendores.

8. NAS BOAS EQUIPAS NÃO SE FALA COM OS OLHOS POSTOS NO CHÃO

Uma investigação realizada no Human Dynamics Laboratory, do MIT, mostra que os padrões de comunicação no seio da equipa são um fator potente do desempenho da mesma. Segundo Pentland, "o melhor modo de construir uma grande equipa não é selecionar indivíduos pelo seu brilhantismo ou as suas realizações; é, antes, aprender o modo como os membros da equipa comunicam entre si, e depois moldar e guiar a equipa para que ocorram padrões de comunicação bem sucedidos"[61]. As equipas mais produtivas apresentam as seguintes caraterísticas:

- Todos os membros da equipa comunicam direta e abundantemente com todos – sobretudo através da comunicação cara a cara e não através do correio eletrónico ou outras formas de comunicação escrita.

- A equipa também comunica apropriadamente com outras equipas e entidades externas, assim obtendo informação relevante para o funcionamento interno.
- A partir de um determinado nível de trocas comunicacionais, o desempenho decai. Isso provavelmente ocorre porque a equipa despende mais tempo a socializar do que a trabalhar – confundindo *conhaque* com trabalho.

Equipa de *rugby* da Inglaterra:
Nem sempre os olhos postos no chão significam problemas de comunicação[62]

Outros estudos[63] sugerem que, nas equipas mais produtivas, as pessoas comunicam de modo apreciativo e elogioso. Mais especificamente, combinam fluxos positivos com negativos. Ou seja, as melhores equipas não anulam a crítica nem as mensagens negativas – mas atuam para que a positividade comunicacional prevaleça sobre a negatividade.

Como promover fluxos de comunicação produtivos no seio da equipa? Selecionar indivíduos confiáveis, honestos e com boas competências emocionais, sociais e relacionais é importante, mas não é suficiente. Eis algumas linhas de orientação para líderes:

- Ajude a equipa a compreender como funcionam os fluxos comunicacionais entre os diversos membros. Um diagrama que permita visualizar tais fluxos ajuda a equipa a consciencializar-se de eventuais desequilíbrios.

- Incuta nos membros da equipa a propensão para que todos comuniquem com todos, de modo direto (ou seja, sem a sua interferência como líder), franco e aberto.
- Promova a expressão livre de pontos de vista, num quadro de respeito mútuo. Permita que todas as pessoas se pronunciem, independentemente do *status* ou do poder por elas detido. Ajude a equipa a lidar naturalmente com o debate mais aceso. Leve-a a compreender que a colisão de ideias não implica o ataque ou o choque pessoal.
- Discuta pontos de vista, ideias e comportamentos – não o caráter dos seus autores. Fomente igual atitude entre os membros da equipa.
- Não confunda discordância com deslealdade. Não *mate o mensageiro da má notícia*, antes acolha a transmissão da verdade, por mais severa e penosa que seja.
- Desconfie dos silêncios. Frequentemente, escondem discordâncias envergonhadas ou medos de exposição pessoal.
- Conceda prevalência à comunicação cara a cara, em detrimento da comunicação escrita. Atue exemplarmente. Não se circunscreva ao seu gabinete – antes comunique diretamente com os membros da equipa.
- Proporcione formação às pessoas, ajudando-as, por exemplo, a desenvolver competências de escuta ativa e a respeitarem as divergências de pontos de vista.
- Crie condições para que a equipa comunique com outras equipas e entidades – mas sem que daí resulte prejuízo nos fluxos comunicacionais internos.
- Promova a comunicação informal permanente entre todos os membros da equipa, designadamente através do desenho apropriado dos espaços físicos (Destaque 6.4).

DESTAQUE 6.4
Como o criador do "papel mais *sexy* do mundo" promove as conversas entre os colaboradores

A Renova é uma empresa portuguesa que adquiriu especial projeção internacional após ter colocado papel higiénico de cor preta no mercado. Posteriormente, outras cores foram acrescentadas. Uma escola de negócios (INSEAD) usou a inovação da empresa como *case study*. Rosália Amorim, no jornal *Expresso*, denominou o seu líder, Paulo Pereira da Silva, como o criador do "papel mais *sexy* do mundo"[64]. Quando a jornalista o interpelou com a pergunta "É por isso que as 30 pessoas que trabalham perto de si estão num *open space* informal, que até tem dois baloiços?", Paulo Pereira da Silva respondeu:

"A inovação é como uma bola de neve. Uma invenção até pode surgir durante um almoço ou um café. É por isso que tudo está feito para que as pessoas tomem café juntas, almocem juntas, conversem enquanto andam de baloiço. É por isso que estão sentadas perto umas das outras, misturando áreas distintas. A cultura de inovação tem a ver com a vivência no dia a dia e com a vontade de crescer."

9. BOAS EQUIPAS TÊM BOAS REGRAS

Uma equipa sem regras resvala para a desordem, o desrespeito e a ineficácia. Diferentemente, as boas equipas funcionam com base em regras estabelecidas mutuamente. Nas equipas militares, a confiança na chefia, a lealdade e a obediência têm de ser condição normal. Todavia, para que esta condição não se revele problemática, as chefias têm de ser responsáveis e responsabilizadas. Ou seja, também as chefias devem respeitar as regras.

Mas as boas regras e as boas hierarquias não se restringem ao domínio castrense. Mourinho (Mou) é, reconhecidamente, um mestre da disciplina e do cumprimento escrupuloso de regras (veja os 10 "moundamentos" no Quadro 6.2). Sob seu comando, a pontualidade impera e o incumprimento da mesma tem consequências. As concentrações e refeições "não são negociáveis. Mourinho quer os jogadores juntos desde a noite anterior. Controla o que comem os futebolistas"[65]. Veja-se, em contraste, o efeito da indisciplina que corroeu o desempenho da seleção nacional que representou Portugal no Mundial do México de 1986 (Destaque 6.5).

SUPEREQUIPAS: ORIENTAÇÕES PARA A CRIAÇÃO DE VERDADEIRAS EQUIPAS

DESTAQUE 6.5
Quando a indisciplina destrói o desempenho da equipa

O *caso Saltillo* (nome da cidade onde a equipa portuguesa estava alojada) ocorreu durante o Campeonato do Mundo de Futebol de 1986, realizado no México. Escassez de autoridade por parte dos responsáveis, fraco planeamento e amadorismo na preparação – eis fatores que estiveram na origem do escândalo. Entre as inúmeras peripécias que rodearam a participação da equipa portuguesa, contam-se: (a) uma greve dos jogadores; (b) o uso das camisolas do avesso, durante os treinos, para evitar publicidade rentável para a Federação; (c) desregramento nas atividades sexuais dos jogadores; (d) conflitos internos entre jogadores de diferentes clubes; (e) confrontos entre jogadores e dirigentes da Federação. Paulo Futre, jogador da seleção, referiu em entrevista ao jornal *Sol*[66]:

> "De vez em quando falávamos com a família e também houve um comunicado do [Presidente] Mário Soares, mais ou menos a dizer: 'Tenham cuidado, portem-se bem que estão a representar Portugal'. Estava lá na parede. Mas estávamos noutro mundo, no meio da desorganização total."

O resultado foi a eliminação dos quartos-de-final, perante equipas modestas. As sequelas fizeram-se sentir durante a década seguinte – tendo Portugal ficado ausente das principais competições internacionais.

A própria produção musical das orquestras é fortemente pautada pela disciplina. O maestro Rui Massena[67] explicou: "A orquestra é uma hierarquia quase militar e eu respeito isso escrupulosamente". O mesmo líder musical explicou que procura combinar regras fortíssimas com liberdade – uma combinação paradoxal que reitera a relevância das estruturas mínimas[68]. Estas estruturas podem ser definidas como um conjunto simples e breve de regras, no seio das quais se pratica a liberdade. A sua relevância advém da necessidade de *casar* liberdade com disciplina:

- Equipas sem regras são caóticas.
- Equipas com excesso de regras transformam-se em burocracias desresponsabilizadoras. No seu seio, toda a ação se norteia pela regra, mesmo que o efeito seja perverso para a missão da equipa.
- A solução apropriada é definir um conjunto básico de regras e permitir ampla liberdade de ação desde que tais regras sejam cumpridas.
- Naturalmente, importa rever regularmente a pertinência das regras e remover as "regras estúpidas"[69].

TREZE LINHAS ORIENTADORAS PARA DESENVOLVER EQUIPAS

QUADRO 6.2   Os dez "moundamentos"[70]

1. Os jogadores não são as estrelas. A única estrela é a equipa.

2. A culpa é do treinador. A responsabilidade é de todos.

3. É terminantemente proibido excluir-se. Quem não treina duramente não joga.

4. A pontualidade é sagrada. Quem se atrasa um minuto não viaja.

5. O hotel é como um *bunker* de proteção da equipa.

6. Nos quartos, os jogadores só podem beber água.

7. O som dos telemóveis é proibido.

8. Todos os jogadores são importantes.

9. Cada jogador recebe um DVD personalizado com as caraterísticas do adversário que enfrentará no seu raio de ação.

10. A equipa trabalha arduamente para ganhar os jogos. A vitória está acima de tudo.

As regras básicas (*ground rules*) definem o *solo* sobre o qual se constrói o trabalho em equipa. Estabelecem o modo como a equipa lida com a diferença, como se estrutura, como aceita ser liderada. Sem regras, uma equipa consome-se com o processo interno, não sendo capaz de focar as energias na missão da própria equipa. Naturalmente, as regras básicas diferem consoante as missões e os constituintes das equipas. Todavia, regras como o respeito mútuo e a interajuda são comuns à generalidade das equipas.

As *ground rules* podem ser discutidas e trabalhadas formalmente em sessões de *coaching* de equipa. Eis um exemplo: os autores deste livro participaram como facilitadores numa sessão de trabalho com a equipa de gestão (uma dúzia de membros) de uma empresa industrial. Apesar de todos os membros da equipa serem cordatos e profissionais experientes, tinham desenvolvido uma dinâmica de relacionamento com alguma toxicidade. O nosso papel foi o de consciencializar a equipa dos problemas vigentes, ajudá-la a compreender as razões subjacentes e desenvolver uma dinâmica relacional que fosse frutuosa no futuro.

No decurso da sessão, evidenciaram-se problemas relacionais diversos, designadamente os provindos de mensagens eletrónicas. Por exemplo, alguns elementos do grupo trocavam *e-mails* com conteúdos agressivos, por vezes com conhecimento (CC) a terceiros. Uma conclusão da sessão foi a de que o funcionamento desta equipa deveria caraterizar-se por algo que eles próprios denominaram a *regra de Las Vegas*: o que acontece em Vegas fica em Vegas. Isto é: o que se discute entre dois membros da equipa, entre eles fica. Este é um exemplo de uma regra basilar com potencial para melhorar o funcionamento de qualquer equipa.

10. UMA BOA EQUIPA É UMA EQUIPA COM ESTILO

As boas equipas *têm estilo*. As grandes organizações também. O Barcelona de Guardiola tinha estilo. As bandas de Miles Davis eram o paradigma do *cool*. O estilo leva décadas a afinar e passa de líder para líder. Por isso, as boas equipas são, frequentemente, fruto de lideranças inter-geracionais – como tem ocorrido no FC Barcelona[71], um caso que discutimos no Capítulo 1. Nas melhores equipas, cada líder apruma o trabalho de líderes anteriores. É preciso que haja continuidade para haver espaço para uma evolução natural, orgânica, não dramática[72]. Simon Rattle, enquanto maestro da Filarmónica de Berlim, esclareceu o ponto, apresentando a orquestra como "A máquina que Karajan construiu". Reconhecendo ainda a influência histórica de outro maestro mítico, Wilhelm Furtwängler, Rattle disse ter herdado de ambos a cor e a qualidade do som. Sobre a herança, afirmou: "Não se pode mudar, mesmo que se seja suficientemente estúpido para o querer fazer"[73].

Simon Rattle, liderando a Orquestra Sinfónica de Berlim, uma equipa com estilo[74]

Por conseguinte, há razões para supor que as mudanças dramáticas apenas ocorrem quando as lideranças são pouco sensíveis à necessidade de equilibrar mudança e continuidade – ou quando, de modo competente, sentem que é necessário criar um estilo até então inexistente. Mourinho foi muito claro a este respeito, antes de começar a sua primeira liga ao serviço do Real Madrid[75]:

"O Barcelona tem uma filosofia desde os tempos de Cruyff, inclusivamente desde Michels. Depois chega Van Gaal, um *upgrade*. Depois chega Rijkaard, um *upgrade*. Agora chega Pep, um *upgrade*, mais consistente dado o entendimento que Pep tem desta cultura, mas é um trabalho de *upgrades*. O Real Madrid é um trabalho de contradições. Uma contradição de ideias entre os diferentes treinadores que vão chegando em vez de um *upgrade* para melhorar a sua aplicação. É uma aplicação nova. Há com certeza pontos comuns entre os cinco treinadores que estiveram no Real Madrid nos últimos anos. Mas a equipa de Capello não tem nada a ver com a de Schuster ou com a de Juande Ramos ou com a de Pellegrini. Se apanharmos estas equipas, é tudo menos um *upgrade*. É um conflito permanente de ideias, e assim os jogadores não conseguem alcançar uma cultura de jogo".

Uma nota adicional é aqui necessária: uma equipa com estilo não é uma equipa imutável. Quando o estilo se transforma em mania cega à realidade, a realidade toma conta do estilo. Sobre a equipa Giants, outrora ganhadora mas depois perdedora absoluta, escreveu-se no *The New York Times* que se transformara numa equipa "velha, disfuncional, defeituosa e com um estilo de jogo desatualizado"[76].

11. PORQUE A LIDERANÇA DE UM SÓ LÍDER ENFRAQUECE A LIDERANÇA

Charles de Gaulle, ex-presidente da República Francesa, terá afirmado que "a política é um assunto demasiado sério para ser deixado nas mãos dos políticos". Algo similar pode ser afirmado a propósito da liderança: a liderança das equipas é um assunto demasiado sério para ser deixado nas mãos do líder.

Um episódio relatado por um atleta olímpico português ajuda a compreender a seriedade da matéria. O líder de uma prova de estafetas (4 X 400 metros), num torneio triangular, afiançou-nos que depositava fracas esperanças na possibilidade de vitória, dada a superioridade dos adversários. Sendo o último a entrar em prova, era sua expectativa que, quando chegasse a sua vez, a distância seria tão pronunciada que não valeria a pena fazer um esforço completo. Essa eventual impossibilidade abria-lhe uma oportunidade: poupar-se para uma prova individual importante que ocorreria uma semana depois. Para sua surpresa, o enorme esforço dos seus colegas permitiu manter as distâncias relativamente reduzidas, o que o obrigou a um esforço suplementar para tentar ganhar a prova – o que acabou por acontecer. O interessante deste episódio é o facto de o líder da equipa ter *desistido* antes mesmo de a prova ter tido início. O líder foi liderado pelos liderados.

O treinador Clark, da Cal Rubgy, uma equipa mítica no *rugby* universitário dos EUA, afirmou: "espera-se que todos os membros de uma equipa saibam atuar como líderes"[77]. O manual *War fighting* ensina o mesmo aos Marines. Em equipas de emergência hospitalar, a liderança assume a forma de delegação dinâmica, circulando entre vários membros da equipa, dos mais seniores aos mais juniores[78]. Releia o leitor o que antes foi explanado a propósito do funcionamento das boas equipas de cirurgia estudadas por Edmondson – e compreenderá a importância da liderança distribuída, ou partilhada. E relembre o que foi escrito, no Capítulo 2, sobre subordinação dinâmica e hierarquia móvel em unidades de forças especiais como a Navy SEAL.

Por conseguinte, as boas equipas são coletivos repletos de líderes – e não grupos de *seguidistas* atrás de um só líder. Tal possibilidade constrói-se quando todos atuam de acordo com uma cultura de contribuição e quando os contributos extraordinários de uns estimulam os contributos extraordinários dos outros. O processo alimenta-se, também, da postura do líder – que, sem deixar de exercer poder e influência, cria condições para que os restantes membros da equipa se sintam como chaves essenciais do sucesso da equipa.

A necessidade de distribuir liderança não resulta apenas de escolha. Também emerge de necessidade. O treinador não lidera dentro de campo: precisa de alguém que o faça por ele. Enquanto treinador do Benfica, Jorge Jesus chegou a identificar Pablo Aimar como o seu "treinador dentro do campo"[79]. André Villas-Boas defendeu que "os jogadores são convidados a dar opinião, porque são eles que levam o seu talento para o campo"[80].

Reitere-se que esta liderança partilhada[81] não é incompatível com a liderança firme. Cada *líder* atua em planos diferentes – ou em momentos distintos, quando é necessário. Aliás, é a boa liderança do treinador que permite a liderança partilhada. Se o treinador não exercer *mão-firme* e não fizer valer a disciplina e as regras, a liderança partilhada torna-se caótica e a equipa transforma-se num arquipélago de pequenos *imperadores*, cada um governando a sua ilha dentro da equipa.

Nas equipas *normais*, este processo de liderança partilhada, ou distribuída, é igualmente crucial[82]. Alguns autores[83], desde há muito, consideram que a liderança "é provavelmente concebida de modo mais apropriado como uma qualidade do grupo, um conjunto de funções que deve ser levado a cabo pelo grupo"[84]. O processo é igualmente visível nas equipas de gestão de topo. António Horta Osório, reconhecido líder de instituições financeiras, afirmou: "Gosto muito de gerir e entendo a gestão como um trabalho de equipa"[85].

Este *trabalho de equipa* é especialmente importante porque a liderança de equipa envolve quatro papéis ou funções (Quadro 6.3), cada um podendo ser exercido por diferentes membros da equipa: (1) navegação, (2) engenharia, (3) integração social e (4) ligação. As equipas são mais eficazes quando estes quatro papéis são exercidos de modo distribuído[86]. Não é necessário que cada papel seja exercido por um específico membro da equipa – mas que as atividades inerentes aos quatro papéis sejam distribuídas por diferentes indivíduos.

QUADRO 6.3 **A liderança partilhada em torno de quatro papéis**

Tipo de papel	Função associada ao papel	Desafio/perguntas	Porque é que este papel é importante
Navegação	Estabelecimento da direção e do propósito da equipa.	Para onde caminhamos? Qual a nossa missão? Por que existimos? Como alinhamos os nossos objetivos e propósito com os objetivos e a missão da organização em que a nossa equipa está inserida?	• A equipa focaliza esforços naquilo que é essencial. • A equipa é mais perseverante perante os desafios e as dificuldades. • O trabalho dos diferentes membros é coordenado de modo mais apropriado.

SUPEREQUIPAS: ORIENTAÇÕES PARA A CRIAÇÃO DE VERDADEIRAS EQUIPAS

Engenharia	Estruturação da forma, dos papéis, das funções e das responsabilidades.	Como nos organizamos? Como dividimos tarefas e responsabilidades? Quem é responsável por quê?	• Assegura que *a pessoa certa, no lugar certo, faz as coisas certas no tempo certo.* • As forças dos membros da equipa são maximizadas e as fraquezas são minimizadas. • A estrutura da equipa ajusta-se melhor às exigências externas.
Integração social	Desenvolvimento e manutenção da coerência da equipa.	Como resolvemos os nossos diferendos? Como podemos apoiar-nos mutuamente para sermos melhores, tanto do ponto de vista individual quanto como equipa? Como podemos criar harmonia interna?	• As pessoas comunicam e interagem de modo mais apropriado. • A equipa, como um todo, acredita mais fortemente na sua capacidade de levar a cabo a missão. • As pessoas falam abertamente, pedem ajuda, partilham informação, assumem as suas falhas. • O conflito é gerido de modo mais construtivo.
Ligação/ conexão	Desenvolvimento de relacionamentos com *stakeholders* externos essenciais.	Quem obtém, no exterior da equipa, o apoio e os recursos de que necessitamos? Quem nos representa?	• A equipa adquire, mais facilmente, apoio, informação e recursos externos. • A equipa consegue mais facilmente corresponder às exigências e solicitações dos clientes (tanto internos como externos à organização). • Sendo bem representada no exterior, a equipa consegue prosseguir os seus interesses de modo mais eficaz.

Uma nota final: embora a liderança partilhada *influencie* o desenvolvimento de boas equipas, as próprias caraterísticas das equipas e dos seus membros também influenciam o grau em que a liderança partilhada é aceite e desenvolvida. Por exemplo, quando os membros da equipa perfilham um mesmo sentido de propósito ou missão, é mais provável que aceitem e pratiquem a liderança partilhada – desde que esta respeite esse sentido de missão. Numa equipa recheada de talentos, um capitão será sábio se, em determinadas situações, assumir um papel "subserviente" e deixar que um talento lidere[87]. Liderar significa, neste caso, prescindir da liderança.

Se o leitor deseja compreender se a sua equipa possui um ambiente interno favorável à liderança partilhada, responda às seguintes questões:
- Os membros da sua equipa despendem tempo a discutir os propósitos, os objetivos e as expectativas dos projetos?
- Discutem as principais tarefas e metas, de modo que todos as compreendam devidamente?
- Definem planos e agendas que permitem alcançar os objetivos da equipa?
- Falam entusiasticamente acerca dos progressos da equipa?
- Reconhecem os sucessos e o trabalho árduo que outros membros levam a cabo?
- Encorajam os colegas que se sentem frustrados ou desanimados?
- Falam abertamente uns com os outros acerca de todos os assuntos relacionados com os objetivos da equipa?
- Têm, realmente, uma palavra a dizer sobre como a equipa leva a cabo o trabalho?
- São convidados a participar ativamente na vida da equipa?

Quanto maior a quantidade de respostas afirmativas, melhor é o ambiente favorável à liderança partilhada. Caro leitor: qual a saúde da sua equipa?

12. EM PROL DE MELHOR LIDERANÇA

Luís Portela, *chairman* do grupo Bial, relatou um caso de má liderança de equipa[88] que importa aqui ilustrar, não apenas pela natureza do problema, mas também pela forma como foi encarado. Eis Luís Portela na primeira pessoa[89]:

"O professor José Garrett teve de regressar ao seu país de origem por razões pessoais, e a pessoa a seguir era muito competente, era a mais antiga no setor. Procurámos dar-lhe formação para o cargo, mas percebemos que havia problemas de relacionamento tanto para com os colegas como para com a chefia. Nos anos seguintes, tentámos que melhorasse o comportamento. Ele tinha atitudes como 'Estou zangado, portanto durante 15 dias não te falo'. Fizemos pequenas e grandes formações – tentámos conquistá-lo como profissional (e como pessoa) para retificar o comportamento. É obrigação da empresa fazê-lo crescer enquanto pessoa e enquanto profissional. Mas não conseguimos, e foi convidado a sair. Custou-me muito ter em cima da mesa a hipótese de despedimento. A pessoa em questão não levantou problemas. Fiz a entrevista de saída e estava expectante, esperava rancor, ódio, já que o mercado de trabalho não estava fácil. Mas não. Entrou tranquilo e pediu logo desculpa por não ter sido capaz de melhorar enquanto homem. Fiquei espantado. Tinha uma lágrima no canto do olho a pedir desculpa, não discutiu um tostão de indemnização. Nas empresas é assim: coisas que correm melhor e coisas que correm pior. Ao longo de 30 anos sempre procurei que as pessoas olhassem para o outro como se estivessem a negociar consigo próprias – devemos conquistá--las para darem tudo, darem o máximo."

O caso ilustra vários aspetos. Primeiro: boas competências técnicas não garantem boas competências de liderança de equipa[90]. Segundo: a formação e o desenvolvimento nem sempre são a varinha de condão capaz de suprir a carência de competências relacionais e de liderança. Terceiro: algumas empresas procuram desenvolver os seus membros. Mas esse esforço nem sempre surte os efeitos desejados. Quarto: é crucial uma boa seleção dos líderes de equipas.

São inúmeros os fatores conducentes à má liderança, assim como as consequências para o funcionamento das equipas. Por conseguinte, não seria recomendável pretender explaná-los aqui com algum detalhe. O livro *Porque não gosto do meu chefe*[91] é uma boa ajuda para leitores desejosos de compreenderem tais fatores e os modos de debelá-los. O que antes foi referido a propósito de outros desafios também ajuda a compreender o papel relevante dos líderes no sucesso das equipas. Aqui, importa salientar o seguinte:

- Os líderes das equipas devem ser escolhidos com bom critério. Bons *técnicos* e bons *jogadores de equipa* não são necessariamente bons líderes.
- Uma má seleção do líder é especialmente problemática se a sua má liderança provém de traços de personalidade dificilmente mutáveis. Nesse caso, apenas a substituição do líder permite sanar o problema! Ou seja: há erros de seleção que não se resolvem com ações de formação e desenvolvimento.

- É conveniente que as culturas e as práticas das organizações levem a cabo, continuamente, processos de *coaching* e desenvolvimento de líderes. Desse modo, geram um "oleoduto" de líderes que podem vir a exercer funções de liderança de equipas quando necessário. Naturalmente, é fundamental que os processos de *coaching* e desenvolvimento incidam sobre candidatos com perfil adequado.
- Um bom líder de equipa cria *equipas adultas* através do equilíbrio de duas linhas de ação: (1) atua como chefe orientador que focaliza a equipa nos seus objetivos; (2) empodera os membros da equipa para que, com autonomia, definam os melhores modos de alcançarem tais objetivos. Ou seja, um bom líder aponta o destino e exige o seu alcance, mas permite que as pessoas escolham o melhor caminho (Figura 6.1). Naturalmente, liderar equipas usando tais modos requer membros com boas competências, sob pena de estes não serem capazes de identificar as vias apropriadas que permitam alcançar os objetivos. Ou seja, para se viajar até ao destino, não se entrega o automóvel a quem não sabe conduzir.
- Um bom líder identifica potenciais líderes informais no seio da equipa. Pode incumbi-los da liderança de projetos específicos em que sejam mais proficientes. Pode usá-los como veículos de disseminação da visão e da missão da equipa. Desta forma, também os prepara para as suas (dele) eventuais ausências.
- Um bom líder de equipa é simultaneamente exigente e compassivo, desafiante e apoiante. Requer resultados e impõe disciplina. Mas também apoia os membros da equipa e denota elevado respeito pelos seus contributos, problemas e dificuldades.
- Um bom líder de equipa denota paixão pela missão da equipa e dissemina esse sentimento por toda a equipa.
- Um bom líder de equipa assume responsabilidade pelos seus erros e partilha os sucessos com os membros da equipa.

FIGURA 6.1 Liderando através de diferentes combinações na definição dos fins e dos meios para alcançá-los[92]

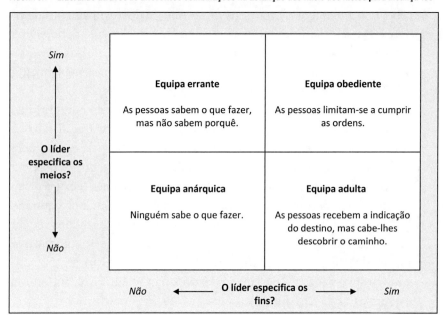

Acrescentem-se duas notas. Primeira: as orientações expostas não esgotam as traves mestras de uma boa liderança de equipas. Por conseguinte, sugere-se ao leitor que aprofunde a matéria. O livro de Hackman[93], *Leading teams*, é uma boa aposta. Para uma abordagem mais académica, o capítulo de Van Knippenberg é uma preciosa ajuda[94]. O livro de Edmondson[95], intitulado *Teaming*, é especialmente indicado para melhorar a liderança de equipas em constante (re)criação. O livro de Wageman e colegas[96], com o título *Senior leadership teams*, é apropriado para a compreensão das equipas de gestão de topo. Aí se compreende que, no mundo atual, os desafios da liderança de topo ultrapassam as capacidades de um só líder, por mais talentoso que seja. Eis o pensamento chave:

> "Nenhum CEO pode fazer grande uma equipa de liderança. O que o CEO pode fazer é colocar em prática certas condições que aumentam as possibilidades de um grupo de executivos se transformar numa magnífica equipa de liderança. Mas não há quaisquer garantias"[97].

Segunda nota: não há receitas universais de efeito garantido. A liderança é um processo demasiado complexo para poder ser subsumido a linhas de orientação perentórias que garantam o sucesso. Tal como

Wageman e colegas referiram[98]: "Os sistemas humanos (...) não são como sistemas mecânicos de engenharia nos quais a ação sobre determinadas alavancas conduz a efeitos previsíveis".

13. OS RESULTADOS REQUEREM MAIS DO QUE RESULTADOS

Todas as linhas de orientação antes apresentadas apenas fazem sentido porque a eficácia das equipas não pode ser aferida apenas em função da quantidade e da qualidade dos produtos, dos serviços ou das decisões que a equipa gera. Esse é um critério crucial, mas requer a companhia de dois critérios adicionais:

- É crucial que os membros da equipa desenvolvam confiança mútua, considerem a experiência satisfatória, sintam entusiasmo na pertença à equipa e estejam dispostos a cooperar intensamente na prossecução da missão ou propósito da mesma. Se não houver confiança mútua, o entusiasmo estiver ausente e os desejos de cooperação forem fracos, então os eventuais bons resultados que a equipa produz num dado momento acabarão por declinar com o decurso do tempo. E os melhores *jogadores de equipa* acabarão por abandonar o grupo. Recorde o leitor, por exemplo, que o sucesso dos Beatles não impediu o desmembramento da equipa.
- É igualmente importante que os indivíduos, assim como a equipa na sua globalidade, aprendam e se desenvolvam continuamente. Sem este espírito desenvolvimentista e o desejo de melhoria contínua, as equipas bem-sucedidas podem deslumbrar-se com o sucesso e negligenciar os riscos de fracasso futuro. Ademais, dada a inevitabilidade do erro e do fracasso, as equipas mais eficazes são as que estão preparadas para continuamente aprender com os desaires.

Depreende-se do exposto que cada critério necessita da companhia dos outros. Por exemplo, uma equipa cujos membros experimentam prazer no trabalho conjunto não pode ser considerada eficaz se os produtos e serviços gerados forem de qualidade medíocre e não satisfizerem os destinatários. O excessivo foco nos resultados de curto prazo pode hipotecar os resultados de longo prazo se a equipa não estiver focada na aprendizagem e na melhoria contínua. Os três fatores influenciam-se mutuamente.

Por exemplo, é mais provável que os indivíduos se sintam gratificados pela pertença à equipa se puderem aprender e desenvolver-se continuamente. Uma equipa que aprende tem mais possibilidades de produzir bons resultados. Uma equipa repleta de membros satisfeitos está mais capacitada para cooperar e trabalhar com entusiasmo na satisfação da clientela. Quando uma equipa gera bons resultados, é expectável que os seus membros se tornem mais entusiasmados com a pertença ao coletivo. Ou seja, os efeitos são recíprocos.

PONTO E VÍRGULA

Argumentamos que a liderança de equipas normais pode beneficiar com as aprendizagens provindas de outros tipos de equipas. O que fica exposto no livro é elucidativo a esse respeito, mas importa ser cauteloso com leituras precipitadas e lógicas receituárias. Uma equipa normal pode aprender com equipas desportivas ou militares. Mas não é com meia dúzia de desafios desportivos, ou participando numa mão de exercícios militares durante dois ou três dias, que uma equipa desenvolve espírito de equipa. Esses exercícios podem ser úteis – mas apenas se a equipa, no seu quotidiano normal, praticar esse espírito. José Augusto Rodrigues dos Santos afirmou:

"Quando quero fomentar a união de um grupo através de atividades militares ou paramilitares feitas *ad hoc*, isso soa a falso. Não sei se há transferência das atividades para o rendimento no trabalho. O que importa é que os líderes respeitem a lógica organizativa e funcional das tropas especiais e de grupos desportivos, e que implementem essa lógica nas relações do trabalho: ouvindo os colaboradores, assistindo-os na doença, estando sempre atentos às suas preocupações, escutando-os sobre processos de melhoria, sendo catalisadores de vontades, opiniões e intervenções (...). Quando um indivíduo entra numa empresa às oito e sai às seis da tarde, quer é estar com os filhos e beber um copo com os amigos, jogar bilhar, ver televisão, ver o futebol. Ocupar o fim de semana com atividades congregadoras de grupo? Não acredito muito nisso."

Depois acrescentou:

"O que acontece é que essas atividades visando criar esse espírito são esporádicas. O que conta é a regularidade. O ideal é que o *coach militar* chegue às empresas,

TREZE LINHAS ORIENTADORAS PARA DESENVOLVER EQUIPAS

aos chefes, e estes auxiliados pelo *coach* criem estratégias nos tempos de trabalho que visem as valências relacionais e comportamentais (...). Tenho dúvidas que haja transferência de competências resolvidas num ambiente artificial para a vida empresarial. (...) Um militar é sempre um elemento estranho ao grupo. Agora, eu lembro-me que, como preparador físico, as minhas equipas iam para o monte com três treinos por dia. Perdiam-se e ficavam esgotados. Mas era eu o preparador físico e era eu que promovia essas experiências. Fazia isto para ver quais os indivíduos que negociavam bem as situações de stress. Eu sabia que aquilo não tinha transferência para o jogo, até porque podia ser lesivo. Mas o que eu queria era ver a resiliência mental a estímulos a que eles não estavam habituados. Fui buscar estas situações à minha experiência militar porque eu estava ali com eles todos os dias. O que me interessa é ir buscar ao treino dos *rangers*, dos comandos e dos fuzileiros elementos de resiliência mental, de preparação psicológica, resiliência ao stress que os auxiliem nas situações profissionais."

Que o leitor possa extrair do livro elementos de ajuda para que a sua equipa seja mais empenhada e focada num propósito nobre. Importa nunca esquecer que liderar equipas é um exercício paradoxal, levado a cabo na corda bamba. É esse o nosso ponto final.

Na corda bamba[99]

PONTO FINAL: UM CAMPO DE PARADOXOS

Liderar equipas é um processo repleto de contradições e paradoxos[100]. Proceda o leitor a uma interpretação atenta dos argumentos apresentados ao longo do livro e descobrirá esses paradoxos. Em síntese, considerem-se os seguintes:

- É necessário promover o espírito de equipa e a submissão dos interesses individuais aos da equipa. Mas é igualmente necessário criar condições para que as diferenças individuais e os talentos sintam espaço para florescer.
- É importante promover a cooperação entre todos os membros da equipa. Mas é igualmente importante promover condições de competição saudável. Caso contrário, as pessoas desenvolvem acomodação ou descartam-se das responsabilidades individuais para alijá-las no coletivo.
- O líder deve ter ímpeto competitivo e guiar-se pelos mais elevados padrões de desempenho. Mas deve também aceitar com cortesia a derrota própria e a vitória alheia. Deve agir com profissionalismo, reconhecer o trabalho dos outros e colocar a missão da equipa acima do seu próprio sucesso[101].
- É crucial apoiar os membros da equipa no enfrentamento de dificuldades e desafios, e criar condições de relacionamento social e interpessoal positivo. Mas é igualmente fundamental promover o debate e nutrir o conflito construtivo.
- O líder deve ser próximo dos liderados, mas não excessivamente próximo. Deve conhecer e compreender os liderados, as suas motivações e as suas particularidades pessoais e familiares. Mas essa proximidade não deve impedi-lo de ser imparcial e de tomar as necessárias decisões, mesmo que duras[102]. Deve fazer uso da empatia sem perder discernimento[103]. Em suma: deve revelar amor duro[104].
- Importa que a equipa esteja bem focada na necessidade de obter sucesso. Mas importa também criar condições para que possa arriscar, experimentar desaires e aprender com os mesmos.
- É fundamental que o líder da equipa faça uso da sua autoridade e implemente uma disciplina rigorosa. Mas é igualmente crucial que crie condições de liberdade para que as pessoas façam uso das suas capacidades e talentos, e sintam margem de flexibilidade para serem criativas e inovadoras.

TREZE LINHAS ORIENTADORAS PARA DESENVOLVER EQUIPAS

- Ao líder da equipa requer-se que exerça o seu papel de comando. Mas também se lhe requer que promova a expressão de outras lideranças – ou seja, que promova a liderança partilhada. Não deve hesitar em cumprir o seu papel: liderar. Mas deve também saber ser liderado. Por vezes, outros membros da equipa estão mais capacitados para liderar um projeto ou um processo. O líder é melhor líder se souber dar o lugar de líder a quem está mais capacitado para liderar a equipa em prol da missão da mesma[105].
- Importa que as equipas sintam segurança psicológica para arriscar, inovar, cometer erros e assumi-los. Mas importa também que sejam norteadas por um profundo sentido de responsabilidade e de exigência. Caso contrário, a mediocridade e o sentido de impunidade passarão a dominar.
- É crucial ser exigente e fazer valer as regras disciplinares. Mas é igualmente importante denotar compaixão – ou seja, prestar atenção, sentir e responder à dor humana.
- O líder deve revelar calma – mas não ser robótico. Deve revelar interesse pelo bem-estar da equipa, mas também deve evitar explosões emocionais, sobretudo as negativas. É normal que revele frustração, tristeza e irritação – mas sem perder a cabeça. Em suma: deve casar emoção e razão[106].
- O líder deve ser autoconfiante mas não pretensioso ou arrogante. A autoconfiança contagia positivamente a equipa. Mas o excesso de confiança pode gerar complacência e arrogância na própria equipa.
- O líder deve ser corajoso, mas não imprudente. Deve aceitar o risco, mas não gratuitamente. Deve arriscar, mas sem sacrificar a equipa desnecessariamente ou despender inutilmente recursos[107].
- Deve ser atento aos detalhes, mas não obsessivo. Deve acompanhar o progresso dos trabalhos e a prossecução dos objetivos, mas sem se distrair com as minudências nem perder o sentido estratégico[108].
- O líder deve ser humilde mas não passivo. Cabe-lhe escutar e valorizar os outros, e admitir as suas próprias fraquezas e erros. Mas deve também erguer a voz quando necessário para proteger a equipa, e deve ser suficientemente proativo para interromper cursos de ação problemáticos[109].

QUADRO 6.4 Paradoxos da liderança de equipa[110]

Paradoxos	Cara	Coroa
Egos-coletivo	Permita que os talentos individuais se expressem e brilhem.	Domestique os egos para que não perturbem a equipa.
Cooperação--competição	Promova a cooperação entre os membros da equipa.	Promova um sentido saudável de competição.
Espírito competitivo--gracioso	Seja competitivo e desejoso de ganhar.	Não coloque o seu sucesso pessoal e a sua vitória acima da missão da equipa.
Apoio-confronto	Apoie, social e emocionalmente.	Estimule, desafie, instigue o debate e o conflito construtivo.
Proximidade--distância	Esteja próximo dos membros da equipa, conheça as suas vidas, anseios e preocupações.	Crie distância, sob pena de gerar sentimentos de favorecimento ou ter dificuldade em tomar decisões mais duras.
Sucesso-erros	Prossiga o alcance dos bons resultados, seja exigente e rigoroso.	Crie condições para que as pessoas arrisquem, assumam erros e desaires, e aprendam com os mesmos.
Autoridade--liberdade	Faça uso da sua autoridade. Imponha disciplina.	Seja flexível e crie condições de liberdade para que os talentos criativos e inovadores floresçam.
Liderança firme--liderança partilhada	Assuma o seu papel central de líder.	Partilhe a liderança. Crie condições para que outras lideranças floresçam.
Liderar-seguir	Não hesitar em liderar.	Esteja disposto a seguir, quando necessário.
Desaire--responsabilidade	Crie condições para que as pessoas arrisquem e assumam os erros e os desaires.	Seja exigente, institua um forte sentido de responsabilidade e responsabilize. Não permita que o sentido de impunidade prevaleça.
Exigência--compaixão	Seja exigente e imponha disciplina. Não perca a frieza necessária para tomar decisões impopulares.	Compreenda a dor humana e proporcione *momentos humanos* a quem atravessa dificuldades.
Calma-tensão	Mantenha a calma e evite explosões emocionais.	Não seja robótico.

Autoconfiança--humildade	A sua autoconfiança contagia a equipa.	O excesso de autoconfiança pode conduzir à complacência, à arrogância – e ao fracasso.
Coragem-prudência	Seja corajoso e aceite o risco.	Seja prudente. Não submeta a equipa a riscos e sacrifícios desnecessários.
Árvores-floresta	Monitorize o progresso da equipa nas tarefas críticas.	Não seja obsessivo com os detalhes nem perca o sentido da missão e da perspetiva global.
Humildade--proatividade	Seja humilde. Controle o ego e escute os outros. Assuma os erros.	Não seja passivo. Fale quando é necessário para proteger a equipa.
Nada a provar-tudo a provar	Não passe o tempo a mostrar quanto vale.	Atue de modo que as suas ações falem por si e mostrem quanto vale.

Finalmente, e talvez o mais importante: o líder não deve ter nada para provar – e ter tudo para provar[111]. Não deve viver obcecado em provar o que vale e quão importante é o seu contributo. Mas tudo deve fazer para que as suas ações valham por si e provem o seu valor. Deve mostrar, pelas suas ações, que se preocupa com a equipa e a missão da mesma – mas não deve fazer alarde da sua galhardia.

NOTAS

Introdução

1. Hill (2017a).
2. Brandon & Hollingshead (2004).
3. https://www.infopedia.pt/dicionarios/lingua-portuguesa/equipa.
4. Kozlowski & Ilgen (2006, p. 79).
5. Ano 1952. Autor: Seattle Municipal Archives. Fonte: https://commons. wikimedia.org/wiki/File:Telephone_operators,_1952.jpg. Imagem no domínio público.
6. Num concerto ao vivo, em Edmonton, no Canadá. 13 de setembro de 1979. Autor: Anders Hanser. Fonte: https://commons.wikimedia.org/wiki/File:ABBA_Edmonton_1979_001.jpg. Imagem inserida ao abrigo de Creative Commons Attribution 3.0 Unported license.
7. Mathieu et al. (2017); Meyer (2017).
8. Kahn et al. (2018).
9. Valentine (2017).
10. Crozier (1964).
11. Hastings (2011). Veja, também, *The Economist*, February 24th 2011 (https://www.economist.com/blogs/democracyinamerica/2011/02/war_afghanistan).
12. Franke-Ruta (2012).
13. Inspirada liberalmente em Valentine (2017). A identidade refere-se à dimensão mais profunda da cultura. A cultura de uma equipa (ou de uma organização) é tanto mais forte quanto mais os seus membros, como um todo, se identificarem com a sua equipa (ou a sua organização).
14. *In* Mexia (2017, p. 106).

SUPEREQUIPAS: ORIENTAÇÕES PARA A CRIAÇÃO DE VERDADEIRAS EQUIPAS

15 Hollenbeck et al. (2012).

16 *The Economist* (2012).

17 Cunha & Chia (2007).

18 Oliver & Roos (2003).

19 É um *kit* de robótica que permite criar invenções usando as peças LEGO. É o resultado de uma parceria entre o Media LAB do MIT e a LEGO. O nome MindStorms foi inspirado no título do livro *MindStorms: Children, computers, and powerfull ideas* (de Seymour Papert, um pioneiro da inteligência artificial e inventor da linguagem de programação LOGO).

20 Higgins et al. (2012).

21 Consegue atingir velocidades de 115 a 120 km/h num curto espaço de tempo.

22 São constituídas com um propósito específico e desmembradas logo que a tarefa é concluída.

23 Engwall & Svensson (2004).

24 Fontenot (2005).

25 Cunha & Cunha (2001); Kim et al. (2012).

26 Valentine & Edmondson (2015).

27 Edmondson (2012a).

28 Edmondson (2016)

29 Fishman (1999); Kessler (2017).

30 Fishman (1996).

31 Wageman et al. (2008).

32 http://www.sabado.pt/ultima-hora/detalhe/Mourinho--%C2%ABOs-meus-jogadores-rendem-mais-sob-press (acesso em 14 de outubro de 2017).

33 Schmidt et al. (2012).

34 Chen & Miller (2012) ; Harvey et al. (2017).

35 Santos et al. (2015).

36 Autor: A. Aruninta. Fonte: https://commons.wikimedia.org/wiki/File:Olympic2008_watercube02_night.jpg. Imagem inserida ao abrigo de Creative Commons Attribution 3.0 Unported license.

37 Kerr (2013).

38 Weick (1999, p. 5).

39 Wolfe et al. (2005).

40 Rodríguez-Martin (2012, p. 21).

41 *Jose Mourinho's 10 Commandments*, in Center Circle, May 11 (http://centercirclesoccer.com/jose-mourinhos-10-commandments/; acesso em 14 de outubro de 2017).

42 http://www.catolicabs.porto.ucp.pt/lead/wp-content/uploads/2017/09/diagnosticos.pdf.

43 Exercício conjunto EUA-Coreia do Sul, 15 de março de 1984. Autor: TSgt. Ken Hammond, USAF. Fonte: https://commons.wikimedia.org/wiki/File:ROKAF_and_USAF_fighters_during_Team_Spirit_84.JPEG. Imagem no domínio público.

Capítulo 1

1 In Colvin (2006, p. 39).
2 A secção baseia-se, significativamente, em artigo publicado na revista *The Economist*, maio de 2011.
3 Walker (2017).
4 Kuper (2017).
5 A descrição desta realidade não significa concordância dos autores com a mesma.
6 Kuper (2017).
7 Reuters (2017a).
8 Dawson (2017).
9 Reuters (2017b, 2017c).
10 Reuters (2017b).
11 Martin (2017).
12 Autor: Jordi Ferrer. Fonte: https://commons.wikimedia.org/wiki/File:Masia-AmorFerrerMussonsGuardiola.jpg. Imagem inserida ao abrigo de Creative Commons Attribution-Share Alike 3.0 Unportedlicense.
13 Jornal *A Bola* (http://www.abola.pt/nnh/ver.aspx?id=351516; acesso em 16 de outubro de 2012).
14 Veja: http://www.sport-english.com/en/news/barca/exclusive-ernesto-valverde-will-not-betray-the-barcelona-style-6171110; http://www.eurosport.com/football/liga/2016-2017/pep-guardiola-backs-exceptional-barcelona-boss-ernesto-valverde_sto6201423/story.shtml; acesso em 14 de outubro de 2017; Veja, também, Lowe (2017).
15 Risher (2011).
16 Edmondson (2012b, p. 12).
17 de Haan & McCarry (2016).
18 Kets de Vries (1990).
19 Fox (2011).
20 Por vezes precipitadas, reconheça-se, como aliás a discussão anterior sublinhou.
21 Liu et al. (2017); Menges & Kilduff (2015); Rhee & Yoon (2012).

SUPEREQUIPAS: ORIENTAÇÕES PARA A CRIAÇÃO DE VERDADEIRAS EQUIPAS

22 Adaptada de Bruch & Ghoshal (2003).

23 Woolley et al. (2010). Veja, também, Engel et al. (2014).

24 Rhee & Yoon (2012).

25 Beshears & Gino (20159; Shepperd et al. (2015).

26 Gregersen (2017); Sadler-Smith et al. (2016); Useem (2017).

27 29 de junho de 2013. Fonte: https://commons.wikimedia.org/wiki/File: Hockeyroos_2013_(9212359650).jpg. Imagem inserida ao abigo de Creative Commons Attribution 2.0 Generic license.

28 Veja descrição do caso em Rego et al. (2012a).

29 "Cinco violinos" foi a designação usada pelo jornalista, e mais tarde treinador, Tavares da Silva para denominar cinco jogadores da linha avançada da equipa principal de futebol do Sporting Clube de Portugal que, entre 1946 e 1949, "maravilhou os espectadores pela arte, harmonia e entrosamento que empregava em campo": Jesus Correia, Vasques, Albano, Peyroteo e José Travassos. (fonte: Wikipedia).

30 Torneio das três Nações, 2006. Autor: Hamedog. Fonte: https://commons. wikimedia.org/wiki/File:New_Zealand_vs_South_Africa_2006_Tri_Nations_ Line_Out.JPG. Imagem inserida ao abrigo desta declaração: "The copyright holder of this file, Hamish McConnochie, allows anyone to use it for any purpose, provided that the copyright holder is properly attributed".

31 Groysberg et al. (2004); veja, também, Groysberg (2008).

32 https://www.dn.pt/desporto/futebol-internacional/interior/denisov-assume-revolta-hulk-nao-e-messi-nem-ronaldo-2787459.html 2787459 (acesso em 14 de outubro de 2017).

33 Lopes (2018).

34 Lopes (2017).

35 Pati (2017). O texto foi adaptado para o português de Portugal.

36 Liga dos Campeões, 8 de abril de 2015, contra o Chelsea. Autor: Ben Sutherland. Fonte: https://commons.wikimedia.org/wiki/File:Cavani_v_Chelsea_2014.jpg. Imagem inserida ao abrigo de Creative Commons Attribution 2.0 Generic license.

37 Solis (2010).

38 Sócio-gerente de uma empresa de formação empresarial.

39 Torres (2017a).

40 Torres (2017b).

41 Cunha et al. (2016).

42 Tulha (2012, p.37).

43 *In* Sobral (2012a, p.14).

NOTAS

44 Prata (2012a).

45 Kuper (2012, p. 37).

46 Oliver & Roos (2003).

47 Mark Divine (2014), a propósido da Navy SEALs (unidade que serviu durante nove anos), considera o carácter como um grupo de cinco atributos: (1) desejo e paixão pela obtenção de um resultado; (2) crença na valia da missão e do propósito associado; (3) atitude de confiança na capacidade própria e na capacidade de mobilizar a equipa; (4) disciplina; (5) determinação para prosseguir a missão com toda a energia.

48 De Haan & McCarry (2016).

49 23 de novembro de 2015. Fonte: https://commons.wikimedia.org/wiki/File:La_Masia_-_Centre_de_Formaci%C3%B3_Oriol_Tort_01.jpg. Imagem inserida ao abrigo de: Creative Commons Attribution-Share Alike 4.0 International, 3.0 Unported, 2.5 Generic, 2.0 Generic and 1.0 Generic license.

50 Kerr (2013).

51 Manz et al. (2009).

52 Pimentel (2011).

53 De Haan & McCarry (2016).

54 Elberse & Fergusson (2013).

55 *Diário de Notícias*, 22 de agosto de 2009 (https://www.dn.pt/desporto/interior/guardiola-ja-e-objecto-de-estudo-1342103.html).

56 Fonte: https://commons.wikimedia.org/wiki/File:In_the_air_Barcelona.jpg. Imagem inserida ao abrigo de Creative Commons Attribution-Share Alike 2.0 Generic license.

57 http://kwhs.wharton.upenn.edu/2011/04/winning-spanish-coach-josep-guardiola-a-quiet-leadership/.

58 Walker (2017).

Capítulo 2

1 Haster (2014).

2 Bouchikhi & Kimberley (2008, p. 62).

3 Roseiro (2017).

4 Rui Costa, 15 de setembro de 2007, após marcar golo ao Naval: https://commons.wikimedia.org/wiki/File:Rui_Costa.jpg; autor: José Goulão. Imagem inserida ao abrigo de Creative Commons Attribution-Share Alike 2.0 Generic license.

Cinco violinos: http://observador.pt/2017/07/29/quem-eram-os-cinco-violi nos-a-famosa-linha-avancada-que-marcou-mais-de-1-200-golos/.
Pepe Guardiola, 17 de março de 2016, treinando o Bayern de Munique. Autor: Rufus46. Imagem inserida ao abrigo de: Creative Commons Attribution-Share Alike 3.0 Unported license.

5   Perarnau (2016)
6   https://www.ie.edu/executive-education/programs/from-ceo-to-maestro/. Acesso em 14 de outubro de 2017.
7   Ciferri (2017).
8   Skapinker & Daneshkhu (2016).
9   Jung-a (2007).
10 Autor: United Press International, fotógrafo desconhecido. Fonte: https://commons.wikimedia.org/wiki/File:The_Beatles_in_America.JPG. Imagem no domínio público.
11 Carreira (2011a).
12 Drucker (1988).
13 Kamoche et al. (2003).
14 Boynton & Fischer (2005); Humphreys et al. (2012).
15 Eyres (2011).
16 Carreira (2011b).
17 Sawyer (2007).
18 Stachowski et al. (2009).
19 Sawyer (2007).
20 Karageorghis (2017).
21 Karageorghis (2017).
22 Karageorghis (2017, p. 15).
23 Brunel University (2017, 12-13).
24 North & Hargreaves (2006).
25 Karageorghis (2017); North & Hargreaves (2006).
26 Hsu et al. (2015).
27 Hsu et al. (2015).
28 Brown & Volgsten (2006).
29 Sobel (2006).
30 5 de junho de 1964. Autor: VARA. Fonte: https://commons.wikimedia.org/wiki/File:The_Beatles_(with_Jimmy_Nicol)_1964_001.png.   Imagem inserida ao abrigo de Creative Commons Attribution-Share Alike 3.0 Netherlands license.
31 Greenberg (2014).

NOTAS

32 In Ronson (2012, p. 42 ep. 43, respetivamente).

33 Aspden (2013).

34 A Hidra de Lerna é uma figura mitológica de sete cabeças, abatida por Hércules.

35 The Economist (1992).

36 Sandbrook (2007).

37 Simmons (2012).

38 http://andrewsobel.com/articles/view/the-beatles-principles-part-iii (acesso em 16 de outubro de 2012).

39 Eggensperger (2004).

40 Greenberg (2014).

41 http://demandadodragao.blogspot.pt/2006/10/beatles-o-seu-sentido-de-humor-em-1994.html (acesso em 30 de setembro de 2017).

42 Exemplos: (1) http://www.youtube.com/watch?v=XHjyewHiG3M; (2) https://www.youtube.com/watch?v=g4ZBSAo-8Rc; (3) https://www.youtube.com/watch?v=8Qz9a72ljyM (consultas em 30 de setembro de 2017).

43 http://www.andrewsobel.com/articles/view/the-beatles-principles-part-i (acesso em 30 de setembro de 2017).

44 Havens (2017).

45 Kamoche et al. (2003).

46 Mutch (2006).

47 Laurence (2011).

48 In Powell (2004, p. 36).

49 In Powell (2004, p. 36).

50 In Powell (2004, p. 37).

51 Autor: Tech. Sgt. Lee Schading. Fonte: https://commons.wikimedia.org/wiki/File:U.S._Army_and_Korean_paratroopers_drop_over_the_Yoju_airstrip_during_Exercise_Team_Spirit_%2786_DF-ST-87-09680.jpg. Imagem no domínio público.

52 A discussão do caso não representa nenhuma predileção intelectual dos autores pela mortandade da guerra!

53 Fonte: https://commons.wikimedia.org/wiki/File:62._armata_a_Stalingrado.jpg. Imagem no domínio público.

54 Fonte: https://commons.wikimedia.org/wiki/File:Cuikov_al_quartier_generale_della_62.Armata.jpg. Imagem no domínio público.

55 Beevor (1998).

56 Duckworth (2016).

57 Wheal & Kotler (2017a).

SUPEREQUIPAS: ORIENTAÇÕES PARA A CRIAÇÃO DE VERDADEIRAS EQUIPAS

58 Wheal & Kotler (2017b).

59 Agosto de 2004. Autor: Shane T. McCoy. Fonte: https://commons.wikimedia. org/wiki/File:%27Hell_week%27_--_August_2004.jpg. Imagem no domínio público.

60 Gleeson (2015).

61 Rygby (2011).

61a Zanini et al. (2014).

62 Cohen (2006).

63 Adaptado de Cohen (2006).

64 Cunha et al. (2017).

65 Batalhão de Operações Especiais (unidade da Polícia Militar do Rio de Janeiro).

66 Grupo de Operações Especiais (unidade antiterrorista da Polícia de Segurança Pública).

67 Ordem de Nizari ismaelitas, particularmente da Síria e Pérsia, fundada por volta de 1092.

68 Tropa de elite do império asteca. Inspiravam-se no jaguar, um símbolo de força, destreza e agilidade.

69 Embora tenha havido legiões estrangeiras em vários países, a expressão tende a ser usada para referir a Legião Estrangeira francesa, fundada em 1831. É uma força militar formada por voluntários estrangeiros. É considerada um corpo de elite do exército francês, conhecido pela sua ação rápida e eficaz.

70 Balkin & Schojoedt (2012).

71 Santos (2016).

72 Clair & Dufresne (2007).

73 Campbell & Campbell (2011).

74 Conduzida por McGill (2015).

75 6 de abril de 2011. Autor: Petty Officer 2nd Class Shauntae Hinkle-Lymas, U.S. Navy. Fonte: https://commons.wikimedia.org/wiki/File:Defense.gov_ News_Photo_110406-N-YS896-131_-_First_Phase_Basic_Underwater_ Demolition_SEALs_BUD_S_candidates_use_teamwork_to_perform_ physical_training_exercises_with_a_600_pound_log_at_Naval.jpg. Imagem no domínio público.

76 In Morse (2002, p. 58).

77 In Morse (2002, p. 59).

78 Autor: Peabody Awards. Fonte: https://commons.wikimedia.org/wiki/ File:Un_Kyong_Ho_-_Anthony_Bourdain_-_Cynthia_Hill_(14451629524). jpg. Imagem inserida ao abrgo de Creative Commons Attribution 2.0 Generic license.

NOTAS

79 Em Portugal, foi transmitido na SIC Radical.
80 Terminou em 2014.
81 Ruhlman (2006).
82 Bruni (2007).
83 Lyall (2005).
84 O texto foi, com algumas adaptações, publicado na revista *Exame* em abril de 2012 (Rego & Cunha, 2012a). Uma versão mais aprofundada dos argumentos pode ser encontrada em: http://www.novaforum.pt/backoffice/files/file_216_1_1334308208.pdf (Rego & Cunha, 2012b)
85 Palma & Lopes (2012).
86 25 de setembro de 2008. Fonte: https://commons.wikimedia.org/wiki/File:USMC-12645.jpg. Imagem no domínio público.
87 Pentland (2012).
88 Independent Directors of the Board of Wells Fargo & Company (2017).
89 Cross & Katzenbach (2012).

Capítulo 3

1 Autor: Peter van der Sluijs. 31 de agosto de 2013. Fonte: https://commons.wikimedia.org/wiki/File:Roller_skaters_group.jpg. Imagem inserida ao abrigo de Creative Commons Attribution-Share Alike 3.0 Unported, 2.5 Generic, 2.0 Generic and 1.0 Generic license.
2 Festival de Jazz de Viena, 20 de setembro de 2003. Autor: Jerry Zigmont & Joseph Zigmont. Fonte: https://commons.wikimedia.org/wiki/File:Woody.Allen.band.jpg. Imagem inserida ao abrigo de Creative Commons Attribution-Share Alike 2.0 Generic license.
3 Harris & Ogbonna (2006).
4 De Rond (2012).
5 Silva et al. (2014).
6 Autor: Pointillist. Fonte: https://commons.wikimedia.org/wiki/File:Boat_Race_at_Barnes_Bridge_2003_-_Oxford_winners.jpg. Imagem no domínio público.
7 Entrevistado pela Sport TV em 17 de março de 2012.
8 Rackman (2014, p. 11).
9 Autor: Rainer Mittelstädt. Fonte: https://commons.wikimedia.org/wiki/File:Selecci%C3%B3n_neerlandesa_final_Mundial_74.jpg. Imagem inserida ao abrigo de Creative Commons Attribution-Share Alike 4.0 International license.

SUPEREQUIPAS: ORIENTAÇÕES PARA A CRIAÇÃO DE VERDADEIRAS EQUIPAS

10 Rego & Cunha (2014).

11 Amabile et al. (2014).

12 *Jornal de Notícias*, 6 de outubro de 2010 (http://www.jn.pt/PaginaInicial/Desporto/Interior.aspx?content_id=1679426 (consulta em 16 de outubro de 2012).

13 Hackman (1990).

14 Barroso (2012, p. 15).

15 Boddy (2017).

16 Collins (2001).

17 Lourenço & Dimas (2011).

18 Gil et al. (2005).

19 Lin et al. (2012).

20 MacDuffie (1995).

21 Grant (2007; Kuntze & Matulich (2010).

22 Davis & Eisenhardt (2011).

23 Ancona et al. (2002).

24 Edmondson (2011a, p. 74).

25 Cunha & Cunha (2001).

26 Bloom (1999).

27 Rego et al. (2017).

28 Rego et al. (2010).

29 Extraídos de Rego et al. (2017).

30 Willink & Babin (2015, p. 183).

31 Hackman & Vidmar (1970).

32 Tobias (1992).

33 Entrevista dirigida por Titiana Amorim Barroso, HR Portugal, 20 de abril de 2012 (http://hrportugal.pt/2012/04/20/lider-de-proximidades/)

34 Hill (2012, 2015a).

35 Hill (2015a).

36 George (1992).

37 Hill (2015a).

38 Hackman (2002)

39 Davis & Eisenhardt (2011).

40 Excertos do livro Rego et al. (2017, p. 85 e 143-144)

41 Brown & Worthington (2017); Independent Directors of the Board of Wells Fargo & Company (2017).

42 Wilson et al. (2007).

43 Lawler (2011).

44 O exemplo vem de Thatcher & Patel (2012).

45 Majchrzak et al. (2012); O'Leary & Mortensen (2010).

46 Volk et al. (2017).

47 Baum (1900, p. 28).

48 Huy (2011).

49 Georgakakis et al. (2017); Ren et al. (2015).

50 *In* Ramos (2011, p. 27).

51 Veja revista *HR Portugal*, de dezembro de 2011, sobre a 2ª conferência Human Resources Portugal.

52 Porath & Person (2009).

53 Sutton & Hargadon (1996).

54 Cubeiro & Gallardo (2011, p. 36).

55 2 de maio de 2008. Autor: U.S. Navy Petty Officer 1st Class Chad J. McNeeley. Fonte: https://commons.wikimedia.org/wiki/File:Defense.gov_photo_essay_080502-N-0696M-100.jpg. Imagem no domínio público.

56 Snook et al. (2005).

57 Pentland (2012).

58 Rego (2013).

59 Adaptado de Rego & Cunha (2015b).

60 Goffee & Jones (2013).

60a Clegg, et al. (2016).

61 Schwartz (2011); Schawtz & Sharpe (2010).

62 Schwartz (2011); Schawtz & Sharpe (2010); Weick (2001).

63 https://www.outsystems.com/the-small-book/.

64 Zimbardo (2004).

65 Alguns excertos foram extraídos de Rego & Cunha (2009b).

66 Autor: Eric. E. Castro. Fonte: https://commons.wikimedia.org/wiki/File:Plaque_Dedicated_to_the_Location_of_the_Stanford_Prison_Experiment.jpg. Imagem inserida ao abrigo de Creative Commons Attribution 2.0 Generic license.

67 Zimbardo (2005).

68 Bogard et al. (2015); Hall (2013); Pinto (2014); Useem (2016);

69 Useem (2016). Veja, também, Hall (2003).

70 Useem (2016).

71 Useem (2016)

72 Willink & Babin (2015).

73 15 de novembro de 1985. Autor: NASA. Fonte: https://commons.wikimedia.org/wiki/File:Challenger_flight_51-l_crew.jpg. Imagem no domínio público.

SUPEREQUIPAS: ORIENTAÇÕES PARA A CRIAÇÃO DE VERDADEIRAS EQUIPAS

74 https://www.youtube.com/watch?v=Ljzj9Msli5o. Acesso em 1 de outubro de 2017.

75 Huckman & Staatsm (203).

76 Edmondson (2008, p. 63).

77 Edmondson (2012a, 2012b).

78 Assim definida: "atividade de trabalho conjunta" (Edmondson, 2012b, p. 2).

79 Edmondson (2012a).

80 Edmondson (2012a, 2012b).

81 Edmondson (2012a).

82 Autor: Gobierno de Chile. Fonte: https://commons.wikimedia.org/wiki/File:Mina_San_Jos%C3%A9_-_Los_33_in_the_Blue_Room_at_Presidential_Palace_with_President_and_First_Lady_-_Gobierno_de_Chile.jpg. Imagem inserida ao abrigo de Creative Commons Attribution 2.0 Generic license.

83 Nembhard & Edmondson (2012).

84 Edmondson & Lei (2014); Frazier et al. (2017).

85 http://asrs.arc.nasa.gov/

86 ICASS: https://www.chirp.co.uk/what-we-do/icass. Objetivo do ICASS: "promover sistemas de reporte confidenciais no transporte comercial aéreo e nas operações de aviação em geral".

87 Hagen (2013). Mesmo nos casos em que os regulamentos são desobedecidos, os procedimentos disciplinares podem ser suspensos se o erro for reportado voluntariamente.

88 Excertos de Rego & Cunha (2015c).

89 *In* Flin et al. (2002, p. 72).

90 Salas et al. (2006).

91 Flin et al. (2002); Salas et al. (2006).

92 Hagen (2013).

93 6 de maio de 2003. Autor: U.S. Navy photo by Photographer's Mate 1st Class Matthew J. Thomas. Fonte: https://commons.wikimedia.org/wiki/File:US_Navy_030506-N-0020T-004_Aviation_Structural_Mechanic_1st_Class_James_Hale_prepares_for_engine_start_on_an_MH-53E_Sea_Dragon_helicopter_at_Naval_Air_Station_(NAS)_Sigonella.jpg. Imagem no domínio público.

Capítulo 4

1 Grant (2007).

2 Bowley (2006).

NOTAS

3 Pfeffer (2015).
4 Independent Directors of the Board of Wells Fargo & Company (2017). Sales practices investigation report. Publicado a 10 de abril de 2017.
5 Zimbardo (2004).
6 Willink & Babin (2015, p. 77).
7 Garvin (2013).
8 Hackman (2011).
9 Sobre a importância do propósito, veja o livro de Cunha et al. (2016).
10 Bryant (2017, p. BU2).
11 Rodriguéz Vilá & Bharadwaj (2017).
12 Veja: Bunderson & Thompson (2009); Rego (2008); Wrzesniewski (2012).
13 Bunderson & Thomson (2009).
14 Maravankin (2017).
15 Hill et al. (2016).
16 Bunderson & Thomson (2009).
17 McKee (2017).
18 Zoo de Auckland, Nova Zelândia, em 2006. Autor: Jorge Royan. Fonte: https://commons.wikimedia.org/wiki/File:Two_zookeepers_with_two_cheetahs,_Auckland_zoo_-_0501.jpg. Imagem inserida ao abrigo de Creative Commons Attribution-Share Alike 3.0 Unported license.
19 Kay (2010, p. 79).
20 Hackman & Oldham (1976).
21 Cooperrider et al. (2008).
22 Fredrickson (2001); Wright & Cropanzano (2004).
23 Rego et al. (2012).
24 Clair e Dufresne (2007).
25 Pratt & Ashforth (2003).
26 Csikszentmihalyi (2003).
27 Gartenberg et al. (2016).
28 Useem et al. (2011).
29 Useem et al. (2011, p. 54).
30 Useem et al. (2011, p. 54).
31 Autor: Gobierno de Chile. Fonte: https://commons.wikimedia.org/wiki/File:12.10.2010_Rescatistas.jpg. Imagem inserida ao abrigo de Creative Commons Attribution 2.0 Generic license.
32 Bunderson & Thompson (2009).
33 Em entrevista à revista *Expresso*, do Expresso (p. 32), em 14 de outubro de 2017.
34 Schroth (2011, p. 144).
35 Raposo (2011, p. 41).

SUPEREQUIPAS: ORIENTAÇÕES PARA A CRIAÇÃO DE VERDADEIRAS EQUIPAS

36   In Morse (2002, p. 59).

37   Fern et al. (2012).

38   Carmeli et al. (2015); Rogers & Ashford (2017); Stephens & Carmeli (2017).

39   Bertland (2011).

40   Gardner & Kwan (2012).

41   Shin et al. (2012).

42   Earley & Mosakowski (2000); Rego & Cunha (2008).

43   Todavia, a coesão também pode facilitar o lado mais perverso das equipas. Por exemplo, o sentido de coesão pode dificultar a expressão de divergências e levar a equipa a decisões precipitadas pouco sensatas. A coesão pode levar os membros da equipa a confundir divergência de opiniões com fraco espírito de equipa, assim segregando quem não alinha pela opinião dominante.

44   Roghanizada & Bohms (2017); Stephens & Carmeli (2017).

45   Bohns (2017). O texto baseou-se na investigação de Roghanizada & Bohms (2017).

46   Isaacson (2012, p. 100).

47   Isaacson (2012, p. 100).

48   Autor: Elliott Brown. Fonte: https://commons.wikimedia.org/wiki/File:Face_to_Face_sculpture_-_Waterlinks_Boulevard_-_Park_Circus,_Aston_(31749202485).jpg. Imagem inserida ao abrigo de Creative Commons Attribution-Share Alike 2.0 Generic license.

49   Losada & Heaphy (2004); Stephens et al. (2012).

50   Carmeli et al. (2015); Stephens et al. (2012).

51   Pentland (2012). Veja, também, Wolley et al. (2010).

52   Grousbeck (2012).

53   Autor: Elma, Reykjavík. Fonte: https://commons.wikimedia.org/wiki/File:Gullfiskur.jpg. Imagem inserida ao abrigo de Creative Commons Attribution 2.0 Generic license.

54   Jehn (1997)

55   Rego et al. (2013).

56   Rego et al. (2013).

57   Ilgen et al. (2005); Howell & Shea (2006); Rego et al. (2015d) Sivasubramaniam et al. (2002); Stajkovic et al. (2009).

58   Akgün et al. (2007); de Jong et al. (2005); Hu &Liden (2011); Ilgen et al. (2005); Lester et al. (2002); Rego et al. (2012).

59   Rego et al. (2013).

60   Giles (2016).

61   Edmondson (2012a, p. 79).

62   Schwenk (1990).

63 Grant (2016).

64 Saïd Business School & Heidrick & Struggles (2015).

65 Grant (2016).

66 Gregersen (2017); Simon (2007).

67 Goldberg (2008).

68 Simon (2008).

69 Localização Tretyakov Gallery, Moscovo. Fonte: https://commons.wikimedia. org/wiki/File:Jesters_of_empress_Anna_Ioanovna_by_V.Jacobi_(1872)_ detail_04.jpg. Imagem no domínio público.

70 Alguns exertos proveem de Rego & Cunha (2015c).

71 Outros problemas foram as fracas competências em língua inglesa do piloto, e o cansaço.

72 Autor: National Transportation Safety Board/Junta Nacional de Seguridad del Transporte. Fonte: https://commons.wikimedia.org/wiki/File:CrashAVA052. jpg. Imagem no domínio público.

73 Barroso (2012, p. 15).

74 Rego & Braga (2017). Veja, também, Dimitroff et al. (2005); Maier (2002).

75 Gladwell (2008).

76 Hagen (2013).

77 Autor: desconhecido. Fonte: https://commons.wikimedia.org/wiki/File: Flugzeugabsturz_Korean_Airlines_Flug_801.jpg. Imagem no domínio público.

78 Ayoko et al. (2012).

79 Kets de Vries (2011).

80 Leavitt & Lipman-Blumen (1995).

81 Kets de Vries (2011), inspirando-se em Schopenhauer.

82 Barsade (2004).

83 Menges & Kilduff (2015).

84 Zenger & Folkman (2016).

85 Chi et al. (2011); Sy et al. (2005); Zenger & Folkman (2016).

86 Hayes (2002).

87 Jehn (1997).

88 Kuper (2012, p. 37).

89 Candeias (2011, p. 29).

90 Veja, também, Rego & Cunha (2012c).

91 Druskat & Wolff (2001).

92 https://www.dn.pt/desporto/futebol-internacional/interior/ricardo-carvalho-e-pepe-de-pazes-feitas-1981430.html (acesso em 16 de outubro de 2017).

SUPEREQUIPAS: ORIENTAÇÕES PARA A CRIAÇÃO DE VERDADEIRAS EQUIPAS

93 Cubeiro & Gallardo (2011).

94 1 de março de 2017. Autor: Mabario. Fonte: https://commons.wikimedia.org/ wiki/File:Fran%C3%A7ois_Pienaar_e_Diego_Biasi.jpg. Imagem inserida ao abrigo de Creative Commons Attribution-Share Alike 4.0 International license.

95 Ferris (2016, p. 548).

96 Menges & Kilduff (2015); Sy & Choi (2013).

97 Liu et al. (2017).

98 Goleman et al. (2001, p. 44).

99 Druskate & Wolff (2011, p. 86).

100 Edmondson (2012b).

101 Adaptado de Druskate & Wolff (2001).

102 Levy (2001).

103 Rego & Cunha (2016a).

104 Tett (2014, p. 7).

105 Alguns excertos provêm de Rego & Cunha (2016a).

106 http://expresso.sapo.pt/o-criador-do-papel-higienico-mais-sexy-do-mundo=f572744 (consulta em 3 de setembro de 2012). Aquando da escrita desta segunda edição (14 de outubro de 2017), o texto poderia encontrar-se em http://inovacaomarketing.com/2010/03/26/entrevista-a-paulo-pereira-de-silva/.

107 Tett (2015).

Capítulo 5

1 In Brown & Worthington (2017, p. 100).

2 Marques (2016, 32-33).

3 20 de abril de 2016. Autor: Michael Coghlan. Fonte: https://commons. wikimedia.org/wiki/File:Monument_to_the_All_Blacks_(27110473072).jpg. Imagem inserida ao abrigo de Creative Commons Attribution-Share Alike 2.0 Generic license.

4 Kets de Vries (2012).

5 Sobral (2012a, p. 16).

6 Groysberg et al. (2004); veja, também, Groysberg (2008).

7 De Haan & McCarry (2016).

8 In Kerr (2013, p. 7).

9 Construído e adaptado a partir de Kerr (2013), autor de *Legacy*, um livro que expõe 15 lições de liderança e de construção de equipa emergentes dos All Blacks.

NOTAS

10 In Candeias (2014, p. 38).

11 Fonte: https://commons.wikimedia.org/wiki/File:1904_All_Blacks_team_to_face_British_Lions_(34233111493).jpg. Imagem inserida ao abrigo de Creative Commons Attribution 2.0 Generic license..

12 Day & Schoemaker (2008).

13 De Ridder (1982).

Dweck (2014).

15 http://www.sportingnews.com/au/cricket/news/smith-australia-didnt-learn-from-past-mistakes/6fcdjy8nikzh1h2bjhr86ok1m

16 Gleeson (2016).

17 Edmondson (1999, 2008).

18 Worline & Dutton (2017).

19 Kahn (2011).

20 Fast (2010).

21 Walker (2017).

22 Mainemelis (2010).

23 Chen (2016).

24 Nisen (2016).

25 Taylor III (2009).

26 Caldicott (2014).

27 Carroll (1993); Edmondson (2012b).

28 Edmondson (2012b, p. 140).

29 Adaptada de Edmondson (2011).

30 Weick & Sutcliffe (2007).

31 Edmondson (2012b, p. 258).

32 Título: "Acusação mútua", 1774. Autor: British Cartoon Prints Collection. Fonte: https://commons.wikimedia.org/wiki/File:Mutual_accusation_LCCN2006685258.jpg. Imagem no domínio público.

33 Nembhard & Edmondson (2012).

34 Edmondson & Lei (2014); Frazier et al. (2017).

34a Garud, et al. (2016).

35 Duhigg (2016a, 2016b).

36 Troster et al. (2014).

37 Duhigg (2016a, 50-51).

38 Duhigg (2016).

39 Hill (2017b).

40 Lebel (2016).

41 Adaptada de Edmondson (2008).

SUPEREQUIPAS: ORIENTAÇÕES PARA A CRIAÇÃO DE VERDADEIRAS EQUIPAS

42 Autor: Kennedy Space Center. Fonte: https://commons.wikimedia.org/wiki/File:Challenger_explosion.jpg. Imagem no domínio público.
43 Veja descrição do caso em Rego et al. (2012c, 2015a).
44 Edmondson (2012b); Milliken et al. (2003); Morrison & Milliken (2003).
45 Beshears & Gino (2015); Janis (1982); Janis & Mann (1977).
46 Kishida et al. (2012).
47 Isenberg (1986).
48 Buchanan & Huczyinski (2004) proporcionam um bom apoio à discussão.
49 Rego & Braga (2017).
50 Kornberger et al. (2006).
51 Cunha et al. (2010).
52 In Lima (2012, p.36).
53 Cunha et al. (2017).
54 Rego (2001b).
55 Vaccaro & Sison (2012).
56 In Kotkin (2010).
57 Adaptada de Nembhard & Edmondson (2012).
58 Simons (2002).
59 Rego & Cunha (2015a).
60 Whipp & Soble (2011).
61 Manthorpe (2011).
62 Useem (2010).
63 Brady (2011).
64 Fishman (2006-2007).
65 Edmondson (2012b, p. 157).
66 Cunha et al. (2017).
67 Reichhel & Teal (1996).
68 Edmondson (2011).
69 17 de janeiro de 2003. Autor: NASA. Fonte: https://commons.wikimedia.org/wiki/File:STS-107_Chawla_and_Clark.jpg. Imagem no domínio público.

Capítulo 6

1 In *Dinheiro Vivo*, 21 de abril de 2012, p. 22.
2 Hill (2008, p. 284).
3 Podem ser obtidos no site do LEAD.Lab, Católica Porto Business School.
4 Brady (2011).
5 Garvin (2013).

NOTAS

6 Willink & Babin (2015, p. 183).

7 George (2003).

8 Willink & Babin (2015, p. 76).

9 Cunha et al. (2013).

10 Edmondson (2003, 2012b).

11 Louro (2011).

12 16 de fevereiro de 2013. Fonte: https://www.ecured.cu/images/a/a1/Nuevas_Morenas.jpg. Imagem inserida com base em https://www.ecured.cu/index.php/EcuRed:T%C3%A9rminos_y_Condiciones.

13 Cubeiro & Gallardo (2011, p. 62).

14 Cubeiro & Gallardo (2011, p. 60).

15 Meyer (2017).

16 Carton & Cummings (2012).

17 Derksen et al. (2017).

18 Meyer (2017).

19 Cunha et al. (2013).

20 Cubeiro & Gallardo (2011, p. 114).

21 Em exercício de precisão, Greensboro Coliseum, Greensboro, 14 de setembro de 2012. Autor: The U.S. Army Eboni Everson-Myart/Army Multimedia & Visual Informa/U.S. Army. Fonte: https://www.mediawiki.org/wiki/File:Flickr_-_The_U.S._Army_-_Spirit_of_America.jpg. Imagem no domínio público.

22 Willink & Babin (2015, p. 100).

23 In Prata (2012b, p.48).

24 Sitkin & Hackman (2011).

25 Purkayastha (2008).

26 In Weick (2012, p. 149)

27 Pfeffer (2001).

28 Rego & Cunha (2017).

29 Hill (2015b).

30 Rego & Cunha (2017, pp. 40-41).

31 Schlender & Tetzell (2015).

32 Stone (2012, p. 64).

33 Katz (2001).

34 Emich & Wright (2016, p. 7).

35 Rego & Cunha (2017).

36 http://solutions.3m.com.br/wps/portal/3M/pt_BR/MMM/CasesInovacaoGoogle (consulta em 16 de outubro de 2012).

37 Amabile & Kramer (2011).

SUPEREQUIPAS: ORIENTAÇÕES PARA A CRIAÇÃO DE VERDADEIRAS EQUIPAS

38 Grann (2009, p. 140).

39 Hill (2008, p. 301).

40 Palanski et al. (2011).

41 Cubeiro & Gallardo (2011, p. 60).

42 In Schroth (2011)

43 Rego & Cunha (2011).

44 Rego et al. (2012).

45 Clair & Dufresne (2007).

46 Brooks (2016); Duckworth (2016).

47 Luthans & Youssef-Morgan (2017); Rego et al. (2017b).

48 Cit. in Hill (2008, p. 299).

49 Ferrazzi (2012, p.40).

50 http://www.thejournal.ie/michael-noonan-says-dangerous-consensus-led-to-banking-crisis-122431-Apr2011/ (consulta em 16 de outubro de 2012).

51 Nalebuff & Ayres (2003).

52 Sanchez-Burks & Huy (2009).

53 Costa et al. (2017).

54 Shragai (2014, p. 8).

55 Belanciano (2011).

56 Caldwell (2011).

57 Czarniawska (2011)

58 Veja capítulo 6 (resumo no quadro 6.4) do livro *Comunicação pessoal e organizacional* (Rego, 2016).

59 In Prata (2012b, p. 48).

60 Koehn (2013).

61 Pentland (2012, p. 65).

62 20 de agosto de 2010. Autor: Steve. Fonte: https://commons.wikimedia.org/wiki/File:2010_England_Women_Rugby_Team.jpg. Imagem inserida ao abrigo de Creative Commons Attribution 2.0 Generic license.

63 Losada & Heaphy (2004).

64 http://expresso.sapo.pt/o-criador-do-papel-higienico-mais-sexy-do-mundo=f572744 (consulta em 16 de outubro de 2012).

65 Cubeiro & Gallardo (2011).

66 Em 18 de maio de 2011 (https://sol.sapo.pt/artigo/19486/paulo-futre-o-mexico-86-foi-a-vergonha-total; consulta em 16 de outubro de 2017).

67 Santos (2011).

68 Kamoche & Cunha (2001).

69 Goffee & Jones (2013).

NOTAS

70 Adaptado de Cubeiro & Gallardo (2011). O vídeo está amplamente divulgado na Internet. Existem diversas configurações dos dez "moundamentos". Veja, por exemplo: (1) http://www.atlantasoccer.news/2011/12/mourinho-greatest-coach-of-all-time.html?m=0; (2) http://centercirclesoccer.com/jose-mourinhos-10-commandments/; (3) http://www.atlantasoccer.news/2011/12/mourinho-greatest-coach-of-all-time.html?m=0; (4) https://spanishfootballsports.blogspot.pt/2011/12/real-madrid-fc-barcelona-10.html

71 Burns (2011); Walker (2017).

72 Cunha etal. (2011).

73 Marcus (2011).

74 23 de junho de 2006. Autor: Monika Rittershaus. Fonte: https://commons.wikimedia.org/wiki/File:Rattle_BPH-Rittershaus2-_Wikipedia.jpg. Imagem inserida ao abrigo de Creative Commons Attribution-Share Alike 3.0 Unported license.

75 Cubeiro & Gallardo (2011, p. 103).

76 Pennington (2014, p. SP9).

77 Schroth (2011).

78 Edmondson (2012a, 2012b); Klein et al. (2006).

79 Lopes (2012, p. 30).

80 Sousa (2011).

81 Carson et al. (2007).

82 Burke et al. (2011); Carson et al. (2007); D'Innocenzo et al. (2016).

83 Carson et al. (2007).

84 Gibb (1954, p. 884).

85 https://www.bpcc.pt/essential-profiles.raw?task=project&id=2&pid=21 (consulta em 16 de outubro de 2017).

86 Burkeetal. (2011).

87 Walker (2017).

88 Na II Conferência Human Resources Portugal, realizada em Lisboa em novembro de 2011, em Lisboa.

89 Extraído da revista *Human Resources Portugal*, dezembro de 2011, p. 31.

90 Rego & Cunha (2016b).

91 Rego et al. (2010). Uma segunda edição, revista e atualizada, foi publicada em 2017.

92 Cunha et al. (2007).

93 Hackman (2002).

94 Van Knippenberg (2017).

95 Edmondson (2012b).

SUPEREQUIPAS: ORIENTAÇÕES PARA A CRIAÇÃO DE VERDADEIRAS EQUIPAS

96 Wageman et al. (2008).

97 Wagmeman et al. (2008, p. xiv).

98 Wagmeman et al. (2008, p. xiv).

99 Autor: William Gropper (1897-1977). Localização: Metropolian Museum of Art. Fonte: https://commons.wikimedia.org/wiki/File:Tightrope_MET_ sf1984.433.177.jpg. Imagem inserida ao abrigo de Creative Commons CC0 1.0 Universal Public Domain Dedication.

100 Cunha et al. (2016).

101 Willink & Babin (2015).

102 Willink & Babin (2015).

103 Waytz (2016).

104 Rego & Cunha (2016c).

105 Willink & Babin (2015).

106 Willink & Babin (2015).

107 Willink & Babin (2015).

108 Willink & Babin (2015).

109 Willink & Babin (2015).

110 Alguns foram adaptados de Willink & Babin (2015).

111 Willink & Babin (2015).

REFERÊNCIAS

Akgün, A. E., Keskin, H., Byrne, J., & Imamoglu, S. Z. (2007). Antecedents and consequences of team potency in software development projects. *Information & Management,* 44, 646–656.

Amabile, T. & Kramer, S. J. (2011). The power of small wins. *Harvard Business Review,* May, 70–80.

Amabile, T., Fisher, C. M., & Pillemer, J. (2014). IDEO's culture of helping. *Harvard Business Review,* January-February, 54–61.

Ancona, D., Bresman, H., & Kaeufer, K. (2002). The comparative advantage of X-teams. *MIT Sloan Management Review,* Spring, 33–39.

Ariely, D. (2008). *Predictably irrational.* New York: HarperCollins.

Aspden, P. (2013). The fab before. *Financial Times,* September 28–29, p. 12.

Avillez, M. J. (2012). O trovão da desconfiança. *Público,* 17 de janeiro, 31.

Ayoko, O. B., Konrad, A. M., & Boyle, M. V. (2012). Online work: Managing conflict and emotions for performance in virtual teams. *European Management Journal,* 30(2), 156–174.

Balkin, D. B. & Schjoedt, L. (2012). The role of organizational cultural values in managing diversity: Learning from the French Foreign Legion. *Organizational Dynamics,* 41, 44–51.

Barroso, T. A. (2012). "A liderança é um exercício coletivo" [entrevista a António de Melo Pires]. *Human Resources Portugal,* abril, 12–15.

Barsade, S. (2002). The ripple effect: emotional contagion and its influence on group behavior. *Administrative Science Quarterly,* 47, 644–675.

Baum, F. (1900/2004). *O feiticeiro de Oz*. Porto: *Público*.

Beevor, A. (1998). *Stalingrad*. Harmonsdworth: Penguin.

Belanciano, V. (2011). U2: Foi em Berlim que derrubaram o seu muro. *P2*, 31 de outubro, 6–7.

Bertland, A. (2011). The limits of workplace community: Jean-Luc Nancy and the possibility of teambuilding. *Journal of Business Ethics*, 99(1), 1–8.

Beshears, J. & Gino, F. (2015). Leaders as decision architects. *Harvard Business Review*, May, 51–62.

Bloom, M. (1999). The performance effects of pay dispersion on individuals and organizations. *Academy of Management Journal*, 42, 25–40.

Boddy, C. R. (2017). Psychopathic leadership a case study of a corporate psychopath CEO. *Journal of Business Ethics*, 145, 141–156.

Bogard, K., Ludwig, T. D., Staats, C., & Kretschmer, D. (2015). An industry's call to understand the contingencies involved in process safety: Normalization of deviance. *Journal of Organizational Behavior Management*, 35, 70–80.

Bohns, V. K. (2017). A face-to-face request is 34 times more successful than an e-mail. *Harvard Business Review*, April 11 (https://hbr.org/2017/04/a-face-to-face-request-is-34-times-more-successful-than-an-email).

Bouchikhi, H. & Kimberley, J. R. (2008). *The soul of the corporation*. New Jersey: Pearson.

Bourdain, A. (2002). Management by fire. *Harvard Business Review*, July, 57–61.

Bowley, G. (2006). Breakfast with the FT: Soul survivor. *FT.Com*, November 10. (http://search.proquest.com/docview/228973608?account id=26357).

Boynton, A. & Fischer, B. (2005).*Virtuoso teams. Lessons from teams that changed the world*. London: Prentice-Hall/Financial Times.

Brady, D. (2011). Hard choices: Carlos Ghosn. *Bloomberg BusinessWeek*, December 12, 112.

Brady, M. (2011). Improvisation versus rigid command and control at Stalingrad. *Journal of Management History*, 17(1), 27–49.

Brandon, D. P. & Hollingshead, A. B. (2004). Transactive memory systems in organizations: Matching tasks, expertise and people. *Organization Science, 15*(6), 633–644.

Brooks, D. (2016). Putting grit in its place. *The New York Times*, May 10, A23.

Brown, S. & Volgsten, U. (Eds) (2006). *Music and manipulation: On the social uses and social control of music.* New York: Berghahn.

Brown, H. & Worthington, R. (2017). Corporate culture: Reflections from 2016 and lessons learnt. *Governance Directions, 69*(2), 100–102.

Bruch, H. & Ghoshal, S. (2003). Unleashing organizational energy. *Sloan Management Review, 45*(1), 45–51.

Bruni, F. (2007). For a Bad Boy Chef, He's Certainly Polite. *The New York Times*, January 31 (http://www.nytimes.com/2007/01/31/dining/reviews/31rest.html)

Bryant, A. (2017). Wear your heart on your sleeve. *The New York Times*, March 12, BU2.

Buchanan, D. & Huczynski, A. (2004). Images of influence: 12 Angry Men and Thirteen Days. *Journal of Management Inquiry, 13*(4), 312–323.

Bunderson, J.S. & Thomson, J.A. (2009). The call of the wild: Zookeepers, callings, and the double-edged sword of deeply meaningful work. *Administrative Science Quarterly, 54*, 32–57.

Burke, C. S., Diaz Granados, D., & Salas, E. (2011). Team leadership: A review and look ahead. In A. Bryman, D. Collinson, K. Grint, B. Jackson, & M. Uhl-Bien (Eds). *The SAGE handbook of leadership* (338–351). London: Sage.

Burns, J. (2011). Who's the greatest team of all? Barcelona! *Time*, June 13, 51–54.

Caldicott, S. M. (2014). Why Ford's Alan Mulally is an Innovation CEO for the record books. *Forbes*, June 25 (http://www.forbes.com/sites/sarahcaldicott/2014/06/25/why-fords-alan-mulally-is-an-innovation-ceo-for-the-record-books/).

Caldwell, C. (2011). An inconvenient truth: The power of moral suasion. *Financial Times*, December 10, 9.

Campbell, D. J. & Campbell, K. M. (2011). Impact of decision-making empowerment on attributions of leadership. *Military Psychology, 23*, 154–179.

Candeias, P. (2011). O senhor milhões. *Expresso*, 12 de fevereiro, 29.

Candeias, P. (2012). Quem é o bufo do Real 'Moudrid'? *Expresso*, 28 de janeiro, 37.

Candeias, P. (2014). "Aprendi a fintar na rua: quatro pedras, duas balizas, um contra o outro" (Entrevista a Luis Figo). *Expresso Economia*, 8 de novembro, 38.

Carmeli, A., Dutton, J. E., & Hardin, A. E. (2015). Respect as an engine for new ideas: Linking respectful engagement, relational information processing and creativity among employees and teams. *Human Relations*, 68(6), 1021–1047.

Carreira, D. A. (2011a). A experiência musical condiciona toda a vida quotidiana. *Pessoal*, outubro, 27.

Carreira, D. A. (2011b). Entre Bach e Led Zeppelin. *Pessoal*, outubro, 28–30.

Carroll, P. (1993). *Big blues: The unmaking of IBM*. New York: Crown.

Carson, J. B., Tesluk, P. E., & Marrone, J. A. (2007). Shared leadership in teams: An investigation of antecedents' conditions and performance. *Academy of Management Journal*, 50(5), 1217–1234.

Carton, A. M. & Cummings, J. N. (2012). A theory of subgroups in work teams. *Academy of Management Review*, 37(3), 441–470.

Chen, W. (2016). Why you should hire people toughened by failure, not those coddled by success. *Entrepreuner*, August 7 (https://www.entrepreneur.com/article/236026).

Chen, M. J. & Miller, D. (2012). Competitive dynamics: Themes, trends, and a prospective research platform. *Academy of Management Annals*, 6(1), 135–210.

Chi, N. H., Chung, Y. Y. & Tsai, W. C. (2011). How do happy leaders enhance team success? The mediating role of transformational leadership, group affective tone, and team processes. *Journal of Applied Social Psychology*, 64, 1421–1454.

Ciferri, L. (2017). Tavares is a maestro who wants to orchestrate Opel's revival. *Automotive News,* March 5 (http://www.autonews.com/article/20170305/COPY01/303059997/tavares-is-a-maestro-who-wants-to-orchestrate-opels-revival).

Clair, J. A. & Dufresne, R. L. (2007). Changing poison into medicine: How companies can experience positive transformation from a crisis. *Organizational Dynamics,* 36(1), 63–77.

Clegg, S., Cunha, M. P. Munro, I., Rego, A. & Sousa, M.O. (2016). Kafkaesque power and bureaucracy. *Journal of Political Power,* 9(2), 157–181.

Clemons, E. K. & Santamaria, J. A. (2002). Maneuver warfare. *Harvard Business Review,* April, 57–65.

Cohen, W. A. (2006). *Secrets of special ops leadership: Dare the impossible achieve the extraordinary.* New York: AMACON.

Collis, D. J. & Rustad, M. G. (2008). Can you say what your strategy is? *Harvard Business Review,* 86(4), 82–90.

Collins, J. (2001). Level 5 leadership: the triumph of humility and fierce resolve. *Harvard Business Review,* January, 67–76.

Colvin, G. (2006). How one CEO learned to fly. *Fortune,* October 30, 38–39.

Cooperrider, D., Whitney, D., & Stravos, J. (2008). *Appreciative inquiry handbook* (2nded.). San Francisco: Jossey-Bass.

Costa, A. C., Fulmer, C. A. & Anderson, N. I. (2017). Trust in work teams: An integrative review, multilevel model, and future directions. *Journal of Organizational Behavior.* DOI: 10.1002/job.2213.

Cross, R. & Katzenbach, J. (2012). The right role for top teams. *Strategy & Leadership.* February 6.

Crozier, M. (1964). *Le phénomène bureaucratique.* Editions du Seuil.

Csikszentmihaly, M. (2003). *Good business: Leadership, flow and the making of meaning.* New York: Viking.

Cubeiro, J. C. & Gallardo, L. (2011). *Mourinho versus Guardiola.* Lisboa. Prime Books.

Cunha, J. V. & Cunha, M. P. (2001). Round the clock: Collaborative work in the international molding industry. *International Journal of Innovation Management,* 5, 49–71.

Cunha, M. P. & Chia, R. (2007). Using teams to avoid peripheral blindness. *Long Range Planning,* 40(6), 559–573.

Cunha, M. P. & Cunha, J. V. (2001). Managing improvisation in cross-cultural virtual teams. *International Journal of Cross Cultural Management,* 1, 187–208.

Cunha, M. P., Giustiniano, L., Rego, A., & Clegg, S. (2017). Mission impossible? The paradoxes of stretch goal setting. *Management Learning,* 48(2), 140–157.

Cunha, M. P. & Gomes, J. F. (1993). Julga-se um dos melhores condutores do mundo? Estudo do efeito "primus inter pares" numa amostra de condutores portugueses. In J.A. Santos (Ed.), *Factores humanos no tráfego rodoviário* (329–333). Lisboa: Escher.

Cunha, M. P., Rego, A. & Castanheira, F. (2016). *Propósito: Estratégias para trabalhar ligado.* Lisboa: Editora RH.

Cunha, M. P., Rego, A. & Guinote, A. (2017). *Poder: Veneno e remédio.* Lisboa: Lidel.

Cunha, M. P., Rego, A. & Clegg, S. R. (2010). Obedience and evil: From Milgram and Kampuchea to normal organizations. *Journal of Business Ethics,* 97, 291–309.

Cunha, M. P., Rego. A. & Cunha, R. C. (2007). *Organizações positivas.* Lisboa: D. Quixote.

Cunha, M. P., Rego, A. & Figueiredo, J. C. (2013). *Lidere como um líder.* Lisboa: Sílabo.

Cunha, M. P., Rego, A., & Sousa, M. (2016). Como podem as organizações gerir paradoxos? *Análise Psicológica,* 34(3), 309–323.

Cunha, M. P., Rego, A. & Talone, J. (2011). É preciso que alguma coisa fique na mesma para que tudo mude. Documento da série "Applied Knowledge", Nova Executive Education (http://www.novaforum.pt/backoffice/files/file_150_1_1319629857.pdf).

Cunha, M. P., Rego, A., & Vaccaro, A. (2014). Organizations as human communities and internal markets: Searching for duality. *Journal of Business Ethics,* 120(4), 441–455.

Cunha, M. P., Rego, A., Clegg, S. & Neves, P. (2013). The case for transcendent followership. *Leadership, 9*(1), 87–106.

Czarniawska, B. (2011). Performativity in place of responsibility? *Journal of Organizational Change Management,* 24, 823–829.

D'Innocenzo, L., Mathieu, J. E., & Kukenberger, M. R. (2016). A meta-analysis of different forms of shared leadership-team performance relations. *Journal of Management,* 42(7), 1964–1991.

Davis, J. P. & Eisenhardt, K.M. (2011). Rotating leadership and collaborative innovation: Recombination processes in symbiotic relationships. *Administrative Science Quarterly,* 56, 159–201.

Dawson, A. (2017). A Barcelona star has tweeted his support for Catalonian independence – and his Spanish teammate is not happy. *Business Insider,* September 29 (http://uk.businessinsider.com/sergio-ramos-criticised-gerard-pique-for-his-support-of-catalonian-independence-2017-9).

Day, G. & Schoemaker, P. (2008). Are you a "vigilant leader"? *MIT Sloan Management Review,* 49(3), 43–51.

De Haan, E. & McCarry, P. (2016). The sports coach meets the executive coach: what can we learn from sports coaching? *Coaching Today,* October, 6–11.

De Jong, A., de Ruyter, K., & Wetzels, M. (2005). Antecedents and consequences of group potency: A study of self-managing service teams. *Management Science,* 51(11), 1610–1625.

De Rond, M. (2012). *There is an I in team: What elite athletes and coaches really know about high performance.* Boston, MA: Harvard Business School.

De Ridder, J. J. (1982). Mianserin: result of a decade of antidepressant research. *Pharmacy World & Science,* 4(5), 139–145.

Derksen, K., Blomme, R. J., Caluwé, L., Rupert, J. & Simons, R. J. (2017). Breaking the paradox: Understanding how teams create developmental space. *Journal of Management Inquiry.* Doi: 10.1177/1056492617718090.

Dimitroff, R. D., Schmidt, L. A., & Bond, T. D. (2005). Organizational behavior and disaster: A study of conflict at NASA. *Project Management Journal,* 36(2), 28–38.

Divine, M. (2014). *Unbeatable mind: Forging mental toughness.* CreateSpace Independent Publishing Platform.

Donnellon, A. (2010). *Managing teams.* Boston, MA: Harvard Business School.

Drucker, P. F. (1988). The coming of the new organization. *Harvard Business Review*, January, 45–53.

Druskat, V. U. & Wolff, S. B. (2001).Building the emotional intelligence of groups. *Harvard Business Review*, March, 81–90.

Duckworth, A. (2016). *Grit: The power of passion and perseverance.* New York: Simon & Schuster.

Duhigg, C. (2016a). *Smarter, faster, better: The secrets of being productive.* London: Penguin.

Duhigg, C. (2016b). What Google learned from its quest to build the perfect team. *The New York Times Magazine*, February 25.

Dweck, C. (2014). Talent. How companies can profit from a "growth mindset". *Harvard Business Review*, November, 28–29.

Earley, C. & Mosakowski, E. (2000). Creating hybrid team cultures: An empirical test of transnational team functioning. *Academy of Management Journal*, 43(1), 26–49.

Edmondson, A. C. (1999). Psychological safety and learning behavior in work teams. *Administrative Science Quarterly*, 44, 350–383.

Edmondson, A. C. (2003). Framing for learning: Lessons in successful technology implementations. *California Management Review*, 45(2), 34–54.

Edmondson, A. C. (2008). The competitive imperative of learning. *Harvard Business Review*, July-August, 60–67.

Edmondson, A. C. (2011). Strategies for learning from failure. *Harvard Business Review*, 89(4), 48–55.

Edmondson, A. C. (2012a). Teamwork on the fly. *Harvard Business Review*, April, 72–80.

Edmondson, A. C. (2012b). *Teaming: How organizations learn, innovate, and compete in the knowledge economy.* San Francisco, CA: Jossey-Bass.

Edmondson, A. C. (2016). Wicked problem solvers. *Harvard Business Review*, June, 53–59.

Edmondson, A., Dillon, J. R., & Roloff, K. S. (2007). Three perspectives on team learning. *Academy of Management Annals, 1*, 269–314.

Edmondson, A. C. & Lei, Z. (2014). Psychological safety: The history, renaissance, and future of an interpersonal construct. *Annual Review of Organizational Psychology and Organizational Behavior, 1*(1), 23–43.

Eisenhardt, K. M., Kahwajy, J. L. & Bourgeois, J. (1997). How management teams can have a good fight. *Harvard Business Review*, July-August, 77–85.

Eisenhardt, K. M. & Schoonhoven, C. B. (1990). Organizational growth: Linking founding team, strategy environment, and growth among U.S. semiconductor ventures, 1978-1988. *Administrative Science Quarterly, 35*(3), 504–529.

Elberse, A. & Fergusson, A. (2013). Ferguson's formula. *Harvard Business Review*, October, 116–125.

Emich, K. J. & Wright, T. A. (2016). The "I's in team: The importance of individual members to team success. *Organizational Dynamics, 45*, 2–10.

Engel, D., Woolley, A. W, Jing, L. X., Chabris, C. F. & Malone, T. W. (2014). Reading the mind in the eyes or reading between the lines? Theory of mind predicts collective intelligence equally well online and face-to-face. *PLoS ONE* 9(12): e115212. doi:10.1371/journal.pone.0115212.

Engwall, M. & Svensson, C. (2004). Cheetah teams in product development: The most extreme form of temporary organization? *Scandinavian Journal of Management, 20*, 287–317.

Eyres, H. (2011). Far-sighted but no visionary. *Financial Times Life & Arts*, October 22, 20.

Falcão, M. (2012). A esquina do rio. *Jornal de Negócios, suplemento Weekend*. 15 de junho, 2.

Fast, N. J. (2010). Blame contagion: The automatic transmission of self-serving attributions. *Journal of Experimental Social Psychology, 46*, 97–106.

Fern, M. J., Cardinal, L. B. & O'Neill, H. M. (2012). The genesis of strategy in new ventures: Escaping the constraints of founder and team knowledge. *Strategic Management Journal, 33*, 427–447.

SUPEREQUIPAS: ORIENTAÇÕES PARA A CRIAÇÃO DE VERDADEIRAS EQUIPAS

Ferrazzi, K. (2012). Candor, criticism, teamwork. *Harvard Business Review*, January-February, 40.

Ferris, T. (2016). *Tools of titans: The tactics, routines, and habits of billionaires, icons, and world-class performers*. London: Vermilion.

Fishman, C. (1996). Whole Foods is all teams. *Fast Company*, April 30 (www.fastcompany.com/node/26671 em 16 de outubro de 2012).

Fishman, C. (1999). Engines of democracy. *Fast Company*, September (www.fastcompany.com/magazine/28/ge.html, em 16 de outubro de 2012).

Fishman C. (2006). No satisfaction at Toyota: What drives Toyota? The presumption of imperfection--and a distinctly American refusal to accept it. *Fast Company*, December (http://www.fastcompany.com/magazine/111/open_no-satisfaction.html?page=0%252C5%2C3 em 16 de outubro de 2012).

Flin, R., O'Connor, P., & Mearns, K. (2002). Crew resource management: Improving team work in high reliability industries. *Team Performance Management: An International Journal*, 8(3/4), 68–78.

Fontenot, G. (2005). Seeing red: Creating a red-team capability for the blue force. *Military Review*, September-October, 85(5), 4–8.

Fox, J. (2011). The moneyball myth. *Bloomberg BusinessWeek*, October 24, 110–111.

Franke-Ruta, G. (2011). Rolling Stone: Army Ordered Use of Psy-Ops Tactics on Congress. *The Atlantic*, February 24 (https://www.theatlantic.com/politics/archive/2011/02/rolling-stone-army-ordered-use-of-psy-ops-tactics-on-congress/71640/).

Frazier, M. L., Fainshmidt, S., Klinger, R. L., Pezeshkan, A., & Vracheva, V. (2017). Psychological safety: A meta-analytic review and extension. *Personnel Psychology*, 70, 113–165.

Fredrickson, B. L. (2001). The role of positive emotions in positive psychology: The broaden-and-built theory of positive emotions. *American Psychologist*, 56(3), 218–226.

Gardner, H. K. & Kwan, L. (2012). *Expertise dissensus: A multi-level model of teams' differing perceptions about member expertise*. Working paper 12-070. Harvard Business School.

Gartenberg, C. M., Prat, A. & Serafeim, G. (2016). *Corporate purpose and financial performance.* Columbia Business School, Research Paper No. 16-69. Available at SSRN: https://ssrn.com/abstract=2840005.

Garud, R., Gehman, J., & Giuliani, A. P. (2016). Technological exaptation: a narrative approach. *Industrial and Corporate Change, 25*(1), 149–166.

Garvin, D. A. (2013). How Google sold its engineers on management. *Harvard Business Review, 91*(12), 74–82.

Georgakakis, D., Greve, P. & Ruigrok, W. (2017). Top management team faultlines and firm performance: Examining the CEO-TMT interface. *The Leadership Quarterly.* 28(6), 741-758.

George, B. (2003). *Authentic leadership: Rediscovering the secrets to creating lasting value.* San Francisco, CA: Jossey Bass.

George, J. M. (1992). Extrinsic and intrinsic origins of perceived social loafing in organizations. *Academy of Management Journal, 35*(1), 191–202.

Gersick, C. J. G. (1989). Marking time: Predictable transition in task groups. *Academy of Management Journal, 32,* 274–309.

Gibb, C. A. (1954). Leadership. In G. Lindzey (Ed.), *Handbook of social psychology* (vol. 2, 877–917). Reading, MA: Addison-Wesley.

Gil, F., Alcover, C. M., & Peiró, J. M. (2005). Work team effectiveness in organizational contexts. Recent research and applications in Spain and Portugal. *Journal of Managerial Psychology, 20,* 193–218.

Giles, S. (2016). The most important leadership competencies, according to leaders around the world. *Harvard Business Review,* March 15 (http://eds.a.ebscohost.com/eds/pdfviewer/pdfviewer?vid=12&sid=182c4ac1-4177-442a-bc16-66ce9579b271%40sessionmgr4007&hid=4203).

Gladwell, M. (2008). *Outliers: The story of success.* Boston, MA: Little, Brown and Company.

Gleeson, B. (2015). 7 Navy SEAL sayings that will keep your team motivated. *Forbes,* January 20 (https://www.forbes.com/sites/brentgleeson/2015/01/20/these-7-motivational-navy-seal-sayings-will-kick-your-butt-into-gear/#7e6813416751).

Gleeson, B. (2016). Great leaders learn to fail without becoming a failure. *Forbes,* June 2 (https://www.forbes.com/sites/brentgleeson/2016/06/02/great-leaders-learn-to-fail-but-not-be-a-failure/#2b523b9d3704).

Goette, L. & Huffman, D. (2007). Affect and the motivational foundations of social capital. *Review of General Psychology*, 11, 142–154.

Goffee, R. & Jones, G. (2013). Creating the best workplace on earth. *Harvard Business Review*, May, 98–106.

Goldberg, I. B. (2008). Who speaks truth to power? *Arkansas Business*, July 14 (http://www.arkansasbusiness.com/article/42264/who-speaks-truth-to-power-commentary-by-i-barry-goldberg).

Goleman, D., Boyatzis, R., & McKee, A. (2001). Primal leadership: The hidden driver of great performance. *Harvard Business Review*, 79(6), 42–51.

Goodman, M. (2011). What business can learn from organized crime. *Harvard Business Review*, 89(11), 27–30.

Grann, D. (2009). *A cidade perdida de Z*. Alfragide: Livros d'Hoje.

Grant, A. R. (2007). Teamwork in secular and faith-based organizations. *Performance Improvement*, 46(6), 25–29.

Grant, A. (2016). How to build a culture of originality. *Harvard Business Review*, March, 87–94.

Greenberg, S. (2014). How the Beatles went viral: Blunders, technology & luck broke the fab four in America. *Billboard*, 7 February (http://www.billboard.com/articles/news/5894018/how-the-beatles-went-viral-in-america-1964).

Gregersen, H. (2017). Bursting the CEO bubble. *Harvard Business Review*, March, 76–83.

Grousbeck, H. I. (2012). When key employees clash. *Harvard Business Review*, June, 135–139.

Groysberg, B. (2008). How star women build portable skills. *Harvard Business Review*, 86(2), 74–81.

Groysberg, B., Nanda, A., & Nohria, N. (2004). The risky business of hiring stars. *Harvard Business Review*, 82(5), 92–100.

Hackman, J. R. (1990). Creating more effective work groups in organizations. In J. R. Hackman (Ed.), *Groups that work (and those that don't)* (479–504). San Francisco: Jossey Bass.

Hackman, J. R. (2002). *Leading teams*. Boston, MA: Harvard Business School Press.

Hackman, J. R. (2011). *Collaborative intelligence: Using teams to solve hard problems*. San Francisco: Berrett-Koehler.

Hackman, J. R. (2012). From causes to conditions in group research. *Journal of Organizational Behavior, 33(3),* 428–444.

Hackman, J. R. & Oldham, G. R. (1976). Motivation through the design of work: Test of a theory. *Organizational Behavior and Human Performance,* 16, 250–279.

Hackman, J. R. & Vidmar, N. (1970). Effects of size and task type on group performance and member reactions. *Sociometry,* 33, 37–54.

Hagen, J. U. (2013). *Confronting mistakes: Lessons from the aviation industry when dealing with error.* New York: Palgrave/McMillan.

Hall, J. L. (2003). Columbia and Challenger: Organizational failure at NASA. *Space Policy,* 19, 239–247.

Harris, L. C. & Ogbonna, E. (2006). Service sabotage: A study of antecedents and consequences. *Journal of the Academy of Marketing Science,* 34(4), 543-558.

Harvey, S., Currall, S. C., & Hammer, T.H. (2017). Decision diversion in diverse teams: Findings from inside a corporate boardroom. *Academy of Management Discoveries.* Doi:10.5465/amd.2015.0129.

Haster, P. (2014). Four things the Beatles teach us about teamwork. *Linkedin,* September 15 (https://www.linkedin.com/pulse/20140915131735-5562959-four-things-the-beatles-teach-us-about-teamwork/).

Hastings, M. (2011). Another runaway general: Army deploys psy-ops on U.S. senators. *Rolling Stone,* February 23 (http://www.rollingstone.com/politics/news/another-runaway-general-army-deploys-psy-ops-on-u-s-senators-20110223).

Havens, L. (2017). Paul McCartney brings Beatles hits, humor and humility to Madison Square Garden Show: Live Recap. *Billboard,* 18 September (http://www.billboard.com/articles/columns/rock/7965973/paul-mccartney-madison-square-garden-live-recap).

Hayes, N. (2002). *Managing teams: A strategy for success.* London: Thomson.

Higgins, M., Weiner, J. & Young, L. (2012). Implementation teams: A new lever for organizational change. *Journal of Organizational Behavior,* 33, 366–388.

Hill, L. A. (1995). *Managing your team.* Harvard Business School, Nota 9--494-081.

Hill, L. A. (2008). *Becoming a manager.* Boston, MA: Harvard Business School Press.

Hill, A. (2012). We should stop trying to change the world. *Financial Times,* March 27, 12.

Hill, A. (2015). Too big to manage. *Financial Times Europe,* 28 February/1 March, 7.

Hill, A. (2015b). The pitfalls of Microsoft and Apple's new "frenemy" pact. *Financial Times,* 15 September, 12.

Hill, A. (2017a). Group reverts to old methods to select new leader. *Financial Times,* June 13, 13.

Hill, A. (2017b). The drive for success: Michelin's revolutionary experiments in trust. *Financial Times,* May 15, 10.

Hill, P. L., Burrow, A. L., & Bronk, K. C. (2016). Persevering with positivity and purpose: An examination of purpose commitment and positive affect as predictors of grit. *Journal of Happiness Studies,* 17(1), 257–269.

Ho, A. (2011). "Sou melhor braço-direito do que líder". *Sol Tabu,* 11 de novembro, 12–13.

Hollenbeck, J. R., Beersma, B., & Schouten, M. E. (2012). Beyond team types and taxonomies: A dimensional scaling conceptualization for team description. *Academy of Management Review,* 37(1), 82–106.

Howell, J. M. & Shea, C. M. (2006). Effects of champion behavior, team potency, and external communication activities on predicting team performance. *Group & Organization Management,* 31(2), 180–211.

Hsu, D. Y., Huang, L., Nordgren, L. F., Rucker, D. D., & Galinsky, A. D. (2015). The music of power: perceptual and behavioral consequences of powerful music. *Social Psychological and Personality Science,* 6(1), 75–83.

Hu, J. & Liden, R. C. (2011). Antecedents of team potency and team effectiveness: an examination of goal and process clarity and servant leadership. *Journal of Applied Psychology*, 96(4), 851–862.

Huckman, R. & Staats, B. (2013). The hidden benefits of keeping teams intact. *Harvard Business Review*, December, 27–29.

Humphreys, M., Ucbasaran, D., & Lockett, A. (2012). Sensemaking and sensegiving stories of jazz leadership. *Human Relations*, 65(1), 41–62.

Huy, Q. N. (2011).How middle managers' group-focus emotions and social identities influence strategy implementation. *Strategic Management Journal*, 32, 1387–1410.

Ilgen, D. R., Hollenbeck, J. R., Johnson, M., & Jundt, D. (2005). Teams in organizations: From input-process-output models to IMOI models. *Annual Review of Psychology*, 56, 517–543.

Independent Directors of the Board of Wells Fargo & Company (2017). *Sales practices investigation report.* April 10 (https://www08.wellsfargomedia. com/assets/pdf/about/investor-relations/presentations/2017/board-report.pdf).

Isaacson, W. (2012). The real leadership lessons of Steve Jobs. *Harvard Business Review*, 90(4), 92–102.

Isenberg, D. J. (1986). Group polarization: A critical review and meta-analysis. *Journal of Personality and Social Psychology*, 50, 1141–1151.

Janis, I. L. (1982). *Groupthink*. Boston: Houghton Mifflin.

Janis, I. L. & Mann, L. (1977). *Decision making: A psychological analysis of conflict, choice, and commitment.* New York: Free Press

Jehn, K. A. (1997). A qualitative analysis of conflict types and dimensions in organizational groups. *Administrative Science Quarterly*, 42, 530–557.

Johnson, M. (2012). Take a pinch of strategy, blend with creativity. *Financial Times*, January 9, 8.

Jung-a, S. (2007). Samsung shifts into damage-control mode. *Financial Times*, August 28 (https://www.ft.com/content/dd35bf22-8baa-11e7-a352-e46f43c5825d).

Kahn, W. A. (2011). Treating organizational wounds. *Organizational Dynamics*, 40, 75–84.

Kahn, W. A., Barton, M. A., Fisher, Heaphy, E. D., Reid, E. M. & Rouse, E. D. (2018). The geography of strain: Organizational resilience as a function of intergroup relations. *Academy of Management Review.* Doi: 10.5465/amr.2016.0004.

Kamoche, K. & Cunha, M. P. (2001). Minimal structures: From jazz improvisation to product innovation. *Organization Studies,* 22, 733–764.

Kamoche, K., Cunha, M. P. & Cunha, J. V. (2003). Towards a theory of organizational improvisation: Looking beyond the jazz metaphor. *Journal of Management Studies,* 40(8), 2023–2051.

Karageorghis, C. I. (2017). *Applying music in exercise and sport.* Champaign: IL: Human Kinetics.

Katz, N. (2001). Sports teams as a model for workplace teams: Lessons and liabilities. *Academy of Management Executive,* 15(3), 56–67.

Kay, J. (2010). *Obliquity.* London: Profile.

Kerr, J. (2013). *Legacy: What the All Blacks can teach us about the business of life.* London: Constance & Robinson.

Kets de Vries, M. F. R. (1990). The organizational fool: Balancing a leader's hubris. *Human Relations,* 43, 751–770.

Kets de Vries, M. F. R. (2011).*The hedgehog effect: The secrets of building high performance teams.* San Francisco: Jossey Bass.

Kets de Vries, M. F. R. (2012). Star performers: Paradoxes wrapped up in enigmas. *Organizational Dynamics,* 41, 173–182.

Kahneman, D. (2011). *Thinking, fast and slow.* New York: Farrar, Strauss and Giroux.

Kim, T., Mcfee, E., Olguin, D.O., Waber, B., & Pentland, A. (2012). Sociometric badges: Using sensor technology to capture new forms of collaboration. *Journal of Organizational Behavior,* 33, 412–427.

Kishida, K. T., Yang, D., Quartz, K. H., Quartz, S. R., & Montague, P. R. (2012). Implicit signals in small group settings and their impact on the expression of cognitive capacity and associated brain responses. *Philosophical Transactions of the Royal Society,* 367, 704–716.

REFERÊNCIAS

Klein, K. J., Ziegert, J. C., Knight, A. P. & Xiao, Y. (2006). Dynamic delegation: Shared, hierarchical, and deindividualized leadership in extreme action teams. *Administrative Science Quarterly*, 51, 590–621.

Koehn, N. F. (2013). Lincoln's School of Management. *The New York Times*, January 27, BU1.

Kornberger, M., Clegg, S.R., & Carter, C. (2006). Rethinking the polyphonic organization: Managing as discursive practice. *Scandinavian Journal of Management*, 22, 3–30.

Kotkin, J. (2010). The new world order. *newgeograpgy.com*, September 29 (http://www.newgeography.com/content/001786-the-new-world-order).

Kozlowski, S. W. J. & Ilgen, D. R. (2006). Enhancing the effectiveness of work groups and teams. *Psychological Science in the Public Interest*, 7(3), 77–124.

Kuntze, R., & Matulich, E. (2010). Google: Searching for value. *Journal of Case Research in Business and Economics*, 2, 1–10.

Kuper, S. (2012). Ferguson e a arte de controlar o jogo. *Diário Económico*, 4 de janeiro, 37.

Kuper, S. (2017). Barça plays attacking role in Catalonia's independence poll. *Financial Times Europe*, September 29, 2.

Lam, L. W. & Lau, D. C. (2012). Feeling lonely at work: Investigating the consequences of unsatisfactory workplace relationships. *International Journal of Human Resource Management*, 23(20), 4265–4282.

Lao Tse (2010). *Tao te king: Livro do caminho e do bom caminhar*. Lisboa: Relógio D' Água.

Laurence, J.H. (2011). Military leadership and the complexity of combat and culture. *Military Psychology*, 23, 489–501.

Lawler, E. E. (2011). Creating a new employment deal: Total rewards and the new workforce. *Organizational Dynamics*, 40, 302–309.

Leavitt, H. J. & Lipman-Blumen, J. (1995). Hot groups. *Harvard Business Review*, July, 109–116.

Lebel, R. D. (2016). Overcoming the fear factor: How perceptions of supervisor openness lead employees to speak up when fearing external threat. *Organizational Behavior and Human Decision Processes*, 135, 10–21.

Lencioni, P. (2002). *The five dysfunctions of a team*. San Francisco: Jossey Bass.

Lester, S. W., Meglino, B. M., & Koorsgaard, M.A. (2002). The antecedents and consequences of group potency: A longitudinal investigation of newly formed work groups. *Academy of Management Journal*, 45(2), 352–368.

Levy, P. F. (2001). The Nut Island effect: When good teams go wrong. *Harvard Business Review*, March, 51–59.

Lewis, M. W. (2000). Exploring paradox: Toward a more comprehensive guide. *Academy of Management Review*, 25, 760–776.

Lima, N. E. (2012). Mulher de armas. *Sol Tabu*, 27 de janeiro, 36–37.

Lima, P. E. (2011). Cuenca, outra promessa lançada por Guardiola. *Público*, 1 de novembro, 31.

Lin, C. P., Baruch, Y., & Shih, W. C. (2012). Corporate social responsibility and team performance: The mediating role of team efficacy and team self-esteem. *Journal of Business Ethics*, 108, 167–180.

Liu, W., Song, Z., Li, X., & Liao, Z. (2017). Why and when leaders' affective states influence employee upward voice. *Academy of Management Journal*, 60(1), 238–263.

Lopes, G. (2012). "É sempre nele que os treinadores mais vezes confiam". *Diário de Notícias*, 14 de janeiro, 30.

Lopes, M. (2017). Cavani recusa um milhão para deixar Neymar marcar penáltis no PSG. *Público*, 25 de setembro (https://www.publico.pt/2017/09/25/desporto/noticia/cavani-recusa-um-milhao-para-deixar-neymar-marcar-penalties-no-psg-1786570).

Losada, M., & Heaphy, E. (2004). The role of positivity and connectivity in the performance of business teams: A nonlinear dynamics model. *American Behavioral Scientist*, 47(6), 740–765.

Lourenço, C. (2012). O monumental erro de Cristiano. *Jornal de Negócios*, 15 de junho, 33.

Lourenço, P. R. & Dimas, I. D. (2011). O grupo revisitado: Considerações em torno da dinâmica e dos processos grupais. In D. Gomes (Ed.), *Psicologia das organizações, do trabalho e dos recursos humanos* (133–199). Coimbra: Imprensa da Universidade de Coimbra.

Louro, N. P. (2011). Os agentes do aiatola. *Sábado*, 20 de outubro, 60–61.

Luthans, F. & Youssef-Morgan, C. M. (2017). Psychological capital: An evidence-based positive approach. *Annual Review of Organizational Psychology and Organizational Behavior*, 4, 17.1-17.28.

Lowe, S. (2017). Ernesto Valverde ready to be the resurrection at Barcelona. *The Guardian*, 30 May (https://www.theguardian.com/football/blog/2017/may/30/ernesto-valverde-barcelona-nou-camp-stone-roses).

Lyall, S. (2005). The terrible-tempered star chef of London. *The New York Times*, February 23 (ttp://www.nytimes.com/2005/02/23/dining/the-terribletempered-star-chef-of-london.html).

MacDuffie, J. P. (1995). Human resource bundles and manufacturing performance: Organizational logic and flexible production systems in the world auto industry. *Industrial and Labor Relations Review*, 48, 197–221.

Maier, M. (2002). Ten years after a major malfunction ...Reflections on "The Challenger Syndrome". *Journal of Management Inquiry*, 11(3), 282–292.

Mainemelis, C. (2001). When the muse takes it all: A model for the experience of timelessness in organizations. *Academy of Management Review*, 26, 548–565.

Mainemelis, C. (2010). Stealing fire: Creative deviance in the evolution of new ideas. *Academy of Management Review*, 35, 558-578.

Majchrzak, A., More, P.H.B., & Faraj, S. (2012). Transcending knowledge differences in cross-functional teams. *Organization Science*, 23(4), 951–970.

Manthorpe, J. (2011). Olympus Corp. management 'rotten to the core,' court rules. *The Vancouver Sun*, December 12nd (http://www.vancouversun.com/business/Olympus+Corp+management+rotten+core+court+rul es/5845746/story.html).

Manz, C. C., Pearce, C. L. & Sims, H. P. (2009). The ins and outs of leading teams: An overview. *Organizational Dynamics*, 38(3), 179–182.

Maravankin, O. (2017). The paradox of leadership: Displaying humility alongside confidence. *Forbes*, August 9 (https://www.forbes.com/sites/forbescoachescouncil/2017/08/09/the-paradox-of-leadership-displaying-humility-alongside-confidence/#1afee676205b).

Marcus, J. S. (2011). A classical life in allegro. *Wall Street Journal*, April 8, W10-11.

Marques, N. (2016). O conquistador. *Expresso E*, 30 de julho, 28–38.

Martin, J. A. (2011). Dynamic managerial capabilities and the multibusiness team: The role of episodic teams in executive leadership groups. *Organization Science*, 22(1), 118–140.

Martin, R. (2017). Quem é Ernesto Valverde, o novo treinador do Barcelona? UEFA, (http://pt.uefa.com/uefachampionsleague/news/newsid=2472384.html)

Martins, P. M. (2012). A eficácia da comunicação. *Jornal de Negócios, Suplemento IN*, 6 de junho, x.

Mathieu, J. E., Hollenbeck, J. R., van Knippenberg, D., & Ilgen, D. R. (2017). A century of work teams in the Journal of Applied Psychology. *Journal of Applied Psychology*, 102(3), 452.

Melé, D. & Naughton, M. (2011). The encyclical-letter 'Caritas in veritate': Ethical challenges for business. *Journal of Business Ethics,* 100 (supplement 1), 1-7.

Menges, J. I. & Kilduff, M. (2015). Group emotions: Cutting the Gordian knot concerning terms, levels of analysis and processes. *Academy of Management Annals,* 9(1), 845–928.

Mexia, P. (2017). Tristeza otimista. *Expresso E*, 22 de julho, 106.

Meyer, B. (2017). Team diversity: A review of the literature. In R. Rico (Ed.), *The Wiley Blackwell handbook of the psychology of teamwork and collaborative processes* (151-176). Chichester, UK: Wiley-Blackwell.

Milliken, F. J., Morrison, E. W. & Hewlin, P. F. (2003). An exploratory study of employee silence: Issues that employees don't communicate upward and why. *Journal of Management Studies,* 40(6), 1453-1476.

Morgenson, F. P., DeRue, D. S., & Karam, E. P. (2010). Leadership in teams: A functional approach to understanding leadership structures and processes. *Journal of Management,* 36, 5–39.

Morrison, E. W. & Milliken, F. J. (2003). Speaking up, remaining silent: The dynamics of voice and silence in organizations. *Journal of Management Studies,* 40(6), 1353–1358.

Morse, G. (2002). Management by fire: A conversation with chef Anthony Bourdain. *Harvard Business Review*, 8(7), 57–61.

Mueller, J. (2012). Why individuals in larger teams perform worse. *Organizational Behavior and Human Decision Processes, 117*(1), 111–124.

Murnighan, J. K. & Conlon, D. E. (1991). The dynamics of intense work groups: A study of British string quartets. *Administrative Science Quarterly, 36(2)*, 165–186.

Mutch, A. (2006). Organization theory and military metaphor: Time for a reappraisal. *Organization,* 13, 751–769.

Nalebuff, B. & Ayres, I. (2003). *Why not? How to use everyday ingenuity to solve problems big and small.* Boston, MA: Harvard Business School Press.

Nembhard, I. M. & Edmondson, A. C. (2012). Psychological safety. In K. S. Cameron & G. Spreitzer (Eds.), *The Oxford handbook of positive organizational scholarship* (490-503). Oxford: Oxford University Press.

Nisen, M. (2016). Why Etsy engineers send company-wide e-mails confessing mistakes they made. *Quartz,* September 18 (http://qz.com/504661/why-etsy-engineers-send-company-wide-emails-confessing-mistakes-they-made/).

North, A. C., & Hargreaves, D. J. (2006). Music in business environments. In S. Brown & U. Volgsten (Eds); *Music and manipulation: On the social uses and social control of music* (103-125). New York: Berghahn.

O'Leary, M. B. & Mortensen, M. (2010). Go (con)figure: Subgroups, imbalance, and isolates in geographically dispersed teams. *Organization Science,* 21, 115–131.

Oliver, D. & Roos, J. (2003). Dealing with the unexpected: Critical incidents in the LEGO Mindstorms team. *Human Relations,* 56(9), 1057–1082.

Palanski, M. E., Kahai, S. S. & Yammarino, F. J. (2011). Team virtues and performance: An examination of transparency, behavioral integrity, and trust. *Journal of Business Ethics,* 99, 201–216.

Palma, P. & Lopes, M. (2012). *Paixão e talento no trabalho.* Lisboa: Sílabo.

Panja, T. (2011). Inside the Man United machine. *Bloomberg BusinessWeek,* October 24, 96–99.

Pati, C. (2017). Erro básico de liderança está por trás do climão de Neymar no PSG. *Exame*, 26 de setembro (https://exame.abril.com.br/carreira/erro-basico-de-lideranca-esta-por-tras-do-climao-de-neymar-no-psg/).

Pech, J. & Durden, G. (2003). Manoeuvre warfare: A new military paradigm for business decision making. *Management Decision*, 41(2), 168–179.

Pelled, L. H., Eisenhardt, K. M. & Xin, K. R. (1999). Exploring the black box: An analysis of work group diversity, conflict, and performance. *Administrative Science Quarterly*, 44, 1–28.

Pennington, B. (2014). Embarking on a new path. *The New York Times*, August 31, SP9.

Pentland, A. (2012). The new science of building great teams. *Harvard Business Review*, April, 60–70.

Perarnau, M. (2016). *Pep Guardiola: The evolution*. Birlinn General.

Pfeffer, J. (2001). Fighting the war for talent is hazardous to your organization's health. *Organizational Dynamics*, 29(4), 248–259.

Pfeffer, J. (2015). *Leadership BS*. New York: Harper.

Pimentel, T. (2011). Bruno César será titular na estreia absoluta pelo Brasil. *Público*, 10 de novembro, 34.

Pinto, J. K. (2014). Project management, governance, and the normalization of deviance. *International Journal of Project Management*, 32(3), 376–387.

Pollitt, D. (2001). Teambuilding SAS style. *Training & Management Development Methods* 15, 607–611.

Porath, C. L. & Pearson, C. M. (2009). The cost of bad behavior. *Organizational Dynamics*, 39(1), 64-71.

Powell, S. (2004). Team building and team working. *Team Performance Management*, 10(1), 35–38.

Prata, B. (2012a). Llorente é a figura de uma equipa com outras jovens estrelas bascas. *Público*, 19 de abril, 43.

Prata, B. (2012b). Salvador inventou um Braga de elite, Jardim está a torná--lo mais refinado. *Público*, 30 de março, 48.

REFERÊNCIAS

Pratt, M. G. & Ashforth, B. E. (2003). Fostering meaningfulness in working and at work.In K. S. Cameron, J. E. Dutton & R. E. Quinn (Eds.), *Positive organizational scholarship* (309-327). San Francisco: Berrett Koehler.

Purkayastha, D. (2008). *Management lessons from Spain's Euro 2008 football championship triumph*. Caso 308-373-1, ICFAI.

Rackman, G. (2014). A golden moment for Germany that may not last. *Financial Times*, July 15, 11.

Ramos, P. (2011). "No Barça somos todos iguais". *A Bola*, 24 de dezembro, 27.

Raposo, H. (2011). Europeístas. *Expresso*, 17 de dezembro, 41.

Rego, A. (2001a). *Liderança de reuniões – na senda de soluções mais criativas*. Lisboa: Sílabo.

Rego, A. (2001b). Pensamento grupal: Diagnóstico, consequências e medidas preventivas. *Recursos Humanos Magazine*, 13, 10–21.

Rego, A. (2008). Maldito emprego, grande carreira, ditosa vocação. *Recursos Humanos Magazine*, novembro-dezembro, 16–20.

Rego, A. (2010). *Comunicação pessoal e organizacional* (2ª ed.). Lisboa: Sílabo.

Rego, A. (2016). *Comunicação pessoal e organizacional: teoria e prática*. Lisboa: Sílabo.

Rego, A. & Braga, J. (2017). *Ética para engenheiros: Desafiando a síndrome do vaivém Challenger*. Lisboa: Lidel Edições Técnicas.

Rego, A. & Cunha, M. P, (2008). Cross-cultural teams. In S. R. Clegg & J. Bailey (Eds.), *International encyclopedia of organization studies* (1530–1533). Thousand Oaks, CA: Sage.

Rego, A. & Cunha, M. P. (2009a). *Manual de gestão transcultural de recursos humanos*. Lisboa: RH Editora.

Rego, A. & Cunha, M. P. (2009b). Dez bússolas de apoio à liderança ética. *Dirigir*, 106, 32–37.

Rego, A., Cunha, M. P. & Gomes, D. (2010). *Porque não gosto do meu chefe*. Lisboa: Sílabo.

Rego, A. & Cunha, M. P. (2011). *Liderança: A virtude está no meio*. Lisboa: Actual.

Rego, A., & Cunha, M. P. (2012a). 13 lições de um *chef* para a gestão de empresas. *Exame*, abril, 88–89.

Rego, A. & Cunha, M. P. (2012b). *Pesadelos gastronómicos: 13,5 lições para a gestão de equipa*. Documento da série "Applied Knowledge", Nova Executive Education (http://www.novaforum.pt/backoffice/files/file_216_1_1334308208.pdf).

Rego, A. & Cunha, M. P. (2012c). *Uma "doença" chamada Ceo-tite: antídotos contra o veneno do poder*. Documento da série "Applied Knowledge", Nova Executive Education (http://www.novaforum.pt/investigacao-e-artigos/applied-knowledge).

Rego, A. & Cunha, M. P. (2014). A seleção da Alemanha e o poder da preparação. *Human Resources Portugal*, setembro, 34–36.

Rego, A. & Cunha, M. P. (2015a). A importância de abrir o bico. *Recursos Humanos Magazine*, novembro-dezembro, 44–47.

Rego, A. & Cunha, M. P. (2015b). *Sete virtudes das organizações onde vale a pena trabalhar*. Documento da série "Applied Knowledge", Nova Executive Education (http://novasbe.force.com/servlet/servlet.FileDownload?file=0 15A0000004fSBsIAM).

Rego, A. & Cunha, M. P. (2015c). Erros malditos, benditos erros: Liderança no fio da navalha. Documento da série "Applied Knowledge", Nova Executive Education (http://exed.novasbe.pt/difusao-conhecimento/applied-knowledge/278-erros-malditos-benditos-erros-liderar-no-fio-da-navalha).

Rego, A., Reis Júnior, D., & Cunha, M. P. (2015d). Authentic leaders promoting store performance: The mediating role of virtuousness and potency. *Journal of Business Ethics*, 128(3), 617–634.

Rego, A. & Cunha, M. P. (2016a). O "pote do polvo". *Human Resources Portugal*, julho/agosto, 40–45.

Rego, A. & Cunha, M. P. (2016b). *Que líder sou eu? Manual de apoio ao desenvolvimento de competências de liderança*. Lisboa: Edições Sílabo.

Rego, A. & Cunha, M. P. (2016a). Amor duro ou liderança sábia? *Human Resources Portugal*, setembro, 56–61.

Rego, A. & Cunha, M. P. (2017). *Jobs, Musk, Bezos: Génios insanos?* Lisboa: Sílabo.

Rego, A., Cunha, M. P., & Clegg, S. (2012a). *The virtues of leadership: Contemporary challenge for global managers.* Oxford: Oxford University Press.

Rego, A. Sousa, F., Marques, S., & Cunha, M. P. (2012b). Optimism predicting employees' creativity: The mediating role of positive affect and the positivity ratio. *European Journal of Work and Organizational Psychology, 21*(2), 244–270.

Rego, A., Vitória, A., Magalhães, A., Ribeiro, N. & Cunha, M. P. (2013). Authentic leadership predicting team potency: The mediating role of team virtuousness and affective commitment. *The Leadership Quarterly, 24*(1), 61–79.

Rego, A., Cunha, M. P. & Valverde, C. (2017a). Gestão por objetivos: O lado negro. *Human Resources Portugal,* março, 68–73.

Rego, A., Owens, B., Leal, S., Melo, A., Cunha, M. P., Gonçalves, L., & Ribeiro, L. (2017b). How leader humility helps teams to be humbler, psychologically stronger, and more effective: A moderated mediation model. *The Leadership Quarterly,* 28, 639–658.

Rego, A., Owens, B., Yam, K. C., Bluhm, D., Cunha, M. P., Silard, T., Gonçalves, L., Martins, M., Simpson, A. V., & Liu, W. (2017c). Leader humility and team performance: Exploring the mechanisms of team psychological capital and task allocation effectiveness. *Journal of Management.* DOI: 10.1177/0149206316688941.

Reichhel, F. F. & Teal, T. (1996). *The loyalty effect: The hidden force behind growth, profits, and lasting value.* Boston, MA: Harvard Business School Press.

Ren, H., Gray, B., & Harrison, D. A. (2015). Triggering faultline effects in teams: The importance of bridging friendship ties and breaching animosity ties. *Organization Science, 26(2),* 390–404.

Reuters (2017a). Catalan La Liga clubs to join region-wide strike. *The New York Times,* October 2 (https://www.nytimes.com/reuters/2017/10/02/sports/soccer/02reuters-soccer-spain-strike.html).

Reuters (2017b). Piqué commits to staying with Spain despite criticism. *The New York Times,* October 4 (https://www.nytimes.com/

reuters/2017/10/04/sports/soccer/04reuters-soccer-worldcup-spain. html?_r=0).

Reuters (2017c). Piqué scrutinised in Spain team for Catalonia stance. *The New York Times*, October 5 (https://www.nytimes.com/reuters/2017/10/05/ sports/soccer/05reuters-soccer-worldcup-spain-catalonia.html).

Rhee, S. & Yoon, H. J. (2012). Shared positive affect in workgroups. In K. S. Cameron & G. Spreitzer (Eds.), *The Oxford handbook of positive organizational scholarship* (215-227). Oxford: Oxford University Press.

Richardson, J. & West, M. A. (2010). Dream teams: A positive psychology of team working. In P. A. Linley, S. Harrington & N. Garcea (Eds.), *Oxford handbook of positive psychology at work* (235-249). Oxford: Oxford University Press.

Risher, H. (2011). Getting performance management on track. *Compensation & Benefits Review*, 43, 273–281.

Roberto, M. A. (2003). The stable core and dynamic periphery in top management teams. *Management Decision*, 41, 120–131.

Robinson, S. L. & O'Leary-Kelly, A. M. (1998). Monkey see, monkey do: The influence of work groups on the antisocial behavior of employees. *Academy of Management Journal*, 41, 658-672.

Rodrigues dos Santos, J. A. (2016). O treino das tropas especiais. *Porto 24*, 14 de setembro (http://www.porto24.pt/opiniao/treino-das-tropas-especiais/).

Rodríguez-Martin, X. (2012). Mourinho ou Guardiola. *Diário Económico*, 9 de fevereiro, 21.

Rodriguéz Vilá, O. & Bharadwaj, S. (2017). Competing on social purpose: Brands that win by tying mission to growth. *Harvard Business Review*, September-October, 94-101.

Rogers, K. M., & Ashford, B. E. (2017). Respect in organizations: Feeling valued as "We" and "Me". *Journal of Management*, 43(5), 1578–1608.

Roghanizada, M. M. & Bohms, V. K. (2017). As in person: You're less persuasive than you think over e-mail. *Journal of Experimental Social Psychology*, 69, 223–226.

Ronson, J. (2012). A roaring rock'n'roll band in leathers and cowboy boots. *Uncut*, March, 36–47.

Roseiro, B. (2017). Quem eram os Cinco Violinos, a famosa linha avançada que marcou mais de 1.200 golos? *Observador*, 29 de julho (http://observador.pt/2017/07/29/quem-eram-os-cinco-violinos-a-famosa-linha-avancada-que-marcou-mais-de-1-200-golos/).

Ross, L. (1977). The intuitive psychologist and his shortcomings: Distortions in the attribution process. In L. Berkowitz (Ed.), *Advances in experimental social psychology* (vol. 10, 173-200). New York: Academic Press.

Ruhlman, M. (2006). Gordon Ramsay takes Manhattan, tiptoeing, he says. *The New York Times*, September 7, F5.

Ryan, K. (2012). Gilt groups CEO on building a team of A players. *Harvard Business Review*, 90(1), 43–46.

Rygby, R. (2011). In the US Marines, every member is trained to lead. *Financial Times*, October 24, 10.

Sadler-Smith, E., Akstinaite, V., Robinson, G., & Wray, T. (2016). Hubristic leadership: A review. *Leadership*, DOI: 10.1177/1742715016680666.

Saïd Business School & Heidrick & Struggles (2015). *The CEO Report: Embracing the paradoxes of leadership and the power of doubt.* Saïd Business School & Heidrick & Struggles.

Salas, E., Wilson, K. A., & Burke, C. S. (2006). Does Crew Resource Management training work? An update, an extension, and some critical needs. *Human Factors*, 48(2), 392–412.

Sanchez-Burks, J. & Huy, Q.N. (2009). Emotional aperture and strategic change: The accurate recognition of collective emotions. *Organization Science*, 20, 22–34.

Sandbrook, D. (2007). The birth of the Beatles. *The New York Times*, June 29 (http://www.nytimes.com/2007/06/29/opinion/29iht-edsandbrook.1.6411585.html?mtrref=www.google.pt&assetType=opinion).

Santos, C. M., Uitdewilligen, S. & Passos, A. M. (2015). Why is your team more creative than mine? The influence of shared mental models on intra-group conflict, team creativity and effectiveness. *Creativity and Innovation Management*, 24(4), 645–658.

Santos, L. (2011). "Não me peçam para ser sério, porque eu já sou". *NS*, 12 de fevereiro, 24–33.

Sawyer, K. (2007). *Group genius: The creative power of collaboration.* New York: Basic Books.

Schlender, B. & Tetzeli, R. (2015). "Life is too short". *Fast Company*, April, 78–82.

Schmidt, J. A., Ogunfowora, B., & Bourdage, J. S. (2012). No person is an island: The effects of group characteristics on individual trait expression. *Journal of Organizational Behavior*, 33(7), 925–945.

Schroth, H. (2011). It's not about winning: It's about getting better. *California Management Review*, 53(4), 134–153.

Schwartz, B. (2011). Practical wisdom and organizations. *Research in Organizational Behavior*, 31, 3–23.

Schwartz, B. & Sharpe, K. (2010). *Practical wisdom: The right way to do the right thing.* New York: Riverhead.

Schwenk, C. (1990). Effects of devil's advocacy and dialectical inquiry on decision making: a meta-analysis. *Organizational Behavior and Human Decision Processes*, 41, 161–176.

Shepperd, J. A., Waters, E. A., Weinstein, N. D., & Klein, W. M. (2015). A primer on unrealistic optimism. *Current Directions in Psychological Science*, 24(3), 232–237.

Shin, S. J., Kim, T. Y., Lee, J. Y. & Nian, L. (2012). Cognitive team diversity and individual team member creativity: A cross-level interaction. *Academy of Management Journal*, 55, 197–212.

Shragai, N. (2014). Paranoia at work is out to get you. *Financial Times Europe*, July 18, 8.

Silva, T., Cunha, M. P., Clegg, S., Neves, P., Rego, A., Rodrigues, R. (2014). Smells like team spirit: Opening a paradoxical black box. *Human Relations.* 67(3), 287–310.

Simmons, S. (2012). King of the beats. *Mojo*, February, 60–65.

Simons, T. (2002). Behavioral integrity: The perceived alignment between managers' words and deeds as a research focus. *Organization Science, 13*(1), 18–35.

Simonton, D. K. & Ting, S. S. (2010). Creativity in Eastern and Western civilizations: The lessons of historiometry. *Management and Organization Review*, 6, 329–350.

Sitkin, S. B. & Hackman, J. R. (2011). Developing team leadership: An interview with coach Mike Kryzewski. *Academy of Management Learning and Education,* 10, 494–501.

Sitkin, S. B., See, K. E., Miller, C. C., Lawless, M. W., & Carton, A. M. (2011). The paradox of stretch goals: Organizations in pursuit of the seemingly impossible. *Academy of Management Review,* 36, 544–566.

Sivasubramaniam, N., Murry, W. D., Avolio, B. J., & Jung, D. I. (2002). A longitudinal model of the effects of team leadership and group potency on group performance. *Group & Organization Management,* 27(1), 66–96.

Skapinker, M. & Daneshkhu, S. (2016). Can Unilever's Paul Polman change the way we do business? *Financial Times,* September 29 (https://www.ft.com/content/e6696b4a-8505-11e6-8897-2359a58ac7a5).

Smith, K. K. & Berg, D. N. (1987). *Paradoxes of group life.* San Francisco: Jossey-Bass.

Snook, S. A., Perlow, L. A., & Delacey, B. J. (2005). *Coach K: A matter of the heart.* Caso 9-406-044. Boston, MA: Harvard Business School.

Sobel, A. (2007). The Beatles principles: Lessons about teamwork and creativity from the most successful band in history. *Strategy + Business, 42,* 1–5.

Sobral, F. (2012a). Mais do que um clube. *Jornal de Negócios/Weekend,* 20 de abril, 14–16.

Sobral, F. (2012b). A importância da seleção nacional. *Jornal de Negócios,* 4 de julho, 40.

Solis, B. (2010). The social newtwork: Ecosystem vs. Egosystem. *Fast Company,* 30 September (https://www.fastcompany.com/1692365/social-network-ecosystem-vs-egosystem).

Sobral, F. (2012c). O melhor do mundo. *Jornal de Negócios,* 15 de outubro, 41.

Sousa, H. D. (2011). Villas-Boas vai continuar ao ataque. *Público,* 1 de novembro, 30.

Stachowski, A. A., Kaplan, S. A., & Waller, M. J. (2009). The benefits of flexible team interaction during crises. *Journal of Applied Psychology,* 94(6), 1536–1543.

Stajkovic, A. D., Lee, D., & Nyberg, A. J. (2009). Collective efficacy, group potency, and group performance: Meta-analyses of their relationships, and test of a mediation model. *Journal of Applied Psychology*, 94(3), 814–828.

Stephens, J. P., & Carmeli, A. (2017). Relational leadership and creativity: The effects of respectful engagement and caring on meaningfulness and creative work involvement. In S. Hemlin & M. D. Mumford (Eds.), *Handbook of Research on Creativity and Leadership* (273-296). Edward Elgar Publishing.

Stephens, J. P., Heaphy, E. & Dutton, J. E. (2012). High quality connections. In K. S. Cameron & G. Spreitzer (Eds.), *The Oxford handbook of positive organizational scholarship* (385-399). Oxford: Oxford University Press.

Stewart, M. (2016). Sir Paul McCartney reigns with humility during two arena shows. *Live Music Today*, August 2 (https://livemusicdaily. com/2016/08/22/sir-paul-mccartney-reigns-with-humility-during-two-arena-shows-in-dc/).

Stone, B. (2012). Idiot proof. *Bloomberg BusinessWeek*, March 5, 62–67.

Sutton, R. I. (2004). Prospecting for valuable evidence: Why scholarly research can be a goldmine for managers. *Strategy & Leadership*, 32(1), 27–33.

Sutton, R. I. & Hargadon, A. (1996). Brainstorming groups in context: Effectiveness in a product design firm. *Administrative Science Quarterly*, 41, 685–718.

Sy, T. & Choi, J.N. (2013). Contagious leaders and followers: exploring multi-stage mood contagion in a leader activation and member propagation (LAMP) model. *Organizational Behavior and Human Decision Processes*, 122(2), 127–140.

Sy, T., Côté, S. & Saavedra, R. (2005). The contagious leader: Impact of the leader's mood on the mood of group members, group affective tone, and group processes. *Journal of Applied Psychology*, 90, 295–305.

Taylor III, A. (2009). Fixing up Ford. *CNN Money*, May 12 (http://money. cnn.com/2009/05/11/news/companies/mulally_ford.fortune/index.htm) (consulta em 16 de outubro de 2012).

Tett, G. (2014). A fragmented corporate structure is the villain of the piece. *Financial Times Europe*, June 13, 7.

Tett, G. (2015). *The silo effect*. New York: Simon & Schuster.

Thatcher, S. M. B. & Patel, P. C. (2012). Group faultlines: A review, integration, and guide to future research. *Journal of Management*, 38, 969–1009.

The Economist (1992). Paul McCartney turns 50: Winged beatle. June 13, 97 (http://search.proquest.com/docview/224143093?accountid=26357).

The Economist (2011). Business: The Catalan kings. *The Economist*, May 21, 75.

The Economist (2012). Of companies and closets. February 11, 62.

Tobias, L. L. (1992). 21 sure-fire ways to kill the creative urge. *Training*, March, 44–46.

Torres, D. (2017a). Emery organiza eventos para reconciliar a Neymar y Cavani. *El País*, 26 Septiembre (https://elpais.com/deportes/2017/09/25/actualidad/1506375792_044652.html).

Torres, D. (2017b). Neymar se queda solo tras un mes de conflictos en el PSG. *El Pais*, 26 Septiembre (https://elpais.com/deportes/2017/09/24/actualidad/1506275718_162603.html).

Troster, C., Mehra, A. & Van Knippenberg, D. (2014). Structuring for team success: The interactive effects of network structure and cultural diversity on team potency and performance. *Organizational Behavior and Human Decision Processes*, 124, 245–255.

Tuckman, B. (1965). Developmental sequence in small groups. *Psychological Bulletin*, 63, 384–399.

Tuckman, B. & Jensen, M. (1977). Stages of small group development revisited. *Group and Organization Studies*, 2, 419–27.

Tulha, A. (2012). Laporta vê Guardiola como o próximo presidente do Barça. *A Bola*, 27 de março, 37.

Useem, M. (2010). Four lessons in adaptive leadership. *Harvard Business Review*, November, 87–90.

Useem, J. (2016). What was Volkswagen thinking? On the origins of corporate evil-and idiocy. *The Atlantic*, January/February (http://www.

theatlantic.com/magazine/archive/2016/01/what-was-volkswagen-thinking/419127/).

Useem, J. (2017). Power causes brain damage. *The Atlantic*, July/August (https://www.theatlantic.com/magazine/archive/2017/07/power-causes-brain-damage/528711/).

Useem, M., Jordan, R., & Koljatic, M. (2011). How to lead during a crisis: Lessons from the rescue of the Chilean miners. *MIT Sloan Management Review*, 53(1), 49–55.

Vaccaro, A. & Sison, A. (2012). Transparency in business: The perspective of Catholic social teaching and the "Caritas in Veritate". *Journal of Business Ethics, 100* (supplement 1), 17–27.

Valentine, M. A. (2017). Renegotiating spheres of obligation: The role of hierarchy in organizational learning. *Administrative Science Quarterly*. https://doi.org/10.1177/0001839217718547.

Valentine, M. A. & Edmondson, A. C. (2015). Team scaffolds: How mesolevel structures enable role-based coordination in temporary groups. *Organization Science, 26*(2), 405–422.

Van Dyne, L., Ang, S., & Botero, I. C. (2003). Conceptualizing employee silence and employee voice as multidimensional construct. *Journal of Management Studies*, 40(6), 1359–1392.

Van Knippenberg, D. (2017). Team leadership. In E. Salas, R. Rico, & J. Passmore (Eds.), *The Wiley Blackwell Handbook of teamwork and collaborative processes* (345-368). Wiley-Blackwell.

Volk, S., Pearsall, M. J., Christian, M. S. & Becker, W. J. (2017). Chronotype diversity in teams: Toward a theory of team energetic asynchrony. *Academy of Management Review* 42(4), 683-702.

Wageman, R., Fisher, C. M., & Hackman, J. R. (2009). Leading teams when the time is right: Finding the best moments to act. *Organizational Dynamics*, 38(3), 1892–203.

Wageman, R., Gardner, H., & Mortensen, M. (2012). The changing ecology of teams: New directions for teams research. *Journal of Organizational Behavior, 33*, 301–315.

Wageman, R., Hackman, J. R., & Lehman, E. (2005). Team diagnostic survey: Development of an instrument. *Journal of Applied Behavioral Science*, 41, 373–398.

Wageman, R., Nunes, D. A., Burruss, J. A. & Hackman, J. R. (2008). *Senior leadership teams: What it takes to make them great*. Boston, MA: Harvard Business School Press.

Walker, S. (2017). *The captain class: The hidden force that creates the world's greatest teams*. New York: Random House.

Waytz, A. (2016). The limits of empathy. *Harvard Business Review*, January--February, 69–73.

Weick, K. E. (1999). The aesthetic of imperfection in orchestras and organizations. *Comportamento Organizacional e Gestão*, 5(1), 5–22.

Weick, K. E. (2001). Tool retention and fatalities in wildland fire settings: Conceptualizing the naturalistic. In G. Klein & E. Salas (Eds.), *Naturalistic decision making* (321–336). Hillsdale, NJ: Erlbaum.

Weick, K. E. (2012). Organized sensemaking: A commentary on processes of interpretive work. *Human Relations*, 65(1), 141–153.

Weick, K. E. & Sutcliffe, K. M. (2007). *Managing the unexpected: Resilient performance in an age of uncertainty*. San Francisco, CA: Jossey Bass.

Wheal, J., & Kotler, S. (2017a). *Stealing fire: How Silicon Valley, the Navy SEALs and Maverick Scientists are reinventing the way we live and work*. New York: Dey Street.

Wheal, J., & Kotler, S. (2017b). What Navy SEAL team 6 can teach us about how to succeed at work. *MarketWatch*, May 20 (http://www.marketwatch.com/story/what-navy-seal-team-6-can-teach-us-about-how-to-succeed-at-work-2017-03-01).

Willink, J., & Babin, L. (2015). *Extreme ownership: How U.S. Navy SEALs lead and win*. New York: St. Martin's Press.

Whipp, L. & Soble, J. (2011). Olympus management branded "rotten at the core" by report. *Financial Times*, December 7, 15.

Wilson, J. M., Goodman, P. S. & Cronin, M. A. (2007). Group learning. *Academy of Management Review*, 32, 1041–1059.

Wolfe, R. A., Weick, K. E., Usher, J. M., Terborg, J. R., Poppo, L., Murrell, A. J., Dukerich, J. M., Core, D. C., Dickson, K. E, & Jourdan, J. S. (2005). Sport and organizational studies: Exploring synergy. *Journal of Management Inquiry*, 14(2), 182–210.

Woolley, A. W., Chabris, C. F., Pentland, A., Hashmi, N., & Malone, T. W. (2010). Evidence for a collective intelligence factor in the performance of human groups. *Science*, 330 (6004), 686–688.

Worline, M. C. & Dutton, J. M. (2017). *Awakening compassion at work*. San Francisco: Berrett-Koehler.

Wright, T. A. & Cropanzano, R. (2004). The role of psychological well-being in job performance: A fresh look at an age-old quest. *Organizational Dynamics*, 33(4), 338–351.

Wrzesniewski, A. (2012). Callings. In K. S. Cameron & G. Spreitzer (Eds.), *The Oxford handbook of positive organizational scholarship*. Oxford: Oxford University Press.

Zanini, M. T., Migules, C. & Colmerauer, M. (2014). *A ponta da lança: Intangíveis em equipes de alto desempenho*. Rio de Janeiro: Elsevier.

Zenger, J. & Folkman, J. (2016). The trickle-down effect of good (and bad) leadership. *Harvard Business Review*, January (https://hbr.org/2016/01/the-trickle-down-effect-of-good-and-bad-leadership?referral=00060I).

Zimbardo, P. (2004). A situationist perspective on the psychology of evil: Understanding how good people are transformed into perpetrators. In A. Miller (Ed.), *The social psychology of good and evil* (21–50). New York: Guilford.

Zimbardo, P. (2005). You can't be a sweet cucumber in a vinegar barrel: A talk with Philip Zimbardo. *Edge*, January.